長谷川逸子の思考　3

第2の自然
湘南台文化センターという出来事（1985-1992）

長谷川逸子

Second nature
Case of Shonandai Cultural Center
Itsuko Hasegawa

左右社

長谷川逸子の思考③

目次

第三部

第2の自然——湘南台文化センターという出来事（1985-1992）

凡例

各章冒頭に記しているとおり、本著作集収録にあたってそれぞれのテキストのタイトルは適宜改題し、初出は文頭下段に記し、巻末に一覧とした。また、若干の注を付記した。

建築作品は「〈作品名〉（竣工年）」または「〈略称〉」などとし、そのほか表記の統一を行った。

長谷川逸子の思考③

第2の自然　湘南台文化センターという出来事（1985-1992）

一九八五年から一九九二年までの長谷川の論考や講演録・インタビューなどの選集である第三部の主題は〈湘南台文化センター〉である。市民との対話から生まれてきたキーワード「第2の自然としての建築」を表題とした。「ディテール」別冊『ガランドウと原っぱのディテール』の長谷川・比嘉対談から〈湘南台〉を含む第二章を序論とした。

湘南台文化センターコンペは実績主義ではなく、広く若い世代の建築家にも開かれた公共建築のコンペとして注目を集め、長谷川の世代、さらに下の世代の建築家も数多く応募した。提出物もA1用紙二枚と三千字以内の概要紹介だけで、組織力のない個人事務所でも応募可能であった。いわゆるプロポーザル方式の先駆けであり、設計施工の分離を明記する（それによって大手建設会社の多くが応募を見送った）など、当時としては実験的かつ画期的なコンペであった。

その注目のコンペで、最優秀賞に前衛的な案が選ばれたこと、それが公共建築の実績のない個人設計事務所の案だったこと、そして日本で初めて女性建築家が公共建築のコンペをとったことなど、複数の要因が積み重なり、建築界に大きな衝撃を与えた。実際に設計に入るとさらに話題は建築界を超えて広がった。建築家が設計進行中の公共建築案について、市民と対話集会を繰り返し開いていったからである。このとき公共建築における市民参加への扉がはじめて開かれたのだが、賛否両論が建築界からも行政からも渦巻き、その道は決して平坦ではなかった。

長谷川自身にとっても湘南台コンペ入選は、公共建築との格闘が始まる大きな画期であった。湘南台コンペの直前に刊行された「SD」誌の長谷川逸子特集は、一九七〇年代から八〇年代前半までの住宅作家としてのキャリアの総括である。第一章「建築のフェミニズム」はこの画期を予感させる内容となっている。第二章は〈湘南台〉前夜、一九八〇年代の長谷川建築の方向性を決定づけた〈眉山ホール〉から〈菅井内科クリニック〉〈コナヴィレッジ〉など〈湘南台〉と同時進行していたプロジェクトの作品解説を集めた。第三章「第2の自然としての建築」は〈湘南台〉そのもの、湘南台コンペ時の設計趣旨から一期工事が終わったときの石井和紘による批評までを収録した。第四章は〈湘南台〉後、二期工事完成時の「建築文化」誌による特集から、竣工後にあらためて〈湘南台〉の意味を振り返る論考と植田実による批評を収録した。第五章は〈湘南台〉での市民との対話から、市民生活に基づいた日常感覚で建築や都市を捉え参加する意義をつかみ出していく論考と講演を置いた。第六章、第七章には〈湘南台〉の背景にある、気候風土へのまなざしや感性が伝わってくるテキストを収録した。

序章
「第2の自然」

序論として『ガランドウと原っぱのディテール』第二章「第二の自然としての建築」を収録した。

一九八四年に完成した〈眉山ホール〉は、四角錐の小屋根が連続する独特の造形で人びとを驚かせた。一九七〇年代の住宅作品にみられた抽象度の高い寡黙な造形から一転し、饒舌ともいえる造形が現れたからである。比嘉が「華やぎ」と呼ぶその造形・建築言語の多様化は、〈徳丸小児科〉の円弧やサインカーブの壁、〈AONOビル〉のファサード、〈NCハウス〉の折半状パンチングメタルによるファサードや屋上トップライトなどにすでに予兆がみられる。これら幾何学的なヴォキャブラリーに加えて、月と波をファサードにした〈富ヶ谷のアトリエ〉や、四角錐の小屋根の連続を山々の連なりに見立てた〈熊本の住宅〉など、「ポエティック」と長谷川が呼ぶ自然の事物や事象の比喩である具象的なヴォキャブラリーが入り混じって、七色に輝く〈菅井内科クリニック〉〔菅井病院の現在の呼称〕へ至る。比嘉はそうした「華やぎ」を不特定多数の人びとの参加や都市への積極的な働きかけではないかと指摘する。

一方で一九八〇年代には、地域主義的な文脈による象設計集団の〈名護市庁舎〉（一九八一）、軽やかな姿の〈桑原の住宅〉や伊東豊雄〈シルバーハット〉（一九八四）、パタンランゲージを駆使したアレグザンダー〈盈進学園東野高校〉（一九八五）、生産流通の不自由に異議申し立てる石山修武〈開拓者の家〉（一九八六）、伝統的な素材に新しい造形を与えた石井和紘〈ジャイロルーフの家〉（一九八七）、八卦や菱形など日本やアジアの伝統的な造形言語を用いた六角鬼丈〈東京武道館〉（一九九〇）にいたる諸作品など、七〇年代に小住宅で実験されてきた近代建築を乗り越える動きが顕在化してくる。それらの動きは「ポストモダニズム」と総括され、内需拡大政策に起因するバブル経済とセットで封印された感がある。

しかし、これらの「ポストモダニズム」はすでに七〇年代にはじまっていた動きが顕在化し、より社会的なレベルで具現化したものであり、地域性・文化の継承、フェミニズム、市民参加など現代へと繋がる流れを生んだ母胎でもある。石井和紘が「世代的方法の昇華のマイルストーン」と呼んだ〈湘南台〉はそうした大きな流れの到達点のひとつであった。

・・・対談

第2の自然

比嘉武彦×長谷川逸子

『特集長谷川逸子 ガランドウと原っぱのディテール』第二章「第二の自然としての建築」「ディテール」二〇〇三年七月別冊

〈眉山ホール〉――装置としての建築

比嘉武彦 これまでお話をお聞きしてきて、八〇年代初頭までの仕事にはかなり明快な一貫した流れが見えてきます。その後〈眉山ホール〉〈NCハウス〉そして何といっても〈湘南台文化センター〉という大きな話題を呼んだ仕事がありますが、このあたりから長谷川さんの建築の様相が急速に変わってくるように思われます。〈松山・桑原の住宅〉までをガランドウ＝ヴォイドの時代とすれば、〈眉山ホール〉以降は自由な形態と具象性にあふれています。これまでのどちらかといえば寡黙な空間から、自己免疫系を破壊して過激な複数化とでもいうべきデザインの華やぎが見られます。そこにはあきらかにこれまでとは異なるフィールドへのジャンプが見られますが、それは何を意味しているのでしょうか。いままでの住宅では基本的に少数の個人に対応するファンクションを扱っていたのに対して、〈眉山ホール〉以降は不特定多数の人を相手にする建物が多く、こうしたより都市的なものを扱うに際して、何か方法のうえでの飛躍、あるいは切断があったのでしょうか。

長谷川 〈眉山ホール〉はそれまでとは規模の異なる最初の建物です。これまでのように住宅ではなくて、高校の研修所[1]という多くの人が利用する共同性が求められていました。そうした建築がどうあったらよいかということを議論した覚えがあります。私は、共有性や共同性をもった空間とは多くの人が自由にいられる広場のようなものだと考えていました。

▼1…静岡大成高校同窓会館で、現役高校生の研修所として使われた

〈NCハウス〉

そのとき同時に、「装置」ということばを使い始めました。建築をシステムとしてとらえるのではなく、自然の光と風を取り入れる装置の集まりのようなものとして、それらを目に見えるようにデザインすること、快適さを空間としてデザインすることなどについて話していました。

　敷地は商業地域だったのですが、周囲は住宅が取り巻いている状況で、開口部がとりにくいということも影響していたように思います。だから装置ということばから導かれるものをじかにデザイン化できるような直感がありました。小屋根をたくさんのせて、光や風を側面ではなくて上部から取り込むデザインを始めたのです。

比嘉 建築を特徴づけている小屋根群について、〈焼津の文房具屋〉の場合は屋根が分節化したのはスケールの問題ということでしたが、〈眉山ホール〉の場合はむしろもっと積極的な表現のようにも見えます。不特定多数の人が使うということから、たとえば小さな家がたくさんある、というようなイメージがあったのでしょうか。

長谷川 比嘉さんのようにメタファーとして読まれることが多いです。しかし私はドライに装置としての建築について考えていたのです。大きな建築をどうやってつくるかということを考えたときに、光や風を取り込むパッシブな装置を導入していくことで、新しい建築としてのありようが提案できる。

　光と風を取り込む装置を配置することで快適さを生み出す、建築というよりも装置としてつくる方向、あるいは、建築を私のフリーハンドではつくらない方向に向かいたいと思ったのです。

比嘉 光と風を取り込む装置として、その集合としてポエティックに建築をつくろうとしたということでしょうか。このインタビューの最初の頃、[2]生なことばから建築を立ち上げる

〈眉山ホール〉アプローチ部

▼2…対談「ガランドウと原っぱ」のうち第一章を指す。第四部に収録

という話がありました。装置論を介することで、ここではそうした生な部分が感じられないようにも見受けられますが……。

長谷川 不特定多数の個々人の意見を聞いた結果ということでもあります。卒業生である高齢の方に会えば和室や茶室をいくつつくるのかという話になり、若い人たちはもっとモダンなものが欲しいと言います。施主である学校側は種々雑多な意見をなかなか集約できません。一対一の関係ではなく、多数の相対化した身体にどう立ち向かうかを考えた結果として、快適さを生み出す装置としての建築が浮上したのです。十分な光を上部から取り込むと同時に煙突効果で自然換気を行う装置は、身体的にも快適な空間となります。年齢も職業も異なる多くの人が共有できる空間を立ち上げたいと考えました。多様な利用形態に応じられるように大中小の部屋をつくってガランドウにしておき、ドライに対応する。このヒエラルキーのない分割プランは利用者のコミュニケーションを容易にするためです。

比嘉 もうひとつの特徴として、このあたりから建築を説明するときのことばとして風景論的な用語が目立つように思います。建築を風景のアナロジーとして語るということは建築の規模が大きくなって都市的な性格をもち始めたからでしょうか。見られるもの、外部に語りかけるものとして建築を考えるということですか。

長谷川 建物を様相や状態、ときには自然現象で語ろうとしたのは、建築の質を伝達しやすく、通じやすかったからです。だから小屋根群の集合形態が語り出すリズムや色彩の様相をポエティックマシンと呼んだのです。あるいは、山並みのような、という比喩的な解釈が出てくるのです。かつては小さな住宅なのでボソッとしたものでよいと言っていたのですが、こうした「装置」という手法の導入で、結果としてひとつの風景となって外部に語り出す。さらに利用者の自由な活動のなかで自在に読み込まれるポエティックマシンとなって環境に溶け込んでいく。敷地のすぐ近くにマンションができたりしていましたから、高いビルのうえから見られることも意識していました。フラットルーフに設備機械が置かれている風景ではなくて、小屋根という装置の連なりが見られることを意識しています。デュシャンの作品が思考あるいは意味の集積であるように、「装置としての建築」というときには、ストラクチャーやエンジニアリング、マテリアルなどさまざまな思考の集積であると考えていました。

比嘉 つまりは住宅レベルではいわばブリコラージュでよかったものが、一定規模以上になってくると外部の思考というか、集合知のようなものを受け入れる必要があると。装置という考え方は、そういった社会化したモデュールの集積のようなものなんですね。したがって建築も風景化（社会化）していくと。

風景としての住宅

比嘉 一方で、この時期に〈眉山ホール〉のヴァリエーションのような住宅作品がありますが、これまでの住宅とはつくり方を一変させているように見えるのは興味深いことです。たとえば〈作品M〉という計画、これは商品住宅の計画ですが、住宅としては初めて風景論として語られています。俯瞰という視点に象徴されるような都市的な視線がありますね。〈眉山ホール〉をつくったことによって見出されたこの視線が、その後の住宅にも還元されていくような感じがします。これらは住宅であるのに俯瞰されることを意識したものになっていて、〈松山・桑原の住宅〉までのヴォイドの建築論がいったんここで放棄されているようにさえ見えます。

それまでは、内部から発想された「距離」そして「ガランドウ」＝ヴォイドという抽象的な説明がされていて、その後、外部への視線が導入される。〈松山・桑原の住宅〉でそれらがさらに展開します。これまで内部空間をつくる抽象的なものに過ぎなかった壁が半透明に透けていって、内部と外部とがつながった。そして自ずと意識は外へと出て行った。ファサードの発見というか。

それがここに来て、視点がさらに引いたものになって、風景として住宅を語るようになります。屋根の連なりを自然の風景へのアナロジーとして語る。「原風景」ということばを使っていますね。内部から発想された家とは反対に外部から見ている。

長谷川 〈熊本の住宅〉あるいは、〈練馬の住宅〉をはじめとする東京の住宅ですね。積極的に外観や屋根に表現を与える結果になっています。カラーガラスを特徴的に用いた〈STMハウス〉などもそうです。ひとつの理由としては、東京に建築をつくっていたことです。立面、俯瞰を含め、都市の小さな自然、第2の自然としての建築の提案です。こうした表現の住宅を施主が引き受けるような状況があった。社会全体がまさにポストモダン的な状況のなかで、都市と積極的にからみ出す立面をつくっています。特にその頃は〈東玉川の住宅〉〈自由ヶ丘の住宅〉や〈尾山台の住宅〉など、建売住宅会社から頼まれて設計することが多かったということも影響しています。

いま思い起こすと、自由に手を動かした仕事は松山の〈AONOビル〉や〈菅井病院〉でした。松山城の山のすそ野にある〈菅井病院〉は、ガウディのグエル公園のような曲面の建物です。施主の医師は自由で楽しい生活がテーマの人で、私はとても影響を受けました。消費社会のような状況をどのように引き受けるかは人それぞれだと思いますが、そういう同時代的な動きのなかで手を動かし、立面をつくることにつながったと思います。

比嘉 建売住宅は住み手が設計の過程に関わらない。そういった匿名的な商品住宅が新しい

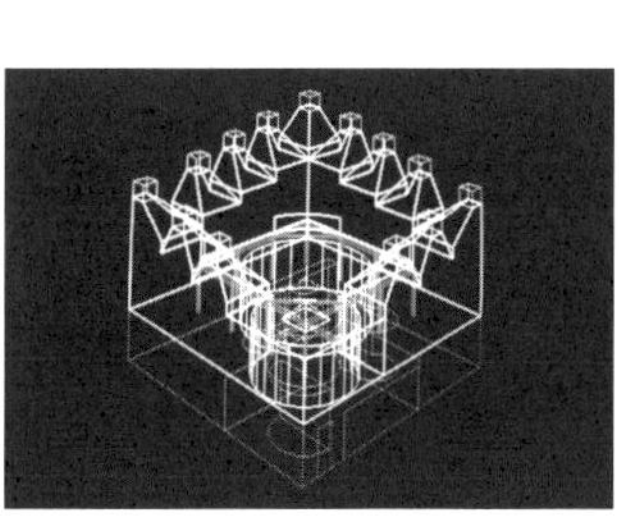

左：〈作品M〉CG
右：〈熊本の住宅〉

方法論〈風景論〉の導入を要請したと。

長谷川　〈東玉川の住宅〉をはじめとする三つの住宅は、社長が施主になって対応してくれましたので、非常にリッチな住宅になりました。商品としての合理性と一般性を提案するというより、自由な生活を想定して実験的なつくり方ができた。商品住宅らしくないものをつくって欲しいというのが社長の要望でした。しかし、この要望はいわゆる作品性を暗に求めていたことをあとで感じました。水のある中庭と屋上庭園をつないで、都市の生活のなかに自然を導入して快適さをつくり出そうという提案をしました。一階の中庭を囲む空間は、〈徳丸小児科〉のように段差や小壁で変化をつけていくつかの場をつくってはいるものの、ほとんどワンルームと言ってもいいようなガランドウです。さきほど「ヴォイドの建築論がいったんここで放棄されているように見える」と言われましたが、そんなことはなくて、ガランドウはずっと継続されていると思います。

比嘉　なるほど、ヴォイドの建築論が放棄されたわけではなくて、新たに表層の次元というべきものが重ねられたという感じでしょうか。〈新潟市民芸術文化会館〉くらいまで、住宅ではしばらくそうしたデザインの傾向が続きますね。

第2の自然

長谷川　八五年頃から大きな視点で見て建築の質が変わってきているのでしょうね。

比嘉　おそらく日本の社会が変わっていく頃なのだと思います。経済的には建築はますますフローとしての性質を強めていきます。

長谷川　バブル社会ですね。それまで建築は消費するものではなかったですからね。建築が消費されることに抵抗していてもやはり巻き込まれたのですね。

〈菅井内科クリニック〉

比嘉 長谷川さんの場合、どちらかといえばそれまでの住宅では社会状況に対して批評的であったのが、八五年以降急に社会に開いていくようにも見える。それはポジティブに評価すべきことだと思います。

少し仮説を立ててみたいのですが、〈湘南台文化センター〉以前には不特定多数の人のための建物とはいっても内部化されたヴォイド（ガランドウ）を指向していたと思うのです。しかし〈湘南台〉くらい規模が大きくなるとそれだけでは対応できなくなってくる。そこでいわば外部化されたヴォイドが登場してくる。具体的にはプラザと呼ばれるスペースのことです。それと同時にファサードの問題も出てくる。

長谷川 P・アイゼンマンさんが〈湘南台〉の魅力は外観より内部のヴォイドだと分析してくれたように、公共建築にあっても積極的にガランドウをつくってきたのです。演出家の太田省吾[3]さんに運営をお願いした〈湘南台文化センター〉の宇宙儀と名づけた市民シアターでは、円形舞台と舞台装置の露出するヴォイド空間を積極的につくりました。地下一階にある子ども館の展示ホールも、展示レイアウトの変化や複数のテーマの導入などに耐えられるよう大空間を用意しています。サンクンガーデンに面した地下二階の体育館のまわりもガランドウです。

その一方で、プラザと呼んでいる外の広場も大きなテーマでした。かつてこのエリアに分散してあった丘や野原を再生するという考え方をベースに、設計段階でさまざまなものが地上に出てきてしまうのを何とか抑えようとしていました。結果的には囲まれた広場しか残らなかったけれど、できてみるとその広場が最もパブリックであると感じます。公共空間の広場は、住宅では得がたくなっている自由な感覚を得られる場です。

これは「はらっぱ」がもっているオープンでカジュアルな自由さがこの広場にあるから

▼3…（一九三九－二〇〇七）劇作家、演出家。転形劇場を主催、「水の駅」など無言劇という独自の表現様式を築いた

だと思っています。自由に入ってきてバイオリンを演奏したりダンスを披露したり、小川の周囲でお弁当を広げたりと、さまざまな人が集まります。なぜそうなるかといえば、その広場が快適だからだろうと思います。南北に長い広場には光が満ち、風が通り、水が流れていて、小屋根の日除けがある。屋根の緑とグラウンドレベルの広場という二重構造の状態が快適さにつながるのですね。建築がすぐに取り込まれてしまいがちな形式をぬぐい去ろうと、建築を消してしまおうと、ここでは相当意識して取り組んでいました。建築は消えて第2の自然が浮上する場をつくろう、と。

比嘉 その辺が「第2の自然」ということばで語られていることですね。同時期に設計している〈東玉川の住宅〉や〈富ヶ谷のアトリエ〉などでも使われていることばです。これらはアナロジカルな外観をつくっていますね。その意図するところはどのようなものだったと思われますか。

長谷川 都市のなかにも小さな自然を感じられるような環境をつくろうとしてきました。快適さや開放性は住宅設計の初期からの一貫したテーマです。日本での快適さは自然と結びついています。自然を強調していくなかで建築という人工の場も「第2の自然」としてきました。プリミティブな次元にもどって都市を再編集していきたいという考えをもち始めたのがこの頃です。

当時、よく外国の大学からの招待を受けてレクチャーに出かけましたが、都市を「第2の自然」としてとらえるという考えは、どこの国でも通じるものではなかったですね。イギリス、フランス、ドイツなどではまだ伝わっている気がしましたが、イタリアでは通じない。彼らは自然を全く別のカテゴリーとして認識し、建築と自然の融合などあり得ないとする強い態度を示しました。それはランドスケープやガーデンのデザインにも一貫して

〈湘南台文化センター〉竣工時

います。イタリアでは、建築も都市も人工的なもので、自然と人工は峻別されていると感じました。つまりオブジェとして自立する建築を志向しているといっていいでしょう。「第2の自然」批判は国内にもありました。〈湘南台文化センター〉の屋上庭園も〈新潟市民芸術文化会館〉の空中庭園も、建築家、造園家の双方から批判を受けることになりました。しかし、八五年の〈湘南台〉のコンペから三十年近く経って、ヒートアイランド現象や温暖化が問題になるなかで、「第2の自然」という考え方は、むしろ一般的に受け入れられやすくなってきているのかもしれません。

公共建築とコラボレーション

比嘉 繰り返しになりますが、八五年頃まではヴォイド（ガランドウ）といういわば身体論でつくってきたと思います。ところが〈眉山ホール〉からこの身体論を離れて建築が何か映像的なものになる。劇的に変わっています。

ここで、その時期までの長谷川さんについての批評に目を向けて見ると、そのなかで最も影響力のある批評をしているのが多木浩二さんだと思います。多木さんは長谷川さんの作品に通底する「複数性」について指摘しています。〈焼津の住宅2〉の三角形のように強い形態をもっていても、その形態の強さではなくて多様性を感じさせてしまうような不思議なものがあるという内容です。批評によって見出された作家の特性を作家自身が認識することによって、まるで合わせ鏡のようにその影響が反響していくことは、アートの世界でもときどき見られることですが、〈眉山ホール〉以降の長谷川さんの劇的な変化のきっかけは、このあたりにあったのではないかという見方もできますが、どうですか。

長谷川 「多様さと単純さ」という多木さんの批評が「インテリア」（一九七七年六月号）に掲載

▼4…第四部第二章収録
▼5…Venturi, Robert, *Complexity and Contradiction in Architecture*, 1966（邦訳鹿島出版会、一九八二年）

されていますが、[4]そういうものに導かれて長谷川は多様性に向かって行ったのではないかというわけですね。しかし自分ではそういう認識はありませんでした。それよりもたとえばヴェンチューリの『建築の多様性と対立性』[5]などによって、多くの人たちが単純さよりも豊かさや自由さを指向するインクルーシブなあり方を考えるようになっていったのではないかと思っています。

私にとって一番の原因はコラボレーションの難しさでしょう。〈徳丸小児科〉の後半からスタッフを雇うのですが、一緒に働く方法がわからなかったのですね。はじめはひとりでつくっているほうが楽なので、みんなに留守番をさせて現場に行ったりしていました。〈松山・桑原の住宅〉まではスタッフの誰にも提案させないような建築家をやっていました。図面も〈AONOビル〉の立面図くらいまで全部自分で描いていました。しかし、自分が菊竹先生や篠原先生のスタッフとして設計に積極的に関わってきたことを思って、少し自分を引っ込めてスタッフと一緒にやるということを〈眉山ホール〉で試みたのです。こういうやり方は若いスタッフを非常に生き生きとさせるのです。みんなすごく活発でした。ものをつくるという喜びが共有できることもわかりました。それは決してまずいことではなくて、難しいけれど面白いことなのです。

人を雇用しても自分の考えですべてつくるのが、これまでの建築家像なのだろうと思います。でも私の場合は、スタッフを得たとき、どうやってコラボレーションをしようかと考えたのです。スタッフの提案を批評しながらアイデアを選定するリーダーになることもあるし、一緒に手を動かすこともある。とにかく自分の考えですべてやるというそれまでのやり方をやめてみようと思いました。しかし意見がなかなか合わないコラボレーションは、私にとってしばしば苦痛でもありました。それでみんなで共有できるテーマとして

左：〈AONOビル〉
右：〈焼津の住宅2〉多木浩二が「多様さと単純さ」で論じた

〈眉山ホール〉の設計の頃から、「建築は装置だ」と言い出すのです。プラン自体は人びとの振る舞いや関係性を大中小の空間システムに置き換えたようなもので面白いんですが、システムということばよりも、装置ということばを選び取ることで、エンジニアリングやソフトプログラムまで含み込んだ設計プロセスの転換をはかっていこうと考えました。

比嘉 それは長谷川さんにとって他者を受け入れるということで一種の自己分裂ともいえるのでしょうか。

長谷川 自己分裂というより意図的に不連続を導入したということです。コラボレーションは相乗効果を期待して行うわけですが、ときに両者のレベルダウンになってしまう恐れも潜んでいます。各自の力をぶつけて新しいレベルを得ることの難しさを体験しました。〈湘南台文化センター〉のときは非常に辛かったです。

比嘉 〈松山・桑原の住宅〉はそれまでの作品のなかで最も完成度が高い、ひとつの到達点だと思います。逆に言えばそこまで行ってしまったので、一度それを壊してみようということなのでしょうか。

長谷川 次のステップに進むためにはそういうこともあるかと思いますが、個人が施主の場合と違って、利用者が市民の集合である場合に対話集会などをやっていくと、建築家個人ですべてをこなすことに不安を覚えたのですね。

比嘉 建物の規模がある程度大きくなって不特定多数の利用者がいるときには、むしろ方法論的にひとりの思想でやらないほうがよいということですか。

長谷川 建物によっては単純にそうはいえません。公共性を問い直し、共有をテーマにソフトプログラムの展開まで含む仕事をていねいにやろうとすると、多数でこなさなければならなくなっていった。篠原先生は集合住宅や公共建築に手を出さない。この選択は建築家

〈松山・桑原の住宅〉

個人の理想的な建築をそこでは実現できないからだと、この頃になって思います。私は少し考えが違っていて、大きな建物だからこそひとりの人格だけではなくて、みんなで共有できるものとしてつくってみようという思いがあった。そのほうがいろいろのものごとを含みこんだインクルーシブな建築を達成できるのではないかと。

〈湘南台文化センター〉——初めての公共建築で試みたこと

比嘉　〈焼津の文房具屋〉で屋根が三つに分節されています。これは建物を周辺の地域へなじませるための手法ともとらえることができます。それが〈眉山ホール〉になると小屋根が増えていく。そして〈湘南台文化センター〉ではさらに小屋根が増殖しています。そうやって複数性が増してきたところがあるように思います。それと並行して形態もどんどん変容していきますよね。さまざまな人が来る場所であればあるほど、つまりは公共性が増していくほどに、多様な形態が数の増加を伴って発生していって、〈湘南台文化センター〉でそのピークを迎える。そういう見方もできなくはないですね。形態のゆらぎによって集団性をとらえていくというか。あまりにリテラルな見方ですけれども。

長谷川　〈湘南台〉では、アンダーグラウンドの建築のうえは丘であり、そこに開口のみが開けられている、というのが初めのスケッチで、大きなヴォリュームを消すことからスタートしました。外観を形成する小屋根群も球は装置として出てきたもので、基本的に内部はガランドウです。いまでは子ども館の壁が一部なくなって拡張しているわけですが、はじめからそうやって変化を引き受ける内部空間として考えられていました。

　さまざまな人が集まる広場づくりを考えていたことは確かですね。コンペ後、市民に対しても、都市のなかに新しい「第2の自然」としての建築を立ち上げるのだということを

左：〈湘南台文化センター〉プラザ部　右：〈焼津の文房具屋〉

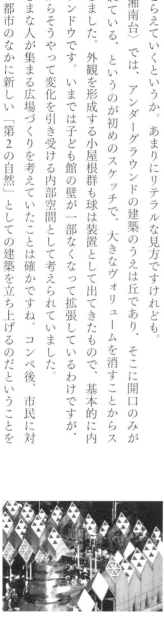

話していったわけですが、都市にはらっぱのような快適な空間を残すことによって、これまでやってきた豊作祭や盆踊りといったイベントが継続できるという話をしてきました。〈湘南台〉は、屋根部分は緑の空中庭園でグランドレベルはプラザ（外部の広場）、地下は第二の広場（内部）という三層構造で、それはいままでの何もないはらっぱとは質も違うけれど快適な「第2の自然」なのだと。対話集会で市民の要望を受け入れると規模が大きくなる傾向があり、結果的に地下にあった空間がどんどん地上へ出てくることになりました。最初から小屋根をたくさんつくるということからイメージしているわけではなくて、建物を使う側のソフトプログラムをどう展開しようかというところから始まって、その結果としての形態を引き受けているのです。たとえば小屋根はワークショップ室の通風と採光の装置です。窓を開けて煙突効果で上部に風を抜くことと採光のために窓を開けるのであって、エアコンも照明もあまり使わないようにしようというエンジニアリング的な意図からきているのです。それから宇宙儀と名づけた大きなドームの市民シアターがありますが、これは円形劇場のストレートな装置化といえるでしょう。

それから〈湘南台〉では、とにかくこれまでつき合ったことのないようなさまざまな人たちとのコラボレーションを試みました。左官の久住章[6]さんをはじめ、それぞれに技がある人とコラボレーションするのは大変なことですが、大きな建築をつくるときには必要なことだと考えて、恐れずに積極的にたくさんの人を集めて仕事をしてきました。そういった事情もにぎやかな印象に結びついているのだと思います。

比嘉 ミニマリズム的な初期の建築から複雑さを増して〈湘南台文化センター〉まで行き着く過程で、自分の美学とは対極にあったものまで取り込んで実現するというのは大変なことだと思います。

▼6…（一九四八―）淡路島を拠点に活動する左官職人。象設計集団をはじめとする現代建築家との協同が高く評価されている。吉岡賞、日本建築学会文化賞受賞

長谷川 大きな建築をひとりの建築家の判断でつくるより、もっと多様な要素を取り込みながらつくろうとして、市民と長期にわたって意見交換を繰り返したり、町の人たちともコラボレーションしていったわけですが、そういったプロセスが予想しないかたちで建築を開くことになっていったのかもしれません。

比嘉 個人の住宅をつくることから大勢のための建築をつくることになったときに長谷川さんのなかで無意識的に飛躍が起こったのかもしれませんね。それは建築の質に深く関わるような方法論的なものですね。そしてそれは長谷川逸子という建築家のポテンシャルを大きく拡張したような気がします。まるでこれまでひとりで机に向かっていた人が、急に立ち上がって両手をいっぱいに広げてしなやかに踊り始めたかのような印象さえ受けます。しかもそこにはいろいろな他者が入ってくる。

その頃同時進行していた、〈菅井病院〉や〈練馬の住宅〉〈東玉川の住宅〉〈自由ヶ丘の住宅〉〈富ヶ谷のアトリエ〉〈世界デザイン博覧会インテリア館〉といった一連の作品は、みなひらひらと踊っている感じがしますね。

長谷川 自在にかろやかに、でもそれらの作品も住宅の場合でも基本的には大きなガランドウをもつもので自由自在に使われたいと、やっぱり内部はこれまでの延長上にあります。〈練馬の住宅〉にしても、二世帯住宅なので初期の住宅に比べて規模が大きくなった分、デザインも多様化していますが、ベーシックな部分はやっぱり自由なオープンスペースになっています。つい最近も訪れてみましたが、家族が少なくなって生活の変化を経ながらもまたもとの何もないヴォイドへともどっていく様子がうかがえました。

比嘉 でもあの時期の造形的華やぎは、もっと別な可能性に向けて開いていたともいえるのではないでしょうか。よくバブル云々という話がありますが、実際〈湘南台〉のコンペの

右ページ
左：〈自由ヶ丘の住宅〉
右：〈東玉川の住宅〉屋上庭園

左：〈富ヶ谷のアトリエ〉
右：〈世界デザイン博覧会インテリア館〉

頃は不況でしたし、新しいサイエンスやアートが一気に花開いてきたようなその頃の文化状況の延長線上に〈湘南台〉はあると思うんですよね。

長谷川 あの頃は都市の自由な空気感を建築に定着させたいという感覚があったような気がします。

比嘉 それは、建築を開いていくというその後の長谷川さんの関心につながっていくわけですね。

長谷川 都市への意識も以前以上に強くなっていきました。都市と正面から向き合って、都市と交流するような建築をめざしていました。多様な活動を引き受ける場づくりのためにも、建築を開いていくことを考えていた。そのあたりから使う側の多様な立場に意識的になり、ソフトづくりに関わることが多くなったのだと思います。市民をはじめ多様な人たちとの意見交換は、差異や矛盾を浮上させるけれども、一方で共有できる場を開いていく。こうしたプロセスは公共建築をいわば市民事業にしていくことでもあり、建築家の思考を再構築していくことにもつながるのだと思います。

対話的プロセスとしての建築

比嘉 そうやって〈湘南台〉では、初期の住宅のときのように生の声を聞くための意見交換を始めたわけですね。

長谷川 地元の人たちの希望で最初の意見交換は始まりました。以前から建築家に不満をもっていた住民たちは、初めて公共建築の設計プロセスに関わったのです。行政と同様に建築家も利用者と対峙するポジションに位置づけられていると感じました。住民は地下に建物を埋めることを問題にし、地元の芸術家は地上に出てくる形態を問題にしました。価

〈練馬の住宅〉
左：内観　右：曲面を描くバルコニー

値観が多様化するなかで都市の景観は誰が決めるのかというやりとりもありました。都市は住民だけのものか、ビジターの視線も大切だという議論を夜中まで十二時間くらいやって、お互いに寄り添うところまでもっていくようなこともありました。

コンペですから、設計への市民参加が要求されていたわけではありません。しかし、市民に案を公開し、基本構想をそこで生活する人たちと確認し直しながら、使う側が要望する新しいプログラムも導入していきたいと考えたのです。いつでも市民にはその建築を歓迎するグループと批判するグループがありました。その作業はなかなか大変でしたが、それを私はショートカットしようとは思いませんでした。辛くなかったのはやはり理解者がいたからですね。

それからもうひとつ何よりもコンペの要綱がなかなか優れたものでした。かつて農地であった土地のもっている歴史の連続のなかで都市化していきたい、その活動は地域に根差しながらも世界に発信できるものでありたいなど、そこに書かれたことばは建築家から見ても共感できるものでした。これまで多くのコンペに参加してきましたが、おそらく最も優れた要綱のひとつだったと思います。そういう要綱に沿った私たちの提案を高く評価してくれる人たちもいました。そうこうしているうちに、敷地近くの農協の会議室のひとつを市民との意見交換のために自由に使ってよいということになったりもしました。行政側も市民の意見を聞くことをよく支援してくれたと思います。

対話集会とはどういうものだったか例をあげますと、行政は建物を管理することが仕事ですよね。具体的には閉館時間を決めて鍵をかける。ところが対話集会のなかでその鍵を市民が管理したいという意見が出るのです。家以外に行く場所が欲しいから、あるいは子どもたちが勉強する場所が欲しいから、公民館のロビーはホテルのロビーのように夜中でも開けておいて欲しいと言う。広場も屋上庭園も二十四時間オープンで大丈夫だという意見が出る。あるいは市民が何か発表する場所が欲しいということで、当初レストランだったスペースを市民ギャラリーに変更する。そうした意見交換をするなかで最終的にはたくさんの市民の提案を行政と建築家の共同判断で決定していく。いまから振り返ってみれば、そういった大変なことを比較的スムーズに行うことができたのは、一連のプロセスを通して、場を共有するという意識が生まれたことが大きかったのだと思います。建築を通して地域全体の環境を再構築していくという私たちのコンセプトが受け入れられたともいえるでしょう。このプロセスのなかで多くの人びとのネットワークが生まれ、それに参加したことで自分たちがつくったのだという意識が高まったことが竣工後よく使われるようになっていったのだと思います。そんなプロセスを通して最初の公共建築を実現しました。

ある建築家は、市民が自分でつくったと言うのを聞いて、それはおかしい、建築家としてすべての責任をもって建築をつくらなければいけないと言いました。しかし、こういったプロセスを通して市民はそれを誇りに思ってよく使うようになるし、運営にも参加していくのです。

比嘉 そうやって建築をコミュニケーションによって生成されていくものとしてセッティングし直すのは、コンペに出した案をご自身で納得するための確認作業のような面もあるのでしょうか。

長谷川 そういう面もありますが、それだけではないのです。短期間で考えたコンペ案ですから、未完のものをもっと深く考え、利用者の行為に寄り添う環境にもっていきたいということなのです。コンペを勝ち抜いて、公開し、集会を行うのは、たとえば〈大島絵本館〉のように最初からソフトづくりから入って市民の意見を聞きながら設計するのとは全

〈湘南台文化センター〉
いつでも自由に出入りできる広場

く違います。コンペ案では勝ちとるためにインパクトの強いものを出します。だからこそ早々に公開し、説明する義務があると考えています。価値観の衝突も融合もある。しかし、対話集会では市民を説き伏せるのではなくてより深く市民と関係をもちたい。それは同時にいま私たちが生きているこの社会を確認するという意味があります。ライフスタイルや価値観、思考、感性まで含んで、それを概念として認識する作業です。市民、と一言で言いますが、細分化したグループだけでなく、ひとりひとりは本当に違うものだと認識させられます。そういうなかで公共の場とか都市をどうやって生活の場として開いていくのか。私は外部からビジターとして都市を考え、文化的制度の転換を迫りもし、そしてときには変更するようなことをしているのかもしれません。

比嘉 長谷川さんには一貫してコラボレーションというテーマがあります。それは観念的な建築のみを信じているわけではないということでもある。しかし、市民とともに何もないところから建築を構想したら、こんなふうにはならないでしょう。〈湘南台〉は建築の素人である市民の想像力をはるかに超えていますよね。そのあたりはどのように考えていますか。

長谷川 まさにその超えていることを芸術家は問題にしましたが、多くの市民は理解を示そうとしていました。提案のないところからスタートして、あるいはラフな案からスタートして協同しても、行政の枠組みを超えることは難しく、むしろ市民の希望もかなわないでしょう。コンペを勝ち抜いた強い案で、私は外からやってきた設計者だから、それゆえに生じる差異を利用しながら人びととの距離を埋め、意識的でないことも拾い上げていくことが必要なのだと思います。みんなが思っている環境に近づけるように対話集会を繰り返し、設計者と利用者が相即する建築までもっていくのです。やってみると市民はそれほど期待できないものでもない。芸術家という人たちが来て四角い箱にしなさいと言った以外は、大勢の人が最終的にはこの建築でよいと支持してくれました。車椅子を入れるために直径三〇メートルだった劇場を三三メートルにしたり、レストランをギャラリーに変えることはあっても建築そのものを壊そうという人はほとんどいませんでしたね。

比嘉 これは前から感じているのですが、〈湘南台文化センター〉という建築をめぐる長谷川さんの言説はかなり誤解されているように思います。コンペで勝ちとって市民参加によってつくり、建築を民主化したとでもいうように響くからです。

しかし実際は少し事情が違う。長谷川さんにとっては、もっと切迫したものがある。対話集会にしてもそれがないと建築が立ち上がらないということで、ただ市民集会という過程を経ればよいということではない。市民が提案してつくるということでもない。もっと切実な存在理由がそこにある。

長谷川 民主化などという意識はまったくありません。市民参加がなくても立ち上がるとは思いますよ。でも、公共建築をもっと地域に寄り添うものにしたいのです。対話集会を通して利用者のことを知りたいのですよ。知ったうえでつくりたいのです。

比嘉 長谷川さんの考えている建築には非常に過激なリアリズムがあって、おそらく他の建築家が考えている観念的な建築とは次元が違うのではないでしょうか。なかなか言語化するのが難しいのですが、たとえば多くの建築家の場合、建築という概念は建築家の創造物、頭で考えたものという印象が強いですよね。複雑な現実をいくつかの概念でとらえて整理し、建築によって表現するというような。プログラム思考といってもいいかもしれません。もちろんフィールドワークもするでしょうけど、それはどちらかといえば与条件、建築を面白くするためのデータのようなものです。しかしながら長谷川さんの場合は、建築はもっと生きられたプロセスとでもいうべきもので、それを経ないと建築が立ち上がってこないのですね。長谷川さんがいっている建築というのは他の人の建築とは違うのかもしれません。

だから長谷川さんがいう「市民参加」というのもけっこう誤解されているように思います。市民参加といえばいうほど、それはどこかきれいごとのように思われてしまう。極端なことをいえば建築のアリバイ工作なのではないかと疑ってかかる人もいると思います。しかし、たぶん、長谷川さんにとって、この対話的プロセスはそういうきれいごとのために行うのではなくて、もっと切実なもの、建築が立ち上がるために欠くことのできない手続きなのだということがわかってきました。いってみれば、長谷川さんにとって建築は、対話する他者が不在のフィールドでは生まれない。他の建築家の建物が観察に基づいているにせよ究極的にはモノローグとしての作品だとしたら、長谷川さんの場合はポリローグとでもいっていいかもしれません。やはり少し次元が違う。そこには新しいことばが必要なのかもしれません。

装置の集合が生み出す広場の微気象

長谷川　〈湘南台〉は構造的にも技術的にも複雑で面白いことをやっています。

比嘉　地下空間が大きいので杭を打たずに直接固い地盤に支持させていますね。全体が船のように地盤に浮かんでいる。

長谷川　地上に出るものは構造が消えるほど細いメンバーの鉄骨でできている。その頃、「軽快に船に帆を揚げる」といっていました。ストラクチュラルなものから由来する外観がもっている質をそんなふうにアナロジカルに語ったわけです。

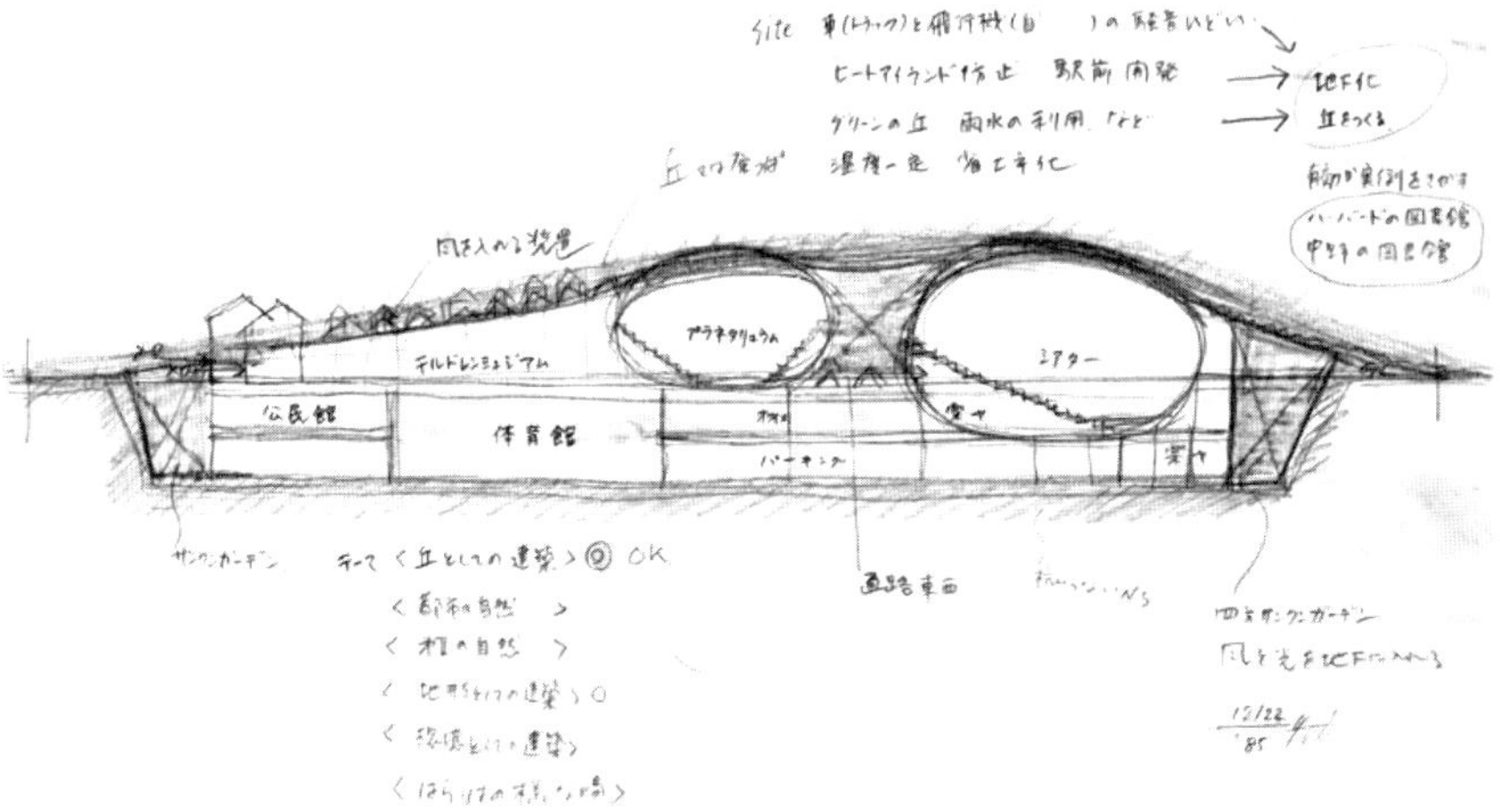

〈湘南台文化センター〉建築を地下に埋めたスケッチ

比嘉 それは個人の入れ物である住宅と違って、見渡すかぎりの人たちの共有物ということで、外から共有できるものとしてつくらなければいけないということでしょうね。

長谷川 共有されるものは建築的な言語より「丘」とか「自然」とか「はらっぱ」とか、建築的でないイメージがよいと思っていました。建築を地下に埋めて消してしまおうとしたのですが、結果としてはさまざまな形態が地上に出てくることになりました。しかしその形態も建築的なボキャブラリーではないですね。

比嘉 そうした建築的ではない形態は、市民にうまく共有されているといってよいでしょうね。これは建築論ではなかなか語りえない部分なのかもしれませんが。

長谷川 確かに様相や状態を強調していて、これまでの建築じゃないと思いますよ。どこか建築物というより広場とか、庭園、ランドスケープアーキテクチャーとでもいえる様相をしている。

比嘉 これは写真で見るより、実際に訪れると驚く建築ですね。僕自身、事務所にいて毎日図面を見ているにもかかわらず、実際にできあがった姿を見て驚きました。駅からチラッと見えただけで。しかもそれが市民に受け入れられているということも非常に稀なことだと思いました。

長谷川 新聞の一面に植物に覆われた〈湘南台文化センター〉の写真が載ったときには、鳥瞰すると緑に覆われ鳥の棲む森のような建築があったというように紹介されていました。建築というよりも山登りに来たような感じ。

〈湘南台〉では、設計段階から利用者と建築を立ち上げるために、共有できる新しいイメージが必要でした。ただ、その強いイメージは建築ではなく新しい何か、たとえばランドスケープで置き換えたいと思いました。そのなかで結果的によかったのは、何といって

〈湘南台文化センター〉
左：広場入口　右：屋上庭園

も広場がつくれたことでした。そこには水が流れています。建築は静止したものですから、動く何かがあるだけで時間を感じることができるのですね。そういう時間の流れを感じるような変化がこの複雑な装置の集合体のなかにはあるのです。

この広場の心地よさは、環境の変化を身体で感じられることだと思います。パンチングの日除けや水路といった小さな身体的スケールでできていて、さまざまな装置が陽の光と風を受けて刻々と変化するのです。

比嘉　〈眉山ホール〉ではまだ小屋根という建築的な断片だったものが、環境の変化を受け止めるような自由な装置になる。森という表現はそういう変化を表しているわけですね。

長谷川　環境に対してインクルーシブという意味で「森」という比喩を使います。ここではいわゆる外部ではなくて、気象を引き受けながら、ゆらぎのある場をつくるための集合体みたいなものといったらよいでしょうか。そこから心地よさが出てくるような気がします。

「ガランドウ」も「はらっぱ」も気象の変化を自在に引き受ける流動的な場なのです。

比嘉　四角い建物だと内外の境界がはっきりとありますけど、フラクタルというか内部か外部かよくわからないような場もできていますね。

長谷川　内と外の境界はあいまいですね。敷地の対角線に通る広場は風の通り道でもあるし、プラネタリウムの下に日陰ができれば、おじさんやおばさんが昼寝するのです。それはやはりそこが快適だからだと思うのです。子どもたちも快適だからせせらぎのまわりでピクニックのようにしてご飯を食べるのです。

ＮＨＫの番組で[7]、私が課外授業をやることになり、焼津西小学校の生徒を〈湘南台文化センター〉へ連れて行ったことがあります。みんなでご飯を食べていると、わずか十五分くらいいるだけでも光の状態が変わる。それを子どもたちも感じているようでした。そ

▼7…「課外授業ようこそ先輩　つくってみよう夢の家　建築家長谷川逸子」二〇〇〇年十月十五日放送

ういう環境の変化に子どもたちは敏感です。地下の体育館のドライエリアに竹が植わっているのを見て、地層みたいだと言う子どももいました。子どもはそういうところに反応するのですね。感想文には空気とか光についての話が多かった。常にざわざわと動いているのが心地よかったんでしょうね。子どもたちの反応は、私にとっても新しい気づきになりました。

比嘉 なるほど。そういう快適性をつくり出すための環境的な装置群だということですね。複雑にデザインされたものがつくる微妙な光の濃淡や、森のように刻々と変化する光と空気の状態を「第2の自然」ということばで表現しようとしているわけですね。

建築家はよく、人が集まる場をデザインしようとしますが、階段状の劇場みたいなものをつくってもなかなか人が集まる場にはなりえない。そういった誰もいない広場がよくありますが、観念に終わっているということなのでしょうね。

長谷川 それは状態をうまくつくれていないということかもしれませんね。〈湘南台〉の場合は、複雑な装置の集まりが気象装置として効果的に働いている。変化を目に見えるように取り込んで広場をつくる。それは平面的なものではなくて立体的なものだから子どもたちにも新鮮な経験だったのでしょう。スケールやプロポーションはとてもデリケートに決めたつもりです。球体を含めてさまざまな装置をつくって、結果的には装置の複合化によって広場の空気をデザインしている。竣工当時このような五感で感じる建築を理解してくれる建築関係の人はいなかったですけどね。

比嘉 建築論は特に触覚や嗅覚は扱わない。基本的には視覚に基づく観念論といっていいかもしれません。そういう意味では、〈湘南台文化センター〉はセンシュアルなものを扱う建築なのかもしれません。それは写真ではわからない。だから訪れた人が予想以上に新鮮

〈湘南台文化センター〉
左：広場の装置　右：せせらぎ

に感じるのかもしれませんね。

長谷川　メディアの時代の建築は映像や写真で伝達される。そこにカメラマンの目が介入するのですが、写し撮れないものもある。それをここでは感じることができる。

比嘉　これはコスモロジーの表現だという言説が僕の見聞きした〈湘南台〉批判の典型例です。雑誌などに載った写真を見ると、そういう批判が出てくるのだと思います。しかしながら複雑な装置の集合は、コスモロジーを視覚的に表現するためではなくて、外部空間をセンシュアルな環境にするためのものだったのだと考えると、これまでの長谷川さんの話に結びつく。

変な言い方ですけど、〈湘南台〉はイスラム建築に近いのかもしれませんね。オーダーの組み合わせから始まる西欧建築史は、基本的には模倣的（ミメーシス的）というか観念論的です。イスラム建築はそこから抜けていて、つまりは「庭園」です。庭園に水を流して音や香りを楽しむというように、視覚以上に人間の触覚とか嗅覚を最上のものとしている。庭園といっても西欧のような「見られるもの」ではなくて、さまよう庭園です。匂いを嗅いだり、触ったり肌に触れるもの、いってみれば楽園ですね。長谷川さんが「第2の自然としての建築」ということばでめざしていたものは、そういう建築の「状態」だったのではないでしょうか。

長谷川　現在では庭園とか公園的な建築をまとめて「環境としての建築」といっています。室内に宇宙のように広がりのある劇場をつくろうとか、ワークショップのスペースには自然の光と風を取り込もうとか、そうした部分を装置といっているのですが、それらは環境をつくる装置となっている。意図しない効果も含めて環境を現象させる。そういう建築のつくり方があることをここで発見したように思います。

第一章

「建築のフェミニズム」

「建築のフェミニズム」（一九八五年）は、「SD」誌（一九八五年四月号）の長谷川逸子特集のために行われた、多木浩二との対談である。この対談を皮切りとして、二〇〇三年まで、多木と長谷川はおおよそ五年ごとに合計五回の対談をしている（第三部第三章および第一部参照）。第一回にあたるこの対談は、〈眉山ホール〉の竣工（一九八四年九月）と、湘南台コンペの募集が始まる（一九八五年十月）までの間に行われた。

> 眉山ホールが完成したころにSD特集でこの対談は行われました。評論家の多木浩二さんは「合理的骨組と自由な被膜」「ポップ的理性」「女性原理」「インクルーシブ」など、私の建築からさまざまな概念を引き出してくれました。多木さんから多層にわたる概念的な枠組みが与えられて、従来の建築の設計方法を乗り越えた自由な展開を予感し、とても開放された気持ちがしたのを覚えています。
>
> 当時はまだ女性の建築家がいまのように多くない時代で、この特集のタイトル「建築のフェミニズム」は同世代の建築家からの反発に近い反響もありました。私のアトリエに訪ねてきて、フェミニズムについての議論をしていく建築家もいました。女性が建築業界で働くということ自体珍しく、それゆえさまざまな困難がありましたが、それは後に海外でも同様に体験することになりました。

のちに長谷川はこのように振り返っている（二〇一八年）。題名「建築のフェミニズム」は編集部がつけたという。「SD」誌上では多木浩二の名前は伏せられている（多木自身の希望によって名前を伏せたということだが、その理由はわかっていない）。ほとんどは七〇年代の住宅作品を題材とした話であるが、〈湘南台〉とその後につながってくる概念がすでにこの対談のなかにある。

この「SD」誌の長谷川逸子特集号には、一九七二年から一九八四年までの作品が網羅され、多木浩二以外にも、鈴木博之、八束はじめ、菊池誠、松永安光らによる長谷川作品への批評が収録されている。表紙などに使われているコンピュータグラフィックスは友人たちとプログラムを書いてつくったもので、モニターを多重露光撮影する手法を用いたという。

・・・対談

建築のフェミニズム

多木浩二×長谷川逸子

「SD」一九八五年四月号。一九八四年十二月十七日、鹿島出版会にて

活動の始まり

多木浩二 長谷川さんは大学を卒業されてすぐに菊竹清訓氏の事務所に入られたわけですね。

長谷川 そうです。それから一九六九年に東工大の篠原一男氏の研究室に入りまして、そこに在籍中に小さな住宅を幾つか設計することで、個人としての建築家の活動を始めたわけです。

初期の小住宅というか、規模的に普通の家は六戸ぐらい、春か夏の休みに設計し週末に現場監理にいくようにして自分の仕事として区分してやったのですが、私が希望して篠原研に属していたのですからその間、篠原一男の影響下にあったことは否めません。先生の論理は住宅を設計することから引き出されたものですが、それは一つの思想といえるもので、現状を逆転し、先を明らかにしてくれるもののように思えていたのです。そしてその大きな存在を目の前にして、どうやって自分なりに設計活動をやっていくかは大変な問題で、いつの場合にも篠原一男と自分の位置関係をはっきりさせておきたいという気持ちが働きました。

多木 どんな動機で篠原研に入られたのですか。

長谷川 私は六七年頃発表された〈白の家〉を見たときに先生の仕事にひかれて、それから注目していて、研究室に入りたいと思うようになったのですが、私が在籍した当初は〈未

完の家〉が工事中で、それまでの伝統との関係というか連続が読みとれた住宅作品から、次のキューブという非日本的な形式を持つ作品に変換しだしていました。私はそれから次の変換のとき、野生とか機械という言葉で語られた〈上原通りの住宅〉が完成する頃までの七年間、篠原研に所属しました。[1]菊竹清訓事務所に勤めた六四年から六九年も菊竹先生が代表作を次々につくり大活躍していた時期ですし、篠原研究室に所属した時期も篠原先生が非常にエキサイトして社会的に活躍していた時期で、私は大変めぐまれていたと思っています。

話がずれましたが、ところで、次々にキューブの住宅をつくることに参加していても、私には〈白の家〉や〈地の家〉にひかれてこの研究室にいるのだというこだわりがどこかにありました。篠原一男の『住宅論』のなかに「日本には空間の概念は生まれてこなかった……東洋社会の特殊性が「空」すなわち「虚空」という考えしか生まず……」と書かれていますが、私はそのアジア的空間の方にリアリティを感じていました。先生の次の世代の者としてそれなりに伝統を出発点において、その連続性というものをとらえて建築を考えていきたいと思っていました。そして「民家はきのこ」とか「民家は自然の一部である」という言葉、先生はその言葉を超えていきたいとおっしゃっていましたが、私はその自然さを引き継いでいきたいと思う気持ちが大きかったのです。正直のところ大学時代もそうですし、市民会館など公共建築を次々に設計し活気に満ちていた菊竹事務所に所属していた時期もそうでしたが、私は長い間、建築を身近なものとして設計に参加しているという感じが薄かったのです。悶々としたものがあり、建築をリアリティのあるレベルでとらえたいと思い続けていました。研究室の人たちと北日本の民家を見て歩くという長い旅行をしたことがありましたが、その旅行で「民家は外側からではなく、内側からとらえる

▼1…研究生としての一九六九年から七〇年、七六年から七九年の自作に力を入れるようになった時期を除く

べきだと思う」という先生の言葉がわかったように思えました。伝統を再び建築のコンセプトとするのではなく、伝統的住宅を通して建築を身近にしたいという意義が、それから民家や古いまちを見ることに私を向かわせました。そのフォルムやディテールを分析してみたいというのではなく、とにかく人間が住み生活してきたその連続性のなかに、建築である以前にある何かを確認したいと思ったのです。

要するに、近代以前から住宅を住宅たらしめているようなもの、言い直せば住宅に人間が抱きつづけてきた意識のようなものを身近に感じて、建築を設計していきたいという気持ちでした。

初期の小住宅——テーマ性について

多木 初期の住宅の設計の場合は、とくにどのようなことを意識していたのでしょうか。

長谷川 その時期の住宅のクライアントは私より若い人たちで、雑誌でよくみる建築のクライアントのように芸術家とか文化人というような人はひとりもいません。普通のサラリーマンですから、都市住宅としてのモダンさというものよりもあたりまえの棲み家というのかな、住まうという基本的なことだけが必要とされていたものですから、そういう要望を満足させたいとすると必然的に、当時、篠原一男がめざしていた建築のあり方とは対比的な方向にあるものになったと思います。ですから建築家らしい作品を提出していくというレベルの建築に対し、作品らしくない作品というものをつくっていくようなことになりました。このようなものでも発表し批評をうけるところに提出すれば、結果的には作品というものになってしまうのでしょうが。その頃よく、小住宅は一つのテーマを持ち込むだけでうまくいくよと教えられたものですが、テーマがあるということ＝作品になるということ

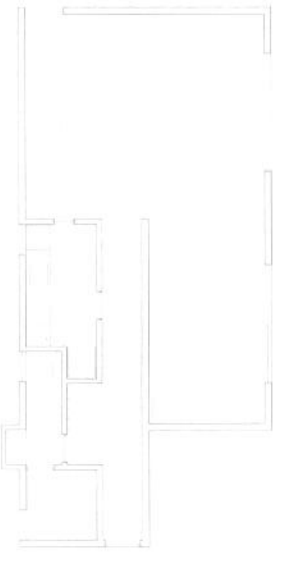

〈焼津の住宅〉

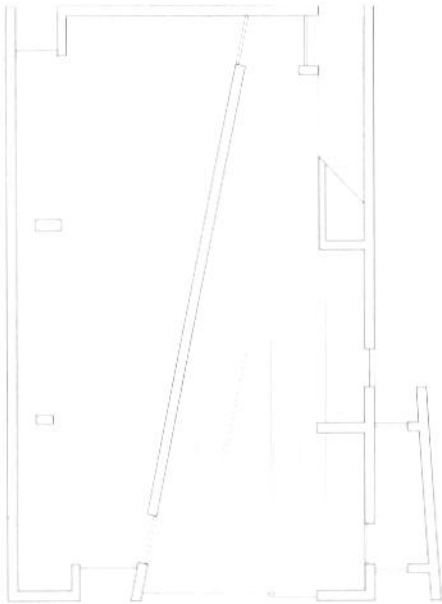

〈緑ヶ丘の住宅〉

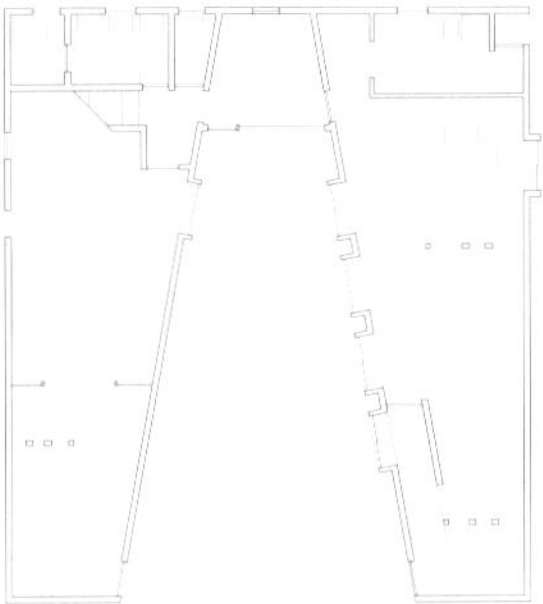

〈鴨居の住宅〉

とだとわかっても、少なくとも私は設計に向かう姿勢としてはそうではないところを目論んでいたんです。とにかく与えられた敷地が狭いのでそれを有効利用することを考える。そしてローコスト化のための架構を、そして採光と通風という自然さと家相を取り込むと、条件が厳しすぎるので、それらのからみのなかで自動的といってもいいほど、これしかないという案ができてしまう。

多木 具体例に即して説明していただけますか。

長谷川 〈緑ヶ丘の住宅〉の場合でも南北の風通し、深い日ざしが必要ということから縦割りのプランになる。細長い室に、食事と接客の場所に広がりがほしい、とやっていくと斜線がプランにあらわれるのです。他にも解決の方法は考えられるかもしれませんが、私は一枚の斜めの壁で処理しました。〈焼津の住宅1〉ではとても小さなスペースのなかに長さが必須のものとなっている。あの長さがなければ全体が成立しないようなもののようになっている。〈鴨居の住宅〉ではプラン上の斜めの二本の線が同じように導入されている。こんな具合に、敷地がもつ物理的スケールを問題にして設計してきて、「長い距離」「斜めの壁」「スケール感」というような文章を書き、すべてを物理的なものの在り方のレベルで語ろうと努めてきた。

テーマということを物理的問題に限ってみたときには、この初期の住宅にはテーマ性がむしろ非常に明確なかたちであったようにみられるのかもしれません。建築家らしい建築家、篠原一男のもとにいたということで、何らかの明確なテーマを設定しそれを実現しないことには建築家がつくったことにならないということを、無意識の内に前提にしてきてしまっていたことはあるかもしれないのです。ただ私の気持ちのなかでは、その当時使われていたさまざまのテーマ、観念的であったり文学的であったりした一つの類に寄りかからずにやっていきたいという気分があったんです。その気分通りにできたかどうか疑問ですが。

初期の住宅には幾何学的な形態がスパッと断片化されずに小さな規模のなかに投影されていたと思います。伊東豊雄さんがモルフェームと呼んでいたものの、もう少し生の形のものが見出されるのではないか。その場合、物理的意味にせよ、一つのテーマが建築全体を覆いつくすような形で存在していたことは確かであり、それは篠原一男的であったという見方もできるのかもしれません。

多木 その場合のテーマとは、芸術としての建築を実現するためのものではなかったわけですね。

長谷川 「長い距離」や「斜線」が設計を通して生まれたことを伝えたくて、その頃「私はテーマを白紙にして設計に向かう」と書いたことがありますが、設計する側の考えでまずテーマをつくって設計に入るのではなく、実際に設計していく現場のなかで考えをつくっていく方法をとってきたのです。

初期の小住宅——断片化に向かって

多木 初期の一連の小住宅はいずれもがプランニングを中心として考えられていったものだと思いますが。

長谷川 境界線だけの平面、つまり敷地に向かって設計していったといえると思います。そのプランニングの基本は、求心化する広間をつくるという方法のものではなく、どの室がどう入れ変ってもよいような相似形の室をつくる方法をとってきた。その途中にあらわれたのが斜線でしたが、それが床・壁・天井という室を構成する面をバラバラに分散化する働きを有することに気づき、断片としての建築のありようというものを考える方向に向いてきて、そして〈焼津の住宅2〉（三角形の家）をつくる頃は、建築を構成する要素とその分散に関心を持っていたのです。

多木 〈鴨居の住宅〉では、プランニングのおもしろさをさておいて、内部に露出している木造の交叉筋交の図像性ばかりが問題にされたように思いますが。

長谷川 正直なところ、まったく図像性を問題にしてきたという意識はありませんでした。交叉筋交をこの〈鴨居の住宅〉以降にテーマにしている住宅を雑誌ではよくみましたが、〈鴨居の住宅〉のときに筋交をあのように露出させることになったのは、設計がほとんど終ってからでした。確認申請のため役所に提出したら横力を受ける壁量を補強するようにという指摘を受けて、いろいろと補強の方法が考えられましたが、あいかわらずつくろうとしていた長い距離をこわさないように導入するために選んだのが、透明の壁、つまり交叉筋交いを露出した壁を建てることになったのです。でも、でき上って写真を撮ると、意に反して距離感をとる視点として筋交を利用しようとするので目立ってしまって、あたかもこの図像性がテーマのように受けとられる発表になりました。この図像性が次作以降に転移していったとは私自身は考えたことがありません。

〈焼津の住宅2〉のときには建築全体を断片化の集積と考えていました。またこの住宅は、骨組と皮膜を明確に分離して考えて構成していく最初の建築でした。そうした手法は〈焼津の文房具屋〉でより明らかになり、その後現在に至るまでずっと続いています。つまり合理的な構造の秩序をつくり出し、その骨組のうえに、いろんな表情をもった、ときには非合理的な解釈しかできない部分を有する皮膜をかぶせて、重ねていくという手法を見い出すきっかけに、この〈焼津の住宅2〉がなったのです。

合理的骨組と自由な皮膜

多木 長谷川さんの作品を経時的にみていくとき、〈焼津の住宅2〉の重要性は格別なものがあると思います。もう少し詳しく説明していただけませんか。

長谷川 焼津はわりに温暖なところで、住宅というものに対する厳しさというものがない住民感覚があるように思いました。この〈焼津の住宅2〉のクライアントは夫妻共まだ大学を出て二年程しかたっていないほど若かった。七百万円程度で、ガランドウで良いから、できるだけ大きなヴォリュームをつくってほしい。それから、できるところまでつくり、全体は未完成で良い、だんだん時間をかけて完成させるからという依頼でした。どんなものでも良いよとまったくこだわっているものもなさそうでしたので、かなり自由にできそうに感じて設計をはじめました。これまでの仕事のように、外的与条件を最大限利用して設計しなくてもいいほど敷地は広かったのです。それでローコスト化のため架構を簡便で合理的なものにすることをまず考えたのです。初めは鉄骨のボックスにしようと思って設計したのですが、住宅のような小さなものの場合には案外コストが高くなってしまうのがわかって止めて、木造でやろうということになりました。木造なら傾斜屋根をかけた方が良い。一二〇角の柱材が大工さんのもとに沢山あるというので、近くの鉄工所で四五度の金物をつくって、二等辺三角形に組み合わせて全体のフレームを立てていくことにする。この方法がひどく合理的なことに思えて選択した訳です。普通だと格別にローコストの方法ではないのですが、この場合、材料を安く提供してくれた大工さんがいて、さらに暇なときをみてゆっくりやるという格好でローコスト化できたのです。こうしてできた三角形のフレームは近代的合理性とはほど遠い特殊な、造形的すぎるものに、また図像性とか装飾性が読みとられるものになったのです。この三角形のフレームに外皮をかぶせるとき、

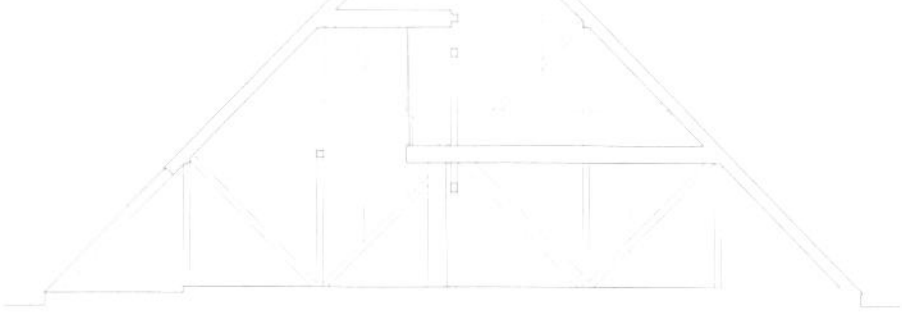

〈焼津の住宅2〉断面図

その間口が三角形だとその図像性が強調されすぎると考えて、あたり前の矩形の窓を三角形のフレームを無視して埋め込んだのです。それまで小住宅を設計して考えたことは、普通、住宅というものはごくあたりまえで何でもないもので良いのではないかということと、同時に、ひとりひとりクライアントが違い、いろいろな生き方があることを確認させられたように、それぞれ個別な条件に基づいた個別な計画であるという性格を自然に持ってしまうということです。一般性と個別性というその相反するもののどちらも切り捨てず、住宅は両方を構えて成立しているものだと考えていました。

そして、三角形のフレームに三角形の窓をつけたのでは骨組と皮膜が区別がなくなってしまう、矩形の窓とした時点で初めてそれらを意識することになったのでした。窓のことを考えていくうちに、建築を構成する骨組とそれをパッケージする皮膜としての面、屋根面と外壁面、そして内部を分節する皮膜としての面、床面・壁面・天井面というものを別々に考え、フレームと面それぞれのありようをはっきり持つ建築を設計していく方向をこの仕事で得たのでした。

多木 技術的合理性を求めてつくられた骨組と、それとはある種のズレを持つ皮膜とによる構成の手法がそこで始められたといえるのですね。

長谷川 そうです。この手法を発展させてその後の〈焼津の文房具屋〉、そして〈徳丸小児科〉〈松山・桑原の住宅〉と設計していきました。

普通の住宅を設計していた当時の自分の気分に即していうと、こういうものをつくりたいという建築家としての自分と、こんな生活をしたいという住み手としての自分の、その両方が設計する際に常に自分の内で働いていたのです。それを抽象性と日常性というように仮にしておきますと、小住宅の場合、その両義的なことの兼合いを真剣に考えなくても、

〈焼津の住宅2〉
左:内観　右:軸組

規模が小さく構成も単純だと自然に両者が一致してしまった。〈焼津の住宅2〉では、前にも話しましたが、ローコストであることをのぞけば自由に発想できる与条件でしたから、初めて問題提起を意識的に考えなければならない事態に直面しました。この場合、自分の狙っていること、その考えをねじ込むようにして設計していくのが建築家なのだという建築家のあり方、それははっきりみえていたのですが、そうした建築家のあり方に対して、自分は建築家といえなくてもそれとは異なる立場に身を置こうとしていたのです。

建築のリアリティについて

多木 現在、建築のジャーナリズムに出ている建築家の大部分はどこかにアヴァンギャルド性をもっている。アヴァンギャルドという言葉自体は適切ではないかもしれませんが、その一方で町の建築というのは、そうしたものを一切持っていない。長谷川さんはおそらくその中間をいっているのではないか。そのことは、アヴァンギャルド性で突っ走ろうとする建築のあり方に対する批判になっているとともに、町の建築とも一線を画している。にもかかわらず焼津であろうと松山であろうと町にすんなり溶け込み、同化することができる強靭さをも有しているのだと。

長谷川 いまの言葉に関係すると思うのですが、私は建築家として楽天的すぎるということを、まわりにいる建築家からよく批判されるのです。私の設計する建築は社会に対しての批評性に欠けるもので、戦闘的な部分を持っていないといわれます。私の場合、建築が社会に対して戦闘的に挑むべきものかどうかということに大きな疑問をいだいています。

多木 楽天的な建築家像というのは、たとえば大設計事務所とか建築会社の設計部に属する人びとについていえるのであって、長谷川さんの場合は違いますよね。そうではなくて現代の建築がある意味で逸脱していっていることに対する批評を自分のなかに内在させて、ポジティブなかたちで建築をつくっていくという構えをとっているといった方がふさわしい。建築が社会に対して戦闘性を持つべきだと考えている人たちは、そのへんのことを見過ごしてしまって、たんに楽天的だとしか長谷川さんの建築を見ることができなくなってしまっている。

長谷川 先程、建築が強靭であるとおっしゃったんですが、そのあたりをもう少し突っ込んで考えてみますと、私だけでなく私と同世代の建築家は概して建築のリアリティという点に関して適当なバランス感覚を持っているといえるのではないでしょうか。概念的なものを追いかけながらも、リアリティということに主題をおいていて、その傾向は最近ますます強まっている感じがします。社会全体が建築を支えてくれるなどという期待は一切持たず、また都市のシステム全体をフォローしうるなどとは信じていず、にもかかわらず、複雑でとりとめない環境のなかで、断片化し流動的なものを基盤としながら、現実性を見失わずに孤立した建築をつくっている。イタリアのラショナリストのように都市が建築のタイポロジーを支えてくれるだろうというような期待を一切もてない状態にあって、隣接する環境とは無茶苦茶な関係にならざるをえないことを引き受けながら、なおかつ物として存在する建築を実現させていこうとするその強さだと思う。

多木 そういうことが同世代の共通姿勢だとすると、長谷川さんはもっとも即物的に実際的にそれらを実行しているから、建物もまた存在の強さが出てくるのだという気がします。それはまた、長谷川さんのつくった建築と、それらが建っている土地なり都市との係り合いの強さとも深く関係していると思いますが。

長谷川 設計の主体性あるいは作品性ということと関係して「敷地は設計の出発点にならな

い」という類の篠原先生の言葉があったと記憶していますが、私は敷地というものをぬきに考えることはできなかったし、土地名を建物に付けてきたように、でき上がっても切り離せなかった。それは決して敷地の固有の条件から発想をいつも得ていきたいということではなく、そうした敷地という条件も含めすべてをあるがままのものとして引き受け、その土地と連続するなかで、それを包み込んでいくようなかたちで建築をつくっていきたいということなんです。松山の場合でも、焼津の場合でもそう特色ある町でもありませんし、何かを引き出して建築のタイポロジーを見つけることなどまったく不可能です。イタリアの場合のように、社会的・歴史的コンテクストが厳然と存在する訳ではないので、例えば〈松山・桑原の住宅〉が東京に存在しえないということはない。そのことを十分自覚しながらも、なおかつその町、その土地に、周囲と連続するものとして建つというリアリティを大切にしたいという姿勢があります。

より高い自由度をもった構成

多木 〈焼津の住宅2〉に端を発し〈焼津の文房具屋〉で明らかになる骨組と皮膜による構成で建築の全体をつくっていくという方法は、長谷川さんの建築の系列のいわば第二期といえるかと思います。第二期のピークは〈松山・桑原の住宅〉で、その後の〈AONOビル〉以降現在に至るまでを第三期としますと、そこでは骨組と皮膜による構成という点では第二期から一貫してはいるものの、単体としての統一性を追求するよりは、もっと自在な構成法をとっている傾向がはっきりと出てきていると思いますが。

長谷川 たしかに〈焼津の住宅2〉以降その自在な構成の獲得を意識してやってきて、とくにこの頃はその傾向が設計に強く表われていると思います。小住宅をやっていてわかった

〈焼津の文房具屋〉
左：鉄骨柱梁を露わにした内観　右：外観

ことの一つに、単純なものほどかえって多様さを、多元的意味を内包しているということです。そこで、そうした多様さを内包するような構造を考えていこうとする過程で、先程分類された第二期に入ったのでした。そこでは骨組と皮膜をはっきり分けて、ある意味では合理的で明解な建築に向かおうと思ったのですが、けれども合理性を追っていった結果、解きほぐせないことが逆に沢山残ってしまった。構成を複雑にしていったからといって建築の複合的なものを解決できるものではないという考えに至ったのです。〈焼津の文房具屋〉ではファサードは明解であるけれど、かくれた裏側はその敷地に合わせて変形していたり、内側では古い家屋とつながっているとか複雑さを包み込んでいたし、〈徳丸小児科〉でも各階まったく違う機能をもつもので、各階異なる分節する壁の自由な構成で空間をつくっているのに、その構造は単純な普通のラーメン構造の建物である、というように、次々に建物により高い自由度をもつ構成を、さらにいろいろ試してきて現在に至っているのです。

ポップ的理性

多木 初期には幾何学的形態が直截に適用されていて、それが物理的意味でのテーマともなっていましたが、次第に形態は断片化していって、明解な骨組のうえに強い図像性をもったボキャブラリーが重ね合せられていくという方法がとられていく。

長谷川 建築全体をはじめからイメージでつくり上げ、そのスタイルを強引にねじ込んだ設計をしようとは思わない。骨組を合理的につくるほどに皮膜は非常に自由度を増すのです。〈徳丸小児科〉では「重ね着ルック」と呼びましたが、円弧が連続する壁とか、バラバラの円弧の壁とか、サインカーヴ、ともかくいろいろな壁を重ねていって、その壁と壁の隙

〈松山・桑原の住宅〉
左：庭に面するファサード
右：パンチングメタルの皮膜に覆われたテラス

間としてできる領域をとりあえず室とする。つまり隙間の空洞を空間とするという考え方をしてきた。骨組が大きく空間を決定づけるのではなく、自在に配置した壁がさまざまな空間を生むと考え、いろいろな形態の壁を多用したのです。〈松山・桑原の住宅〉でも平行に配置した四枚の壁が重なっていて、その隙間が、その空白な場所が空間となっている。ここではさらに発展して、骨組のフレームそのものにも何らかの自由度をもたそうと考えました。柱といってもまったくの線ではなく、実際には面を有するものですから、その形態がシャープなものか、円柱のようにやわらかなものかは、その空間の質に大きく影響するからです。この住宅の場合は柱と梁をピン構造にして柱の形の選択を自由にしました。独立柱は丸柱、壁に接してあるのは角柱、サッシュやアルミパネルと接してあるのはH型鋼というように。〈AONOビル〉の六階の住宅には円筒の回転する装置が立ち並び、その装置の両側にはまったく異なった室が埋められている。そこには固定した機能というものより、自由な発想で使用されるような空間があります。

多木 〈徳丸小児科〉も、そして〈AONOビル〉も内部空間はプランを熟慮して厳密に組み立てたというよりも、一種のアナーキーな状態に近い形で存在しはじめていることがいまの説明でよくわかりました。

長谷川 〈AONOビル〉のファサードもまったく同じ意識で考えたのです。ビルの唯一の立面ファサードにそのまち並みのビルと同じ高さでそれまで建っていた小さなビルのシルエットを重ね、上部には住宅の図像として三角形のパネルと重ね、このまち並みにある横長窓も重ね、ホールの大きな一つの窓も埋め込み、内側の機能が持つ立面を同一面に重ねてあるものです。〈焼津の文房具屋〉のときも〈徳丸小児科〉のときも、屋根面も自在に扱いたいと考えましたが、今度の〈眉山ホール〉では屋根を小屋根の連続にすることで自

〈徳丸小児科〉
左：円弧のガラスブロック壁（1階）　右：外観

由な形態を選択できることになり、いろいろな屋根をのせました。屋根も一つの面として自在に構成したいと考えています。

自由度を高めて、いろいろなボキャブラリーを集積していくという方法をとるとき、そのボキャブラリーは自分の創造したものということにとらわれず、どこにもあるものでもいい訳です。私の場合、建築の場合、本当に新しい形というものはもうありえないといって良いでしょうが、それをはっきりと認識したうえで、さまざまなものを含み込んでいって、一つの建築のリアリティとして成立させるというような理性を働かせているところにも、私の現在の建築の方法上の特質があると思います。そうした理性はいわゆるロジカルな理性、骨組と皮膜に分けて構成していこうとするときに発現されるようなロジカルな理性とはちょっと違った類のもので、ポップ的理性とでもいえるのかもしれません。

多木　それは非常に発見的で刺激的な性格をもった理性なんだと思います。

長谷川　それをテーマということに関連させると、事前に一つのテーマを設定してそれを追求していくのではなく、テーマはむしろそのつど掘り出され、発見されていき、次々に移行していくものだと思うんです。つまり順序正しい発展とか進歩とか、一貫したディベロップメントを志向せずに、もちろん連続性はどこかで確保しながらも、一つ一つをいまここの場でという意味でのアドホック的な姿勢でやってきているということにつながるのではないかと。

多木　そうしたアドホック性というのが、理詰めで連続性をもって先へ先へと迫っていく方法とは対比的な方法をとっていることにおいては、長谷川さんは同世代の他の建築家のなかでも際立った存在だと思いますが。

長谷川　設計するということは一つの出来事と同次元にあるととらえてアドホック的姿勢で

〈AONOビル〉住宅部分

やっていくと、余りにも偶然的なことだけと対応し偶然をひろっていくということは、ある特殊解をつくっているということになるのではないかという恐れをいつも抱いています。けれども創造的なるものをつくるべきか、それともポップ的理性でやっていくか、後者のなかで現代の建築家のあり方を見出していこうとすることはとても微妙な問題が含まれていると思いますが、建築家という既成概念にもとらわれずにやっていきたいと考えている私は、後者に自分が定位しているといってしまって良いと思います。偶然なるものをひろいあげていくということのなかに建築の領域の巾を広げてくれるものがあると確信しているのです。これまで建築が求めて来たような理論的理性といえるものは、工学的、哲学的に思考の厳密さを要求するものでしたから、多くのものを排除してきました。ポップ的理性は、排除されてきたものを広く取り込んでいこうとする広いベースに立ってあるものだとすると、建築の世界でこういうことを発言するといつもの通り相手にされず、そして女性的であると受け止められてしまうんです。女性的といっても性の区分の問題とは関係ないことだと思いますが。

「女性原理」の建築

多木 長谷川さんが女性の建築家であることはとても重要な問題であり、特にいまの時点ではそのことを誤解多きことを承知のうえで強調しても構わないと思います。

長谷川 私はそれほど関心をもったことはなかったのですが、現在、さまざまな方面で、性の差別からくる役割の問題ではなくて、有史以来、文化の創設者として生き続けてきた「男性原理」というものの破綻が近代文化のゆきづまりのなかで現われてきて、それに対抗するものとして、もうひとつの原理、それを仮に「女性原理」としますと、それこそが求められている、というような議論がされているようです。そういう主張から眺めてみますと、私たちの文化や思想や建築に対する根元的原理はいままでずっと「男性原理」にのっとってつくりあげられてきたけれども、これからはそれとは異なる「女性原理」が必要とされているということになるのでしょうが、確かにそこまで拡張して考えるならば、建築においても「女性原理」、「女性的なるもの」あるいはフェミニズムが意味をもってくるかもしれません。

多木 建築において、これまで「男性原理」のもとに、そして実際にもほとんど男性たちがロジカルに、そしてあくせくと考え、飛躍し、自ら戒律を課していったりして進めてきたやり方と比較して、いまの段階で「女性原理」にのっとった方法を考えてみると、スケールがものすごく大きくなる可能性があり、アドホック的でありながらバランスを失わず、そんなに踏み外れず、しかも生産力を持続していくだろうという予測が成り立つと思うんです。その意味で長谷川さんが「女性原理」を良く体現している建築家であることは、すごくポジティブに考えられるのではないでしょうか。

長谷川 私は大学を出て六〇年代の後半、菊竹事務所のスタッフとして次々につくる大建築の設計に参加してきました。その設計のテーマは公共性や共有性そして人間性などで、その実体のなさからくるのか、自分のめざしているものとはかけ離れすぎていると感じてしまいました。パブリックという言葉がもつ虚構性と客観性に、リアリティがもてないでいるという状態でいました。この状態をこわし、逆転せんばかりに、住宅という反パブリックなものを建築として語っていた篠原一男の住宅論、それが主観で貫かれていることに魅かれて篠原研究室で学び出したのですが、二年間の研究生の間、その住宅論を追求しているうちにその主観が作家論とか芸術論であるゆえにもつ問題にぶち当り、そのことを課題に次は自分の建築をさがしに向かわなければならなくなった、という私の経過があります。私は篠原一男の建築論と向かい合いながら、自分にとって建築とは何か、建築家とは、と設計活動をしながら考えつづけているうちに、こういう姿勢をとるようになってきたのです。

もうすこし考えてみると、私は中学の頃から油絵を好きで描いていたんですが、何ら疑問をもつということもなく思いのままやっていたのですが、建築を本気で考え出した大学の後半頃から途端に根本的な疑問にとらわれてしまいました。工学的にも論理的にも厳しく正確にやれないということで、いつも自分が逸脱してしまっていると感じていたのです。それは建築をやっている限り解決のつかないことなのではないかと思った時期もありましたが、いま思うと根本的な疑問の根底には「男性原理」を基盤とする建築のあり方に対する疑問なり、馴染めぬ思いがあったのではないかと考えられます。それでも建築のもつスケール感の大きさに魅せられ続けて建築に関わってきたのです。さらに振り返ると大学生のときも菊竹事務所のときも、建築は男性的なものとか、自分が女性とかいうことに特に自分自身で意識しなくてもいられる環境でしたが、篠原研に入ったら、初めて参加したゼミが「男と女について」という東工大らしいテーマでした。[2]その日、東工大で扱う建築がいかに男性的規範のものかあらためて強く自覚させられたのです。建築は知的構築物であり、まさに厳密な理論的哲学的理性を扱うこと、そして工学として社会的構造のなかで成立しているときを考えるのだということを伝え、歴史的に社会的にみても女性が建築をやることはどんなに不利であることかをよく知ってから研究室に来るようにということだったと思います。自分であいまいにしてきたがわかっているつもりのことが改めて強調されたゼミでした。そんな出発だったからか、研究室にいる間中、工学的でないという攻撃を

▼2…二〇一八年のインタビュー「ぶつかり合いのなかから」、第四部第七章参照

受ければ受けるだけ女性的なものとしての建築、女性のディスクールで語る建築というものについて考えることになりました。いまにして思えば「男性原理」に代わる別の原理、即ち「女性原理」を求めていたことになるのかもしれませんね。客観的なものでパブリック性を持つものが建築の中心を占めているという構図が描けるとするなら、私は、周縁の、しかも主観的にしか語りえない私的な部分にしかリアリティを持つことができなかったのです。

インクルーシブということ

多木 建築に限らずあらゆる芸術の分野で、いままでの芸術の概念として考えられてきたり、それに価値を与えてきたものというのが、いまになってちょっとズレてきてしまっているのではないかと皆気がつき始めている。少し極端ですが、芸術家ではなくて芸人のもつ文化のなかで果たす役割の大きさに目を向けるという状況がある。そのときにいままでの建築家像と長谷川さんとはどこか違うという感じを皆に与える訳ですが、それは芸術家に対して芸人を対置し、中心に対して周縁を、「男性原理」に対して「女性原理」を対置するという文脈で考えると、非常によく理解できると思う。

長谷川 〈焼津の住宅2〉の発表のとき「インテリア」に多木浩二さんが「多様さと単純さ」[3]という題で私の仕事全体を批評下さった。その論文は自分の考えを整理し先にすすめるのにとても役立ったといえますが、そのなかに、目に見えるレヴェルでは単純できっぱりした方法をとりだしても、直接あらわれてこないものが多様性や多元性と対応していることを味わわせる建築であるというようなこと、また〈緑ヶ丘の住宅〉の斜めの壁のもつとても単純な形式は、一種の隠喩的機能を持ち、意味の複合性がそこから読みとれるというよ

▼3…「インテリア」一九七七年六月号。第二部第二章収録

うなことを書いて下さいました。複合性はその後、私の設計を動かし〈徳丸小児科〉の頃から自在な壁を持ち込み、複合化を形式そのもののなかに持ち込むことに向かってきたといえると思いますが、その結果、私は単純な建築であろうと複雑な建築であろうと、人が生きていくことに関わるような複合性を多元性という概念をベースにしてあるもの、それが建築だと考えるに至りました。そして、この批評だけではなく多木さんが『生きられた家』で示された人間の生きることに関わっている建築、設計者の側にある建築ではなく住まう人の側にある建築をつくる方向に向かってやって来たのです。

一般的に建築の形式の問題を考えた場合、一つの単純な論理が貫かれていて一目瞭然良い悪いが判断できる場合と、その一方でコラージュ的建築というのが断片化したボキャブラリーをつないでいく場合とがありますが、両者は対として考えられるもので根は一つのように思うんです。私の建築は単純性か複合性かという軸線にはのらないもののように考えています。わざとらしい単純性もわざとらしい複合性も、どちらも余り問題にならず、フォルマリズムでも技術主義でもなく、かといって引用のようなことを根拠にしている訳でもない、というようなところで成立している建築であるように思っているんですが。

多木 話が戻るようですが「女性原理」ということを、構成という視点から考えると、長谷川さんの建築の特質というか、魅力的な部分、刺激的に感じられるところというのは、いろいろなものを拒否し排除していくことで成り立っているのではなく、すべてのものを引き受け包み込んでいくようなところで成りたっていることにあるのだと、ずっとうかがってきてわかってきました。

社会なり文化なりの全体に存在しているものが、長谷川さんの建築のなかに自由に組み込まれていって固有の現れ方をする。そこではオリジナリティなどはまったく問題にされないようなレベルでの構成がなされている、先程の分類でいうと第二期から三期になって、この傾向がますます強まっていると思いますが。

長谷川 インクルーシブということは悪くいうと無分別とか一貫性に欠けるといわれることかなぁとも思いますが、分別してつきつめていくところに、排除し純粋化を極めたところにオリジナリティを見出すというやり方は否定したいと思う気持ちはありました。つまり区分することで分別がおこるのであって、内包も排除もおこらない、そこにとどまらない世界にある建築、日常的生活行為とともにある広い世界と一体になってある建築を考えていきたいのです。建築を仕事としだして関わってきて、〈徳丸小児科〉の頃でしたが、この建築的体験が自分の思考範囲を非常にせばめてきていることに気づいたのです。建築なることにとらわれ、自分の立場や観点への執着がつもり重なって、内面にこだわりができすぎてしまっていると思い、それを突きぬけた先にあるクリアさを得たいと望んで、相当に努力してきたつもりはあるんです。

最新作について

多木 それは「男性原理」にのっとって考えるとマイナスの評価が与えられるはずのものですが、見方を変えて、現在の社会で「女性原理」の有効性なり優位性が明らかになりつつあるのだという立場からすると、逆に大きく評価しうることだと思うんです。最後に、今度の〈眉山ホール〉で考えたことを少し話して下さい。

長谷川 いろいろな人たちが利用する公共性とか共有性がある建築は、さまざまの複数の要望を引き受けることのむずかしさから、企画書づくりの段階からその要望は相当整理され曖昧にされ、抽象的言葉でまとめられたものになりやすいのです。設計の段階でも使用者側の具体的機能より設計者側の想定した抽象的機能が優先してつくられやすい。そうではなく使用する側にある建築に引きもどすことを本気で考えるべきです。この建物は設計段階では物理的な広さの差異に応じて大・中・小室ととりあえず名づけた室を用意し、いつでも使用者が主体になって発想して自由に使用形態を決めるというものにしてあります。そうしてそこに使用者が参加できる具体的対話の原理をさがしていきたいと考えました。公共性は本来の目的を果たすためには都市のあり方と同じで多くの人たちを呼び集め、その多岐にわたる層の人格にさまざまに対応しうる複数性を具体的に備える建築にすることを考え出さなければならないはずです。こうした考えをすすめていくうち、私は多勢の人が使用するような建築は規模の大小にかかわらず、その建築を単体としてつくるという発想に変えて、一つの複合体つまり特色ある都市としてつくる発想をしたらよいのではないかと考えました。都市は複数の出来事を引き受け、流動する多様体です。この建物を五階建の校舎から見下すと、どこまで建物本体なのか周囲との区別がつかなくて、この雑多なアジア的都市に連続し溶解し吸収されている感じがしますが、先日、空撮のためヘリコプターから見下したら鉱物のように光っていて、既存のまちの軟らかさをきわだたせて、SF映画の未来基地のようにみえました。この建物は特色ある都市性を内蔵している建築だと考えていますが、さらには今度はその都市性を超えたところにある世界を内蔵した建築を設計したいと考えています。

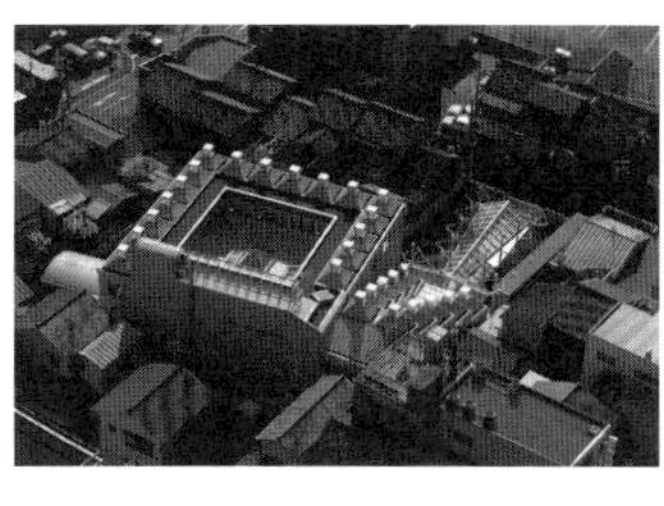
〈眉山ホール〉

第二章

「ポップ的理性」

第二章には、一九八四年から一九九〇年までの〈湘南台〉以外の作品解説を集めた。一九七〇年代の「ボソッとアート」と長谷川が自称していた無機質な外観とは異なる、山並み、森、樹木、月、雲、波、地層といった自然を抽象化した様相に溢れる外観が一九八〇年代後半に立ち現れる。本書には収録しなかったが同時期の作品として、〈練馬の住宅〉〈東玉川の住宅〉〈自由ヶ丘の住宅〉〈尾山台の住宅〉〈下連雀の住宅〉がある。比嘉武彦が「外部（都市）に働きかける建築」（序章）と指摘しているように、多彩な形象を伴う一連の住宅群それぞれが「第2の自然としての建築」というテーマを変奏している。

〈眉山ホール〉作品解説「連続する小屋根群」（一九八五年）の原題は「連続する屋根」である。湘南台コンペ獲得と同じ一九八六年に、初期住宅からの変貌を決定的にした〈眉山ホール〉で、長谷川は建築学会賞を獲得することになる。受賞前ではあるが、八束はじめ「テクノロジカルな風景」（一九八五年）は、当時、眉山ホールが建築界に与えた驚きを伝える批評である。

続く五編の作品解説のうち「農家の形式を引き継ぐ三角の大屋根」（一九八五年、〈小山の住宅〉、本文中「型式」を「形式」に改めた）は〈桑原の住宅〉との繋がりを感じさせるが、「新しい自然を感じさせる半透明の薄膜」（一九八六年、〈富ヶ谷のアトリエ〉）、「森や山々の影絵のように立っている」（一九八七年、〈熊本の住宅〉）、「森に溶け出した建築と人工化した樹木」（一九八七年、〈菅井内科クリニック〉）はそれぞれ新しい表現の獲得に向いている。一方〈黒岩の別荘〉作品解説「海に向かって立っている」（一九八七年）は立ち止まって振り返るかのように内省的な語り口になっている。

〈熊本の住宅〉〈黒岩の別荘〉〈菅井内科クリニック〉を掲載した「建築文化」誌の小特集「長谷川逸子　URBAN NEW SPIRIT」（一九八七年一月号）の巻頭文「アーバンニュースピリット」（一九八七年）には長谷川の自註を付した。多木浩二「長谷川スタイルの魅力」（一九八七年）も同特集のために書き下ろされた。この大きな転換の時期に長谷川は、自宅を含む〈ＮＣハウス〉とアトリエとして二〇一六年まで使うことになる〈ＢＹハウス〉を建て、活動拠点を定めている。「おばあさんが語っていた空間」（一九八五年）は、渡辺豊和・平山明義・高松伸ら編集同人らによる「建築美・極」（全四巻を発行）に掲載された。幼少期に培われた長谷川の豊かな自然観が伺える。

・・・ 連続する小屋根群

眉山ホール

原題「連続する屋根」「建築文化」一九八五年三月号

企画

この学校ではずいぶん以前から、在校生が共同生活を営んだり自主的に学習したり、それから教職員やPTAそして同窓会の人たちが集まり、研修活動をするような場所をつくりたいと思ってきましたが、実現させるチャンスを延ばし延ばしにしてきてしまい、今回こそ静岡精華学園八十周年記念事業のひとつとして建てようということになったそうです。

これまで他の高校のこうした建物を見学したりして、「何をつくるか」長いこと考えてきたということですが、関係者が多くて要望はその時々出ては変更を繰り返す状態だったそうで、設計依頼の企画書づくりをするということも、いろいろな意見をいくらか除いて整理してしまうとか、内容を曖昧にして抽象的言葉にまとめることになるのに気づいたので、そのことは良くないと考えて、一度白紙にしてから私に依頼したということでした。

ですから依頼を受けてから、今度は「何をつくる」という管理者的姿勢ではなく、「何をつくったら良いか」という方向で、具体的に使用する立場で考えてみることから始まったのです。この建物の実施設計に入るまで、関係者である学校側と教職員や同窓会側と学校建築について、あるいはそれを補う付属施設のあり方について、共同検討をすることで約二年余りを過ごしました。とても貴重な経験でしたが、そんな期間がもてたので、このような建物が実現したのだと思っています。

概要

使用する人たちの求めるものが不定であり無量だから、使用形態もまた無量にして定まることがない。「室」とは本来定まることのないものなのに、人はこの「室」は何、あの室は何と決めたがります。学校建築にかかわらず建築は、人びとを固定した使用形態の「室」のもとで、固定した役割を演じさせる方向に向かわせてきたと思うのです。しかし、誰もが求めているものは固定したものではないはずだし、生徒も先生も自ら固定してきたものを解きほぐすのが教育の場であって、もつれた糸を解きほぐし、多様な世界を多様に生きる自然さがある場所をつくることこそ、学校に必要だと私は考えました。

そうした考えからこの建物の「室」は、室名をつけずに単に物理的スケールの差異だけで、小室、中室、大室と名づけ、自由な発想で体験を拡げる場所として利用されることを期待しました。少人数用の小室は生徒と先生、父兄と先生が会えば出会いの場になり、読書や勉強をする者には学習の場に、自分と向かい合うものには修業の場に、議論を好む者には議論の場に、そして瞑想するものには瞑想の場となります。各小室は宿泊もできるように、設計事務所で新案した二段で折畳みが軽く、上げ下げが楽なベッドが用意されています。小室の二倍の広さの中室は四隅にあって、いろいろなグループ活動に利用されます。大室は多人数で利用できる場で集合場であり、講堂、音楽室、映画室、食堂、ダンス会場にとさまざまに利用されています。小室、中室そして大室での自由な体験やその記憶をもって、過去、現在、未来の生徒たちの対話がここから始まって、新しい校風というものがここから生まれることを期待して設計しました。

〈眉山ホール〉

〈眉山ホール〉大室内観

敷地

静岡市内の駿府公園の堀近くにあるこの敷地は、このまちの一区画に四方の道路に面して、民家が一列に並んで残っていたなかの大きな空地で、開口はたいして広くないのになかでまとまった広場になっているというものでした。このような敷地ですから、四方の民家に日照や通風、それから利用者の出す騒がしい騒音などで迷惑をかけないよう配慮して計画することが、大切な課題でした。

そのためまず、商業地域なのに二階建てにすることを決めました。このことで建築面積の広いものになってしまい、四方に一定に残る庭の狭さと、その配置が問題になりました。敷地に少しでもまとまりのある庭を残し、本体そのものの通風と採光を図ろうとした結果、東南に振ることで四隅に三角地をつくりました。そのためエントランスロビーとメイン階段を登っていくと、展示ロビーになっているロビーブロックは変形して、奥にパースの付いた空間になりました。ロビーブロックの先に延びた石の道を覆うガラスとアルミパンチングメタルの切妻屋根も、同形のパースペクティブを繰り返すものにしました。

また次に、生徒たちの声や音楽会や集会の騒がしい音が外を気にせずに発せられるように、小室と中室では屋根面に通風と採光のための装置を導入し、さらに中庭をつくりそこに面させることにしました。大室ではまず、その周辺にギャラリーのスペースをつくり二重壁チューブ構造にし、さらに採光と通風の装置は、やはり天井面つまり中庭に設けることにしました。小室、中室は窓のない室では密室的過ぎるという考えで、避難などの必要がないかぎり開かない窓を付け、ブラインドで目隠ししてあります。

〈眉山ホール〉ロビー内観

中庭を中心に並ぶ小室の屋根群、ロビーブロックの登っていく屋根群と、その屋根群の間を登っていくアルミパンチングとガラスの光の泡をつくる斜めの屋根、入口からまっすぐ延びる石の道を覆う鉄フレームの屋根の連続体と、やはりその間を埋める訪れる人に光のシャワーを降らす切妻のアルミパンチングとガラスの屋根。それから屋上の物干場をつくる半円ヴォールトフレームとメッシュの屋根、和室を覆う浅い二つのヴォールト屋根。これらの屋根が重なり合う様子は樹海のごとく、山のごとく、多分訪れる人びとの前に自然のアナロジカルな記号群となって、呼びかけるような建築になっていると思います。

私は以前から、大勢の人たちが使用する建築は単体としての建築ではなく、都市のような多様体としての建築であるべきだと考えていましたが、ある日この建物を五階建ての校舎の屋上から見おろしていたら、どこまでが本体なのか区別がつかなく見えたとき、この雑多なアジア的都市と連続している感じがしました。また、ある日は太陽に輝いて鉱物のように光り、周辺の既存のまちの軟らかさを際立たせていたとき、SF映画の未来都市のように見えたり、その時々に特色ある都市性をこの建築は表現してくれると感じています。大室の天井は採光と通風の装置で覆われていますが、それは東西南北の五色のプリズムの光と四方の風を届ける筒になっています。その筒は彩色された柱と梁の格子と一緒になって、静謐ななかにも訪れる人たちにさまざまな体験をさせる空間をつくっています。それから小室・中室の通風に利用される二階の中庭は、アルミサッシュの軽い壁で囲まれている空間ですが、大室の採光と排煙という法的役割を果たす装置が石張りの庭に据えられていて、そのトップライトのアルミパンチングメタルとガラスでできたピラミッドは過去の遺跡のイメージ、太陽神のイメージであり、未来の宇宙基地のイメージをダブらせるオブジェに見えます。

〈眉山ホール〉
左：小屋根　右：屋上中庭

訪れた人から「この中庭はヨーロッパで見た修道院の風景に似ていた」「自然と向かい合って修業する空間に出会ったような軽やかな体験をした」「中庭の下にある大室は盆地の地下であり、そこで飛び交う子どもたちの呼び声は妖精の木霊のように聞こえた」という感想をいただきました。同窓会の大先輩の女性からは「大室のトップライトの五色は、五智如来と宇宙を照被する大日輪を表現しているのだと思った」という思いがけない言葉も、初めての同窓会の日に伺いました。訪れた父兄の人に呼びとめられ「山や谷や洞窟、それからこぼれ落ちる光のシャワーと軽やかさ、それらは子どものためにつくられた詩のようだ」とも聞きました。訪れる人たちの発する豊かで新鮮な言葉が聞こえる詩的マシンで、いつまでもあってほしいと願っています。

テクノロジカルな風景

八束はじめ

「SD」一九八五年四月号

1

〈テクノロジカルな風景〉というテーマは、おそらく、もはや一つの風景のみを連想させることはないだろう。近代建築を主導してきたテクノロジーという主題は、今や単一の規範性を意味はしないからだ。それは至る所に、さまざまな日常風景の中に侵喰し、ということはヴァナキュラー化し、あるいはまたハイ・テクと俗に呼ばれるものからもっとありふれたレヴェルのものまでさまざまの階層に渡って都市の景観を形づくっている。もともとテクノロジーは匿名的な風景を生成してきた。ル・コルビュジエ『建築をめざして』に収集されている諸々の風景はそうしたものであった。ただル・コルビュジエをはじめとする近代建築運動のパイオニアたちはそれをキュービズムをはじめとする新しい造形運動と結びつけながら一つの統一的なイデオロギーへと鍛え上げていった。理想主義的なマシニズムのイデオロギーがそれである。テクノロジーのもつユニヴァーサリズムへの信奉がその基底にはあった。だが実際には、今日の多くのモダニズム批判者が考えているのとは違って、この単一なるもの、ユニヴァーサルなものは必ずしも均質に世界を侵喰していったわけではない。世界の至る所でそれがつくり出したのは、その土地の伝統的な都市景観――〈古典〉的なヨーロッパやアメリカ東海岸のそれからもっとハイ・ブリッドでヴァナキュラーなアジアやアメリカ西海岸、ラテン・アメリカに至るまで――とそれに寄生した工業的、ないし資本主義的生産メカニズムに立脚したヴォキャブラリーとのアマルガムである。それはローカルなものの一部に世界共通の風景をもちこんだにせよ、それを圧倒し、整理しつくしたわけではない。後期モダニズムの大規模な都市構造物《メガストラクチャー》への傾斜とその挫折は、最終的にマシニズムが結局各々ローカルで新しいもう一つの諸現実を生み出したにとどまったことを確認したにすぎない。図式的にいってしまうなら、ここでテクノロジーはフォルマリズム（ユニヴァーサリズム）からリアリズムの領域へと移行したのである。マシニズムの旗手であったル・コルビュジエ当人の三〇年代におけるヴァナキュラーなヴォキャブラリーの発見が既にそれを予告しているし、それは五〇年代のイームズによるアド・ホックなテクノロジー主義と共にリアリズムの一つの形態であるポップ＝ブルータリズム（スミッソン夫妻やハミルトンらの）を生み出したのであった。スミッソン夫妻たちのそれは未だ理想主義的な部分を抱えこんでいなかったわけではないが（レイナー・バンハムはおそらくそれを「第二機械時代」として確立したいと望んだのだ）、それ以後の「ポップ」（とそれが呼ばれようと否であろうと）の風景は、もはや単一のものとしては記述し得ない。テクノロジーもまた同じである。それが〈最先端〉においてのみ意味をもち得たのは、例えば日本におけるブルータリズムの亜種であった丹下健三からその次のメタボリズムの世代においてまでであった。

　およそ〈風景〉とは本来自己生成的、匿名的なものであって、注意深く美学的に配列され、統一された計画的なランド・スケープやアーバン・スケープとは同じものではない。そこに働くポエーシスとは大部分日常的な体験の中で読みとられるものであって、仕組まれ得るものはむしろ例外に属する。それが建築家的な美学と重なる部分もまた然りであって、それは文学や絵画の主題に選ばれた都市の風景を見れば容易に納得のいく事柄であろう。ここで建築家の都市への関与が部分的なものたらざるを得ないのは当然であろう。この、現実の読解に主導された都市へのアプローチが日本の建築家のテーマとなるまで、七〇年大阪万国博での壮大な未来都市への実験の失敗以降しばらくの時間を要し、その間は〈都市〉が建築家の関心の中で空白化したのは、このパラダイムの転換の距離の大きさからいって当然の成り行きであったろう。そしてこの転換の中ではテクノロジーの意味もまた大きく変質せざるを得なかったのである。

2

長谷川逸子の仕事は、同世代の他の建築家たちのそれと並んで、こうした新たな（正確にいえば新たに再発見された）現実への対応の中でのリアリスティックな行き方の典型的なものと考えることができる。もっとも私は彼女をリアリストと考えるが、それはしかしすぐさま留保をつけて行われる分類でなくてはなるまい。何故なら彼女の現実の都市へのアプローチは常にある種の距離を介在させて行われているように思われるからだ。六〇年代から七〇年代の前半には、メタボリストたちのユートピア的な実験に対する反潮流として、もっと生活感に密着した、もっと文字通りの都市リアリズムと呼び得るような、一つのライフ・スタイルと隙き間なく密着した建築が見られた。アメリカの〈草の根〉派とも対応するそれらの運動と長谷川らのリアリズムを同一のものと括るわけにはいかない。もちろんこのことには長谷川が六〇年代において孤絶したシンボリストであった篠原一男の薫陶を仰いだという事実が大きく関っていることはいうまでもない。近代の空間にあまりにも欠落していた部分を密閉された強固な象徴的空間によって埋めようとした篠原が、七〇年代に入ってその象徴性の壮絶な否定によって都市という新しい主題に立ち向っていった道筋は、あまりにも強烈な個性に帰せらるべきものであって、長谷川にせよ坂本一成にせよその後継者によってでも代換し得るものではないが、その〈都市〉という新たな標的は彼らにとっても共有し得るものであったし、象徴の死という日常生活の実感を超えた所で行われた師のドラマの目撃は、それに直接対応するという形ではないにせよ、素朴な実感主義に基づく生活空間の構築への下降を妨げるには充分であったはずだ。

長谷川の仕事をシンボリストと形容することは、必ずしも全く的を外しているわけではないだろうが、それでもシンボリズムにある種の現実を超えた虚構性、フィクション性を見出そうとするならば、この形容はしっくりとしたものとはいえまい。やはり私なら、リアリストという形容の方が遥かに馴染みがよいが、それでもこのリアリズムは生活者の実感の延長上に直かに設定されたものではない。坂本の場合にしてもそうだが、私が彼らの仕事に感ずるのは観照者的なまなざしである。彼らのリアリズムは常に〈いえ〉の原型的なイメージを参照するが、しかしそれは常に内部に住みついた〈いえ〉という以上に、外から眺められ、心の中につなぎとめられたものとしてのそれである。そして心の中で彼らの既視感にも似た都市の風景の中にコラージュされたそれである。そしてリアリズムとは、この場合、〈いえ〉のイメージをある規範的限界より以上に膨らむ（例えばドラマチックな形に）ことに歯止めをかける何ものかなのだ。

こうした、いうなればイマジネーションの無際限な飛躍に対する禁忌は、ことばをかえていえば、ザッハリッヒな態度と呼ぶことができるかもしれない。この即物主義は、長谷川においては現場におけるものごとの進行という実務的なフェーズへの関心、そしてその少なからぬ領野を占めるテクノロジーへの傾斜としてあらわれる。これを通例の実務主義と区別することは、説明は簡便にはしにくいとしても、結果として見る限りでは決して困難ではない。

彼女の関心が、そうした思い入れを排したザッハリッヒな手続き、ものの扱いから生まれてくるもの同士の透明で乾いた関係にあることは、一目瞭然であろう。この関係性とはいうまでもなく一つの詩法であって、それが彼女の作品を単なる実務家の産物と区別している。詩的過程としてのリアリズムの形。基本的なヴォキャブラリーが抽象絵画＝純粋言語からではなく、現実の風景の記憶から出発しているという点を除けば、このザッハリッヒな詩学は殆んど初期モダニズムの良質な部分のそれと変るものではない。ただそれがモダニズムのユニヴァーサリズム、言語革命のイデオロギーとは関わりをもたず、もっと日常性に立脚しているという点で、〈ポップ〉という形容の方がより適わしいのかもしれないことは既に述べた通りである。

3

長谷川逸子の最新作である〈眉山ホール〉には、このような彼女の作家としての性向が典型的に、しかも従来の作品よりも一層踏みこんだ形であらわれている。この作品の構成は、つまり部分の分け方とそのつなぎ方は極めて強いものである。殆んど強引といってもよい。ザッハリッヒな性格や手続きへの傾斜は、従来の彼女の作品においても強い性格を与えてきたが、その強さは近年、殆んど破綻をおそれないというような類のものになっているかに思われる。矩形平面の主棟と平面的にも断面的にもパースペクティヴをもったエンランス・ホール、そして同じくパースペクティヴをもち黄色くペイントを施されたノーマン・フォスターばりのテンション構造で吊されたキャノピーの三つのつなぎ合せ方は、コンポジションとして見た場合およそ円滑さというものを欠いて見える。更につけ加えていえば、主棟の一部に載せられたヴォールトも然りであって、この部分は私には最後まで

〈眉山ホール〉
エントランスホールとキャノピー

違和感を拭えなかった。このヘテロジェニティがどれほど意図されたものかは正確にはいいあてる術がないが、少なくとも円滑さが意図されていたということはないとしか思われない。それらの奇妙な（と敢えていっておくことにしよう）シンタックスは、例えば隣接するこの女子高校の校舎の屋上から全体を見渡した場合、どう見ても〈良きゲシュタルト〉といった感からは遠い。部分の自律性とそれらのコラージュ的な構成とは最近の建築造型の大きな特徴だが、それが反統一的ではあるにせよ一つの構成法＝ポエーシスとして意識されているのに対し、ここでのそれはもっとノンシャランといって悪ければここでも構成という一種のフィクション性を排したものとしてあらわれているかのように思われる。つまりそれらの分断性は詩学上の手法というよりも、むしろそれらの形以外は思いつかなかったのだといわんばかりである。それはシュールレアリストの洗練されたコラージュの詩学というよりも、もっとザッハリッヒでアド・ホックな、つまりレヴィ＝ストロースの形容したブリコラージュの業に例えられるべきである。それらでは、共に組み立ての素材は（詩的な）企みというよりも、眼前に見出されたものである。

　上から俯瞰された光景は、構成的な機構とは別に、周囲の街並みとの関わりという点で一つの示唆を与える。それは、平たいことばでいえばごちゃごちゃなのだが、周囲もまたごちゃごちゃなのだ。ピュアでなくぶつかり合いがノイズを発生しつづけているという状態において両者は共通している。周囲にあるのは秩序を欠き、細分化された、平均的な日本の都市の住宅地の光景であり、上から見ると目立つのはランダムな屋根の連なりである。そして長谷川の建物もまた屋根状のスカイライトの連なりなのだ。それは一つの建物でありながら、上述のように三つの部分をもち、更にスカイライトによって細分されている。そういえば〈焼津の文房具屋〉から〈徳丸小児科〉、〈AONOビル〉に至るまで、彼女の多少とも大きな建物は殆んど複数の切妻屋根をもっていた。今回はそれがピラミッド状の小スカイライトに変っているだけである。それは殆んど小集落のイメージであり、例えば一つの陸屋根の下に〈都市〉を収容してしまうル・コルビュジエの〈ユニテ・ダビタシオン〉とは正反対のものである。おそらく長谷川逸子の感性にはユニテの水平な台地のような大きな屋根は馴染まないのではあるまいか。ユニテの屋上庭園は上から俯瞰すると祭儀の場としての性格を露わにするが、集落は上から見るものとしての構成をもってはいない。〈全体〉ではなく部分の重層であり、集積なのだ。この重層性は上ではなくアイ・レヴェルから見た時にこの建物とその作者の特質を遥かに感得させる。下から見ると見えるのは部分的なショットである。つまり全体（構成）は消失し、その部分の集合のみがあらわれる。全体は見渡せない代りに、視線を変えると新たな重合があらわれてくるのだ。そして見えがかりはにわかにヴィヴィッドなものとなる。例えばテンション構造の黄色い線材がスカイライトの棚状の重層に更にオーバーラップし、それを切りとる。パースペクティヴな焦点をもったエントランス・ホールも一点への集中をドラマティックに演出するというよりも、むしろ階段の側面に付されたパンチング・メタルの面によってその一部を欠きとられる。それは日本の街並みのもつ多層的で西欧の古典的都市のようにはドラマティックではない特質と重なり合っている。しかし同時に建物と街並みとは決して融合しているわけでも等質になりきっているわけでもない。それが先に述べた現実との〈距離〉の感覚であり、ザッハリッヒな、つまり乾いた関係性への感性のもたらすものだ。それは、ヨーロッパ・モダニズムのパイオニアたちのザッハリッヒカイトのように周囲の都市へのラジカルなオルタナティヴを形成するわけではなく、後者を受け容れはするが、しかし作家の個人の詩的感性によって鍛えられることによって全く別種のものに——錬金術のようにといおう

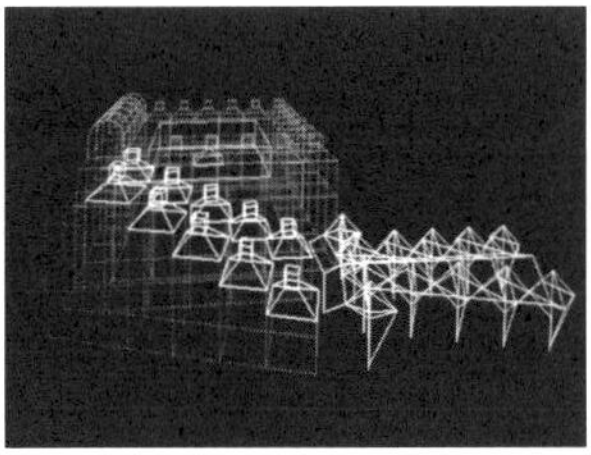

〈眉山ホール〉
左：要素をコラージュしたCG　右：全体構成

か？――変換される。だからこの建築でも結局賞味されるべきものはこの詩学であり、街並みとの相同的な部分などではない。後者はイマージュの基底を形づくる前《プリ》テクスト＝口実《プリテクスト》以上のものではない。フォスター調のテンションも小ピラミッドもまた然りである。フォスターにとっては本質的なテーマであるテクノロジカルな機構は、ここでは切りとられたショットとして部分化されるプリテクストに用いられているだけであり、それは特定の作品の引用というよりはまたしてもテクノロジーの匿名的な風景の要素として参照されているにすぎない。こうして変換され、形づくられた風景は全く新しくかつ独自なものであって、私たちはその大胆さ、率直さ、勁さそして敢えていえば速さとでもいったものを讃美するにやぶさかではないのである。

（やつかはじめ／建築家）

・・・農家の形式を引き継ぐ三角の大屋根

小山の住宅

無題「新建築住宅特集」一九八五年秋

周辺環境・敷地条件

東北新幹線あおばが停車することになったこの栃木県小山市は、近年東京の通勤圏に入り、急激に人口増加しているまちです。敷地はこの小山市郊外の土地区画整理地区内の住宅地にあり、整地されて間もないので、周囲には林や田畑が残り、住居もまだまばらで見通しのきく所に位置しています。散在する住居のなかでは、伝統的な入母屋型式で非常に背の高い民家がいまも新築されています。

敷地面積は六六〇平方メートルで四区画くらいをまとめた広いものです。クライアントは仕事などの事情で小山市に住居を構えることになったとき、長い東京での生活とは逆に、土地の高価な場所では難しい広い敷地を是非持ちたいと考えていたそうです。そして自分が子どもの頃に過ごした広々とした環境を子どもたちにも与えたいということでした。昔の田舎の住まいのように柿や夏みかんがたわわに実る樹木に囲まれた庭があり、鳥がさえずり、子どもたちは木登りをしたり犬と戯れている明るさを、「いのちの風光」ともいえるものを感じながら生活するのが彼の夢でした。子どもの頃の田舎での生活のファンタジックな世界が私の脳裏にも焼きついていて、そうした夢をもつことを、あながち「むかしは良かった」というノスタルジーとしては片付けられないと考え、住み手との共感のうちに、計画されました。

〈小山の住宅〉外観

計画過程

　設計は当初、この広い敷地全体に建物を広げ分散させて、全体を小さな村のようなものにしたいと考えました。しかし、住宅のなかの物理的距離があまりに長くなりすぎると、住み手の生活感は稀薄になり、スケール感はかえって拡大しようとはしなくなることを知りました。そしてまた、必然性のない広さや複雑さ、機能の不明解なシェルターを浮遊させる手法なども住宅らしさをなくし、クライアントの考える生活感覚をおびやかしさえすることに気付かされました。広い敷地を生かしたフリーで人工的な形態操作による都市的シェルターから、次第に初源的なシェルターの形式に引きつがれ、結局、外部と内部を歯切れよく隔てたプライマリーな骨格を呈するものとなったのです。広い屋敷があったら、逆に内にこもる場所として住居を備えたいという方向を引き出すまでに、ずいぶんと時間がかかってしまいました。

　私が設計した〈焼津の住宅2〉の場合、ローコスト化というテーマの追及から均一メンバーで構成した二等辺三角形が導き出されたのに対し、この住宅の場合、住み手のリアリティに合わせて考えていくうちに日本人が住居の原型のひとつとしてイメージする大きなシェルターを持つ伝統的な農家の形式に行きつき、三角形の断面がとられたのです。

　北側は隣地との高低差をカバーする擁壁が立ち上がり、さらに北立面の壁を形成する打ち放しコンクリートの躯体のうえに乗るようにして鉄骨の大屋根がかけられています。この構造体が外殻に集中した大空間をつくることだけを設計者は引き受け、内部はクライアントの要求に合わせて間取り、木造の仕切り壁や木建具でつくり上げる手法をとっています。この場合、居間はシェルターと同じ切妻天井、寝室は高いヴォールト天井になっていて、なかほどの部屋の上部は三角形断面の屋根裏部屋となり、そこは納戸であり、また御

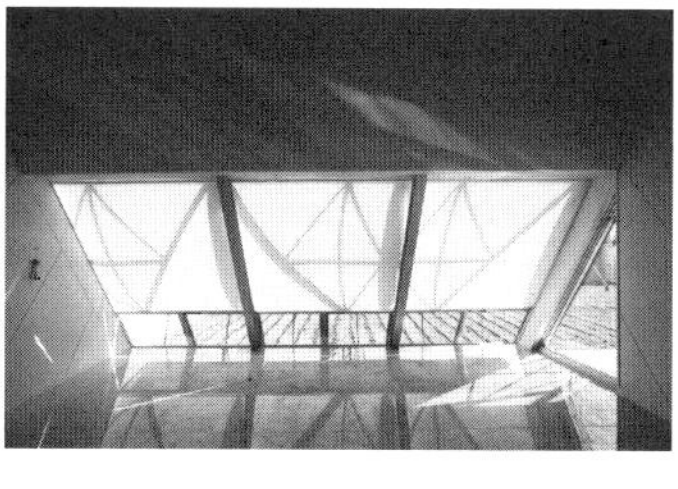

〈小山の住宅〉
パンチングメタル
で包まれたテラス

主人がこもる書斎としても使われます。

家々がまばらな周辺のいまの状態から、敷地は囲まないで将来必要になるまで開放的であるほうがよいという私の考えに反して、クライアントは木々が伸びて屋敷が整うのも時間がかかるし、じきに周辺に家々が建ち並び、どこにでもある過密住宅地になると想定できるので是非囲みたいという強い要求があって、塀ができました。北側は風通しのためにフェンスとし、三方の外周にたてたブロック塀は、そのまま延長されて玄関部分の箱になっています。新しい土地に住みつくことになったクライアントですが、この囲いのなかに時間をかけて独自の世界を刻み込んで、新しい環境としてつくり上げていくことに期待したいと思います。

〈小山の住宅〉居間天井

・・・

新しい自然を感じさせる半透明の薄膜

富ヶ谷のアトリエ

原題「しなやかで、さわやかで」「建築文化」一九八六年十一月号

　この角地の三角形の敷地に、法的制限いっぱいの容積をもつ建物を設計するように依頼されたことから、建物の外形はこの条件で決定してしまった。道路側のファサードにはコンクリートとガラスがつくる面に、アルミ板とアルミパンチングメタルを雲形に切り抜いたものを繰り返した薄膜を重ねた。その面にはもうひとつ、空に斜めに伸びるクレーンに見えるものを組み込んだ。東京のように常に次々と建物を建設しているまちでは、クレーンの建つ風景に活気を感じる。そのまちの活気と未完さのシンボルとして埋め込んだのだが、雲の薄膜とクレーンのあるこの面は、東京の空を見上げた光景でもある。一つの面に組み込まれたパンチングメタルのシースルーの部分が、内部と外部の微妙な明るさの変化のなかで動き、さらに周辺の気配や空の色を映すというアルミの特性が重なり、不思議な光景をつくり出している。夕刻から次第に内部の明りがもれ出すと丸窓も浮かび出し、波と夕日、山並みと夕日、あるいは雲と月ともとれる光のパターンが浮かびあがってくる。そして、この煩雑な東京のなかにあって、流れる雲や風、そして背後の空や光のその稜線のなかに加わり、もうひとつの新しい自然環境を構成してくれることを願っている。

　このように建物の外側をアルミパンチングメタルのシースルースクリーンでパッケージしたものをこれまでもつくりつづけてきたのだが、ビル化によって都市が硬質化していくなかにあって、この半透明な薄膜を導入することで建築の内と外の関係を薄く軽く隔てる

〈富ヶ谷のアトリエ〉

ものにすると同時に、その薄膜が自然光を受け、春夏秋冬、終日変化するさまや、パンチングメタルがつくる強い光のシャワーやメタリックで、もっと透明な風音で新しいもうひとつの自然を感じさせる光景をつくろうということだった。そうして、この周辺の界隈づくりの一部としてファサードが機能し、その建物の一面は突き抜けるような明るさと、さわやかさを提供することになるよう期待しているのだ。

東京のように高密度化してきているまちにあって、道に接するように立つ唯一のファサードはまちづくりの大きな要素となってきており、環境のあり方を合わせ考えずには設計できないといえる。現在私は藤沢市に建つ〈湘南台文化センター〉の設計に夢中になって過ごしているが、こうした公共建築こそ新しい環境をめざすまちづくりや界隈づくりともいえる運動のひとつの指標となりうるものにしなければならないと考えて取り組んでいる。いま、私は一貫してしなやかで、さわやかな自然さと自由さを建築に獲得したいという方向で、建築の新たな地平を求め歩み出している。

〈富ヶ谷のアトリエ〉
左：アトリエ内観　右：雲形にカットされたパンチングメタルのファサード

熊本の住宅

森や山々の影絵のように立っている

一九八四年の秋頃、三井ホームの招待建築作家十人展に出品した〈作品M〉[1]という住宅案がある。その年のはじめに設計を依頼されながらなかなか始めないでいたところ、この住宅のクライアントから〈作品M〉を熊本に実現したらどうかという考えが持ち込まれた。この作品で私は次のようなことを考えた。

「自然のアナロジカルな記号群を用いて人びとの憧れの深層にある原風景を一戸の住宅に封じ込めようとした」「外周に配された小屋根の連なりは山々へと変容してこだまし合い、シルエットは樹海の向こうに浮かび上がる山並みを思わせる」「今日成立し得るはずもないユートピアは虚構の表現でしかあり得ない。来世紀に向けて育つ新しい世代は、単なるノスタルジックな形骸としてではない、時間を超越した大いなる生命をそこに見い出し、未来の原風景と新たな都市の地形を形成していくことになるに違いない」。

与えられた敷地は広く形状もまったく違ったので、そのまま持ち込むという作業ではなかったが、その作品をベースにしてこの建物はでき上った。敷地は熊本市から阿蘇へ向かう豊肥本線沿いにあり、市街地から車で三十分ほどの郊外住宅地のなかにある。三方が道路で、三百坪という敷地に東南に広い庭園を残すため、西と北面の道路沿いに各室を並べ、それらを南の庭側のホールで結び、庭に対角の北西の角を入口とした明快なプランである。

小屋根の下の居室は北ウイングがクライアントの日常生活エリアで、西ウイングが市内

「住宅特集」一九八七年一月号

▼1…「SD」一九八五年四月号

〈熊本の住宅〉
正面エントランス

から週末を過ごしにくるご両親のためのゲストエリアとなっている。これらの居室は全面ガラス張りのホールを介して庭へ臨むものである。その間を斜め桟張りのガラス建具で仕切ることで各室の容積を絞って、空調条件を保つことができ、採光は各室のさまざまに高さの違う筒状のトップライトからのソフトな光とホールのほうからの奥深い明りとを持つ。ホールは各室への連絡空間であるとともに茶の間や居間に人が集まったときに場を拡張する空間でもある。またその外側で郁子などの蔓棚のあるテラスと一体となっている半外室的空間で季節の変化に応じ、夏は開放して外室とし、冬は日光を十分蓄熱する温室としてパッシブソーラー的機能を持つ場でもある。

構造としては道路沿いに並ぶ段状の小屋根を支える木造部と、ホール、テラス部分の鉄骨造部とで構成されている。木造部は構造用合板と垂木によって二重に固めた小屋根を柱梁で組まれた段状の箱フレームの上にクレーンで吊り上げながら固定していった。ホール部分は緩勾配の屋根を軽鉄で組み、半円部のテラスに設けられたパーゴラを加えて、この部分の水平剛性を取りながら木造部のフレームと90φの鋼管でその荷重を支え、水平力を両木造部に持たせている。

〈熊本の住宅〉
庭に面するホール

海に向かって立っている

黒岩の別荘

無題「建築文化」一九八七年一月号

この建物は、松山から今治の方に向かう海岸線沿いにあって、松山の市街地から車で二十分ほどの郊外別荘地のなかに建っている。梅津寺町と高浜町の間から突き出た半島の南側に位置し、黒岩と呼ばれる美しい岩場を足元にして松山港に出入するフェリーや、松山空港からの飛行機の発着が見えるような高台の敷地である。南側に拡がる海がどこにいても視線に入るように配置したい、とまず考えた。椅子に座る状態は当然のこと、床に座ったり寝る姿勢や入浴中でも海が見えるということを優先して、平面計画を進めていった。先端の広間や食堂、和室もすべて引き戸で仕切るようにして、開けておけば一体の空間になるようにすることで海への視界を確保した。外観はできるだけ何でもなく、木造らしさを備えたものにしたいという施主の要望から、壁も雨戸も杉板合決り[1]・グレーキシラデコール二回塗り仕上げで統一した。使用していないときは、できるだけ何でもなくあることを考えて。

この建物は、私の松山での初めての仕事であった〈Tクリニック〉[2]の関係の保養施設である。〈Tクリニック〉は、都市のなかでの特色ある場所づくりとして設計したものである。インテリアにあっては、各階に異なる曲面や雁行状の壁が配置されていて、それぞれに特徴を備えた場所となっている。そのなかの住宅では浅い円弧の壁が何枚も大きな空間のなかに舞うように置かれ、床は大理石となっている。こうした特色ある質をもつ建築に

〈黒岩の別荘〉デッキより見る

▼1…合決り（あいじゃくり）は板材の継手の一種。板厚の半分を相互に切り欠いて重ねる

▼2…徳丸小児科のこと

対して、もうひとつの建築としてのこの別荘では、無色で、なるべく何でもない建築づくりをしてみたいと考えた。ただただ拡がる海と向かい合っているということだけがあれば、あとは何もないような建築にしたいと思った。私は海とか砂漠のように単調に延々と拡がっていて、光と風だけが動いているような風景と向き合っていることがとても好きだ。そうした拡がりの前では、そこに立ち向かって何かをつくらなければという気が起こってこない。できたら人工的なる物体は排除して、ひたすら自分だけを感じていたいという気分になる。私はまちのなかに建物を設計する仕事が多いが、もし美しい自然環境のなかに建物を建てるような仕事がきたら、どうやって見えない建築をつくるか考えるだろうと思う。〈熊本の住宅〉とはまさに対照的なる建築であるが、こうした建築の先にあるものも考え続けていきたいと思っている。

〈黒岩の別荘〉
居間から海を見る

・・・

森に溶け出した建築と人工化した樹木

菅井内科クリニック

無題「新建築」一九八七年一月号

〈菅井内科〉は松山の城山の南側足元にあり、県庁・地裁等の公共建築と並び、また全日空ホテル、三越デパート、ラフォーレ等の商業ビルと向かい合う松山のメインストリートに面した古い歴史を持つ病院である。城山の森林にも連なる非常にまれなこの敷地の性格を生かすと共に、メインストリートの町並みの構成に見合った計画が将来的に必要であるというクライアントの考えから始まり、既存の建物をコンパクトにまとめ、メインストリートに面するまとまった敷地を空地として残し、さらに森林部分の整備もして将来計画に備えるということからこの新築工事は行われた。

この建物の全体は、崖のうえの段状の敷地に建つ医院と、医師や関係者の住居等のための七層のメインブロックと、商店街へ通り抜ける細長い敷地にその落差のため壁に接して建つエレベーター室と屋外階段をもつサブブロックおよびそれらを接続するエントランスブリッジにより構成されている。サブブロックは訪れる人びとを六メートルうえのメインブロックに誘うような波状の上端を持つ屋外階段とパンチングメタルの方形（夕刻には明りが灯る）を載せた、道路レベルから建つ油圧エレベーターのシャフトにより特徴づけられている。エントランスブリッジはゆるやかな円弧を描く壁画とトラスを形成する鉄骨のフレームによって吊られ、サブブロックとメインブロックとを結んでいる。メインブロックは複数のレベルをもつ地盤のうえにあり、階高をそれになじむように設定し、地下一階・

〈菅井内科クリニック〉
背後に城山の緑がひろがる

地上一・二・三階で直接地表と接続している。病床を持つ医院というプログラム上の条件および予算上の条件が厳しいことから、本体そのものはコンパクトな壁式ラーメンのコンクリートの箱として納めた。

裏山の森林に接する面は、もともと樹木をよけて建てることから出た曲線であり、そこに波打つバルコニーを回してある。そして、既製品の七色のモザイクタイルを可能なかぎりアトランダムに配置した腰壁とアルミパンチングメタルの手摺によって、境界を本体の周囲につくり出している。春の若葉、夏の深緑、秋の紅葉そして冬の枯れ木と城山の四季の変化に対応でき、そのヴォリュームをカムフラージュする迷彩色をつくることを、この多色タイルの使用では考えていた。この境界は各階ごとにずれながら波打ち、七色のモザイクタイルのパターンは現実には印象派の絵に感じられるような網膜的刺激を生み、裏山の森林に建築が溶け出したような印象を与えている。波の重なりは見る場所によってさまざまなイメージを喚起するが、木立の間から見えるせいか、ふと森の精霊があちこちに目と口をあけながらひそんでいるような思いにかられる。

これに対して商業地に面する立面は、高台のうえにそびえる都市に面したファサードと考えて設計した。ここにあった木造住宅をつくる以前、多分ずっと前、伐採せざるをえなくなって切りたおされただろう樹木たちの生まれかわりとして、都市化し人工物化した樹木の姿をファサードとしてとらえた。ミラーガラスやシルバーと交互にあらわれる垂直方向に緑のグラデーションで染められた壁や、屋上にある藤棚の切妻のモチーフは、森林としての建築の商業的でファッショナブルな表現としてやや軽薄に、それでいてシニカルに商業化された都市をみつめている。そのうえに散りばめられた可動のアルミパンチングの目かくし戸は、トランプマークと同じように抽象化された木の葉のモチーフである。

〈菅井内科クリニック〉
バルコニー

　また屋上はクライアント専用の庭園としてつくり、切妻形の藤棚によって商業地からの視線をさえぎり、また同じレベルで森林の頂部に連なることによって裏山に広がっている松山の城山の緑とに一体となって拡がり、まさに緑色の山の頂部にかかる雲のうえに住んでいるような感じを与えてくれるものになっている。森と溶け合い、都市に向かって立つ建築である。

〈菅井内科クリニック〉
商業地に面するファサード

・・・アーバンニュースピリット

原題「URBAN NEW SPIRIT」
「建築文化」一九八七年一月号

この頃女性たちのまちづくりの集まりに呼び出されたりしているので、よくまちづくりとか界隈づくりという言葉を聞くが、これはいままで建築家や都市計画家が追求してきたものの内容とはずいぶん違い、改めて生活者の立場で実際に参加してきめこまかく細部まで見直し、全体のあり方より部分のあり方を優先して考えながら、生活の環境を見直していこうとする動きから出ているように思う。日本の都市の多くが、行政組織から一方的に発信された内容で整備されてきた。まちの中心には近代化という名のもとに同質のビルディングが建ち並び、固有性は薄れ、均質化していく動きを見て、なかなか自分たちの環境にならない不満を感じてきた。そしてもっと自分たちの生活する環境を特色あるものにしたいとか、近代化が排除していったものをもう一度見直そうと考え出すのは当然のことで、遅すぎるように思う。こうした動きは地方の市町村に多く、私もそうしたなかの幾つかのまちに呼ばれたが、それはまだ都市計画というものとさほど縁もないところで、いまでき上がっている大きな都市とは異なった新しい都市化に向かうことができる可能性を残した地域だった。そういう地域の人たちの発言が、東京に住む私のものに近いのには驚かされた。

東京都というと大規模すぎて、行政組織には市民不在の経営企業体のようなイメージがあり、それは市民がまったく関われそうもないレベルにある感じがする。私は、この東京の西新宿の超高層ビル群の足元に拡がる住居密集地の、そのつづきに含まれる中野区に住んでいる。窓の向こうに朝日や夕日が輝いたり、西新宿のビル群が夜空に光りきらめいている様を眺め、そして日常は同居する老人とともにまだ残っている古い習慣を維持しながら生活し、さらに四季の自然と交感することもできるという、新しいことと古いことが交叉する真っ只中で過ごしている。

私の住むこの界隈のことを考えても、界隈づくりのための住民の集いをもったほうがよいと思うほど、いくらでも気になることがある。そのような生活区域を見ると、東京の中心部の豊かさとのギャップのすごさといったらない。地方との格差を叫ぶ人たちがいるが、東京にある木賃アパートのまち並みなど、その地方の人たちさえも驚かせる凄まじさだ。私が毎日歩く青梅街道沿いの歩道は、ごみの山があちこちにあって、それが悪臭を放っている日が多く、歩いていて実に楽しくない道だ。歩道の植え込みにはまるで超高層ビル群がある地区の、あのあまりにも人工的な緑地がそのまま延長したように、つつじ、さつきが伸びて続いている。同じ植え込み方がこの辺から発して日本国中に拡がっているが、なぜもっと地域の特性となるような緑を育てる方法を取らないのだろう。子どもを育てている母親に限らず、皆もっと四季の変化を感じながら生活したいと望んでいるのだから。そうした繊細さを取り戻そうとしていると思える様子が、まちづくりの集まりにはある。かつてはこうした界隈空間のすみずみまで、そして建築の内部にも、人びとの繊細さによって維持されつくり上げられてきた。そうした細やかさと優しさで包まれていたいと、そこに集まった人たちは発言している。まちや界隈を考えるとき、それはもはや、確固たる建築的そして都市計画的な構築性が中心にあるのではなく、環境の雰囲気や空気といった都市的欲望と対になって、感覚的で身体的なるものによって動かされている。

〈NCハウス〉
中野から新宿の超
高層ビル群を見る

今日、誇るに足る地方文化を何らかの意味でもっているところはどこかと探せば、かつての歴史をビジュアルに残している城下町だろう。戦後、功利的に物質の豊富さを追求してきた日本の工業社会は、結果として何ら地方文化を形成できないままに今日を迎えている。城下町の形式は日本だけでなく西欧でも守るにたる農業的秩序の存在を意味し、その伝統の力には改めて驚かざるをえない。私たちはいま、工業社会をベースにしながらも、失ってしまった自然に対する農業社会的な敬虔さをもって、かろうじて人それぞれに綿々と連鎖してきた大いなるものを今後も維持し続けながら、その一方で地方文化をフィクティブに謳い上げなければならないと思う。

〈菅井内科〉は松山城の南面にあり、その城山の裾野へと連なる森林を含み、さらに表がこのまちのメインストリートに面するという特殊な敷地に建っている。〈菅井内科〉の解説[1]で書いたように、裏山の森林に接する面はその森林に溶け出したような印象を与えるものとし、商業地域の方を向いた面では樹木たちの生まれ変わりとして都市化し人工化した樹木の姿を表わした。インテリアも森林に向けて開放し、また商業地に向けてはパンチングメタルの薄膜を通して関わる空間となっている。この建物では連鎖してきたものとしての森や林を、「森に溶け出した建築と人工化した樹木」を表現し、そこにもうひとつの自然を虚構として謳い上げた。

私は、一九七〇年代の初め頃小住宅の設計をすることから自分の仕事を始めたのだが、その頃地方都市である焼津に幾つかの小住宅をつくって感じたこととして、「都市への埋め込み作業」と題した文章[2]を書いた。「建築を実現させるということは同時に都市に埋め込む作業であり都市との対立点や接点をつくることであった。この小さな地方都市にひとつずつ建築を構築し次々に増やしていく作業を論理化できたら都市の外延を見出していく

▼1…「森に溶け出した建築と人工化した樹木」「新建築」一九八七年一月号、本章収録など

▼2…「新建築」一九七八年六月号、第四部第三章収録

ことになるかもしれない」と考えた。

その後一九七五年頃から松山の仕事が始まり、焼津の「埋め込み作業」で感じたものを持続させながら設計を続けてきて、〈徳丸小児科〉〈松山・桑原の住宅〉、そして〈AONOビル〉に続いて今度この〈菅井内科〉を完成させた。〈AONOビル〉と〈菅井内科〉の間は、静岡の〈眉山ホール〉、〈YKハウス〉という住宅案、そして今度の〈熊本の住宅〉と、通風と採光の装置である小屋根をもった一連の建物をつくってきた。小屋根群が林や森など自然のアナロジカルな記号群となってひとつの風景となるような建築であり、それらは建築固有の表現として止まるものでなく、都市の現象のひとつとなるような建築として構想されたものだ。この考えはいま設計中の〈湘南台文化センター〉に繋がるものである。またそれと平行して、東京ではアルミパンチングメタルで包んだ幾つかの小規模建築をつくってきた。そのような流れのなかで、「森に溶け出した建築と人工化した樹木」ができ上がった。森と都市という対比を超えたところに成立する、もうひとつの自然、それがいま私が捉えている東京ではないかと考えているのである。

地方都市より住みよいわけもないしきれいなこともないのに、なぜかはっきりしないまこの東京に私は惹きつけられる。目に映るままに見たらビルの林立によってこの都市は硬質化しているように見えるし、複雑な人工都市であるとも決めつけてきた。いつの間にか自分のなかにそのように決めつける既成感覚ができ上がってしまったらしい。しかしもっと目を凝らしてみると、打放しコンクリートの壁には五年単位ぐらいで時間が刻まれ、黒くかびていることによって風土を感じるし、新しい金属の外装材を使ったビルでもその光り方に時間の経過を感じるだけではなく、目にするたびにその日の外光の状態によって変化している表情を見る。そしてさらに目を据えると、この環境の変化とともに目に見え

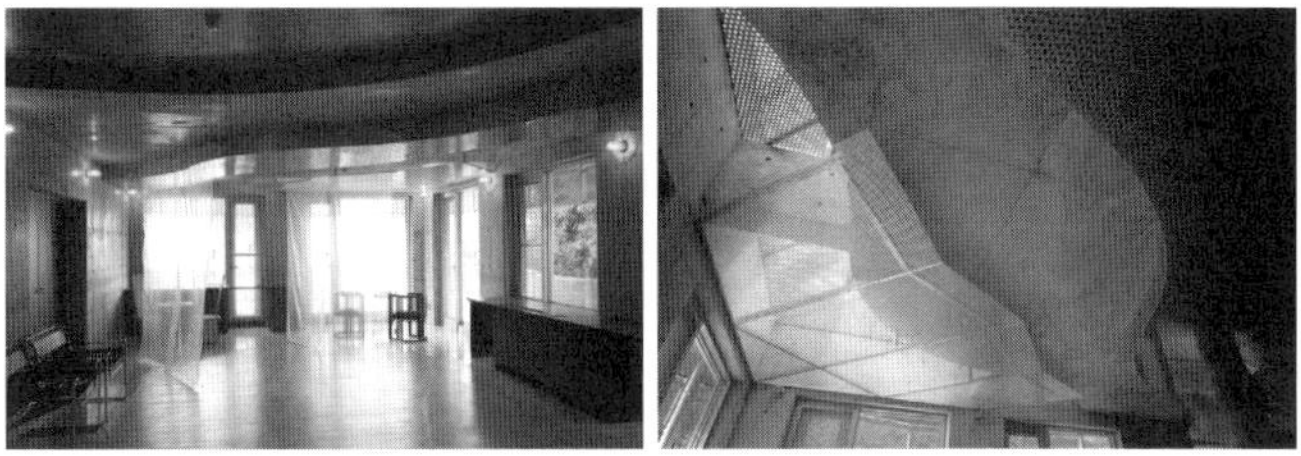

〈菅井内科クリニック〉
左：森林に面したリビングルーム　右：パンチングメタルの天井

ない高密度の情報が行き交い、さまざまな動きをつくりながら現実の時間が進んでいることが伝わってくる。その凄まじい動きが私の既成概念をゆさぶり、日々それを乗り越えさせてくれる思いがしてくる。その動きの大きさを感じるとき、この東京のなかのコンクリートや鉄骨のビルの林立する風景が、何か無気味にうごめく森林のように見えてくる。ヨーロッパでは広葉樹林帯のあるフランスや南ドイツにおいて、深い森林が民話や聖者を生み、また自然に対する敬虔な崇拝に基づく「森の宗教」の背景となることによって、それが近代精神を喚起する遠因となっていると聞く。いま、東京にある近代ビル群の森林もあたかもそのようなものに思われ、さらにはもはや既成のひとつの地形と見なすことができ、そのうえに重ねていく以外に方法はないと見えるのだ。多分、戦後の建設ラッシュの様子を見てこなかった世代にとっては、いまある東京がそのまま彼らの自然であり、既成の地形として当たり前に感じているのではないかと思う。そして建築を設計するということは、この既成の地形にひとつずつ建物を埋め込む作業であると。かつて私が焼津のまちに新しい建築を埋め込んだときのように、その建築を通して都市が見えてくるというようなことはなく、いまの東京ではそこに漂う怪奇なる森林の空気や霞やもやに覆いつくされ溶解していく感じを残す。私にとってもこの東京はもはや西欧的な「人工と自然」の二項対立を超えてある、不思議なる自然なのだ。この自然のなかに、建築というひとつの物質を埋め込んでも消されてしまう思いがするのだ。それでもなお、その建築がある一画が突き抜けるような明るさとさわやかさに包まれることだけを考えてつくり続けている。

　まちづくりに見る人びとの繊細さ、地方都市の仕事を通じて見てきた自然さ、そしてＴＯＫＹＯに見る溶解していく感じ、こうしたものが積層したなかで建築を考えてきた。そして私がこの頃、自然のイメージを建築化しているのは「建築的高技術的な細部による自然と宇宙の描写と同時に、自然的宇宙的細部による建築の描写によって、もうひとつの新しい自然に近づく」ためであった。東京にある魅惑的な環境のなかで、そこに生きる自由なる世界観を表明したいとも考えてつくり続けていくうちに、そのようなしなやかでひろやかな自然と自由をさらに獲得したいとする方向は、もはやこれまで建築が求めてきた建築の自立性とはまったく異なる地平に進み出さなければ開けぬことだと思うようになってきた。西欧の石造建築は計画された都市にまさに石を刻むように建設され、そして厖大なる建築史を徹底してつくり残してきた。それに比べてアジア地域に属する日本では、木造であったゆえに、その歴史の積層を残すことはできなかったといえる。もはや西欧的建築をもち込むことに加担することはないが、私はこの東京という自然のなかに建物を埋め込み溶解させることをもって、建築の歴史を刻みたいと考えている。

コミュニティの再生へ

東京や松山の街中にクリニックやアトリエ兼住宅、集合住宅などを手掛け始めた頃の文章で、これ以前につくって来た郊外の独立住宅とは異なるテーマを考え始めていたことに、再読して改めて気づかされます。

この当時は、地方のまちづくりなどの集まりによく出かけながら、近代化、量産化する社会とどう向き合えばよいか考え続けていたと思います。地方都市を含め東京のような現代の都市を、そこに住む人にとってすでに在る環境＝Nature（自然）とみなして、建築をそこに溶解させたいという意思をいまでも抱いています。

昨今若い建築家たちには人口減少によって元気のない地方都市や地域の再生に取り組んでいる人たちが多くみられます。そうした若い人たちが、いまの社会が拾いきれないコミュニティの再生をスタートさせているように思うのです。私が気にかけてきた生活に密着した場所づくりが活性化することに大いに期待しているところです。

（二〇一八年）

長谷川スタイルの魅力

多木浩二

「建築文化」一九八七年一月号

長谷川逸子の建築の魅力は、知的ソフィスティケーションの結果でも、繊細な感受性のもたらすものでもない。建築の歴史の瓦礫をつくるごとき引用によって生じるのでもない。論理的であろうとして萎縮してしまった作品でもない。悪口を言おうとすれば、なんとでも言いうる。粗雑で、大味で、通俗的だ——。事実、彼女には緻密な論理はない。考えぬかれたものの形態の認識があるわけではない。だからこそ彼女の作品はのびのびした生命力にあふれ、予想外のところへ飛躍していくのである。他の誰にも、この自由奔放な形態の活力はない。私には、長谷川逸子を全面的に支持する必要も否定する必要も全くない。長谷川逸子にしても、そんなことを期待しているわけではない。私はただ、この活力と現代社会を生きることとのあいだの関係に無関心ではいられないのだ。

ともあれ、彼女の建築はオプティミスティックである。死のかげりはどこにもない。あるいは、建築を芸術と考える場合にありがちな、死についてのペリフラーズ（迂言法）としての営為ではないと言うべきかもしれない。もちろん、誰もあからさまに死を語りはしない。せいぜい、建築廃墟論という類いの逆説を弄するのが、限界である。しかし、あとで触れようと思うが、建築にはふたとおりのサブシステムがある。彼女の作品を一方の極とすれば、もう一方にあくまで芸術であろうとする建築がある。その場合、奇怪なまでに強い芸術意識の働きによる形式（外形を意味するのではない）には、詮じつめれば生と死の間の緊迫した力と言っていいものを感じさせる。もともと建築は、墳墓であったからだろうか。この迫力は、ナイーヴに生を謳うことができないのが現代だという認識から出ているのである。そこで、芸術にあくまでユートピアを求めていくのであろう。大方のレトリカルな建築のあり方は、このようなものだ。

　長谷川逸子のペシミスムの欠如を、とやかく言ったところで意味はない。それを批評の欠除と結び付けるのも論外である。建築は批評だと称している人間で、性差別をもっているものはざらにいる。そして私自身もそうなりがちだが、性差別をもつほど批評の欠如はないのだ。長谷川逸子にも、一種の批評とユートピアとがある。だがそれは、完成したときに建築の死が始まるという考え方、物としてのユートピア、それについて語ることのなかに実在し始めるユートピアではない。ねっからの現実主義者である人間が、建築を通してなんらかの理想を描こうとする――それが建築家長谷川逸子なのである。そのとき、建築は出来上がったときから崩壊していくだけの運命を甘んじて耐えなければならないものではない。建築を巻き込んで、人間の生活はそこから始まるのだ。しかし、そのように建築を考えること自体が、充分にディレンマを含み、同時にひとつの批評として建築の概念そのものを大きく変えざるをえないのである。長谷川逸子はオプティミスティックだと言ったが、彼女は現実と建築の両方を甘く見ているどころではない。藤沢のコンペ後における、彼女のねばり強いたたかいを見てみればよい。だから彼女にとっても結局、建築はユートピア的にならざるをえない。だが、そこで概念の変化、いわば絶対の自律性の断念、建築の位相の新たな定め方、しかもそのようなものとしての形式（ともあれ建築は「形式」なのである）の探究がくる。これらのめざすところは、たんなる現実適応主義とは言いえないのだ。街中の商業ビルをつくっている場合と、はっきりちがうのである。私が長谷川逸子に興味をもつとすれば、そんなところに見られるもうひとつのユートピアへの冒険が、その奔放な制作、決して現実に屈しないたくましさの下に潜んでいるからである。

先に建築には、今、二つの傾向が見られると言った。その一つは伝統的な概念で、必ずしも芸術志向でなくても、完結した体系への信仰があり、もう一つがそれをより大きな世界の動いている網目の一つとして、あくまで部分的で、未完結な断片として認識することである。長谷川逸子は、いつごろからか、しだいにこうした認識をいだくようになってきた。そう考えるようになったときには、もはや磯崎新や篠原一男のような建築の理論や実践も、ほとんど意味をなさなくなるのである。建築の探究の上で、どちらが正しいかなどということを言おうとしているのではない。質のちがった建築が、依然として建築の概念をひきずりながら、新たな価値をもって登場してきたことだけは、いまや確実なのである。全く意味がことなりはするが、伊東豊雄の場合もこの種のユートピア志向に属する。だがこの場合でも、建築が消滅してしまうのではないし、風俗やかりそめの幻影に化してしまうのでもない。それどころか、かくのごとく開かれたもの、生起する現象のなかにあって、なおそれとは異なり、かつそれに変動をもたらす因子として実在物をつくり出すという、きわめて困難な課題を背負ったことになるのである。断っておくが、これは建築の解体でもなければ、意識的な建築の生まれ代わりではない。最大限に見積もって流派の差異である。

これは建築の問題を、局所的な連辞論と比喩論の範囲において捉えることかもしれない。部分テクストとして建築の構成を考えることである。しかも、そこには、あらかじめ既存のテクスト（都市）がある。これは構造の判らない全体テクストである。そこで、判っていることを再生しても全く意味はない。そこに散らばっている遺留品をひろいあつめたり、昔はこうだったという俗流人類学に還元しても、場所の意味は回復できないのだ。建築家はそこに、ほとんど無意識にある現象を意識化していかねばならない。その過程で使われる方法が、きわめて一般的にはレトリックと呼ばれるが、ここではそれ以上には立ち入らないことにしよう。むしろ長谷川逸子の具体的な方法にたち返って、そこから彼女の一見直観的な建築が、私にはそれなりに構造化されたものと思えることを指摘し、そこではじめて肯定なり、否定なりが問題にしうるような次元を取り出すことにとどめておこうと思う。

ところで、彼女の建築を推進している力のひとつはイメージの力だ。これは、彼女がもっと以前からもっていたとは言いえない。ある時期、たぶん〈桑原の住宅〉の後あたりから、自覚的になってきたのであろう。もうひとつの推進力は、建築という具体的な実在をめぐって生じる問題を解決していくアイディアの発見力である。それにはプランニングの問題もあれば、構造の問題もあろう。彼女の作品を通覧して見ると、洗練の度合いはともかく、こうしたインヴェンティヴな能力に刺激されないわけにはいかない。以上二つの力は絡み合っている。最初〈AONOビル〉のファサードにグラフィックなイメージが現われたとき、正確にはその意味をはかりかねた。だがやがて、このイメージがもっと大きな役割を見せ始めた。長谷川逸子の独自の展開が始まったのも、その時期である。しかし考えてみれば、彼女はごく初期から、かなり不思議な構成の方法を取っていたのだ。〈鴨居の住宅〉の両翼の開き方など、幾つも例を挙げることはできる。それは結局、説明のつきにくい彼女固有のイメージのやどる深部を暗示している。

彼女にとって、見るもの、聞くもの、触るもの、すべてがイメージの酵素である。自然であろうが、人工的なものであろうがかまわない。それは、いまつくろうとしている建築を、所与の場所に発生させる一契機なのだ。今回発表する〈菅井内科〉では、それは自然であった。建築をつくるべき場所が、森の中であったからである。〈熊本の住宅〉の場合は山並みだった。長谷川逸子にとって、場所とは潜在しているものでもなければ、ゲニウス・ロキでもない。それはもはや、なにものでもない。彼女ほど、こうしたシンボリズムに縁のない人はいない。イメージは、あくまで現実から発生するのだ。局所で動いているものがある。そこから建築全体を引き出していくのである。もちろん、こんなイメージから直接建築が生まれるわけはない。そこから、それに近接した建築の形態の探究が始まる。そこで二つの方向が生じる。イメージはある場合には、建築の表層の装飾になる。もうひとつの場合、それは建築の構成そのものになる。

前者の場合は大抵、ファサードの処理である。しかもそれは社会的記号、むしろ、ポップ的様相を呈してくる。〈AONOビル〉の場合は、失われた記憶という口実があった。だがいまは、イメージはもっと自在になった。不思議なことに、それは建築を書き割りのようには見せないのである。あくまで実体は建築的で、イメージはその上にある皮膜でしかない。しかも、建築自体を皮膜化しているものでもない。この表層がどれほど持続的な価値をもつか、という観点から見れば否定的にならざるをえない。しかし、それはもうその場所に溶解し、いくらかでもそこにある質感を浸透させればいいものである。

これにたいして〈眉山ホール〉や〈熊本の住宅〉の場合は、イメージを建築の言語に置き換えている。それを建築の構成の仕方、つまり統辞法に包含される単位に変換しているわけである。もはや直接のアナロジーではない。スカイライトをもった小屋根の連続という、長谷川スタイルが生まれてきたのである。〈熊本の住宅〉ではこれを切断して、いっそうメタファーに近付けているように見える。〈菅井内科〉の場合は、この両方がひとつになる。そしてここではもはや、建築は全体としてひとつのイメージに統合されていないのである。そこでは、外形が奇抜であるようでいて、実は外形に何らかの自立した意味をもたせたりしようとはしていないのである。表層のグラフィスムやアナロジーを建築へ変換することよりも、はるかに興味を抱かせるのはこの点である。

おそらく個々のイメージはたえず変わっていくだろうし、いったん、建築構成要素になったときには、建築家が思うほどアナロジーには見えない。それ以上に建築的に見えるものである。彼女が建築の概念を移動させるうえでは、たしかにイメージによるところが大きいのだが、そこから現われたもっとも興味深い点は、建築を統一した方法からも解放してしまったことである。〈菅井内科〉のファサードは、あれこれのマンガ的かたちを取り付けているから、常識を驚かすのではない。そこにはもはや、一貫した意匠が建築を成立させるという常識からは飛躍した建築のあり方が現われているのである。オーソドックスな建築観は、ここではもはや成り立たない。建築のファサードを極端に取り扱っているように見えながら、ファサードを介して形式を成り立たせようとしているのでもなければ、建築そのものを構築する精神の現われとも見ていないように思われるのである。

（たきこうじ／評論家）

・・・おばあさんが語っていた空間

超高層が建ち並ぶ西新宿から事務所を東京の下町風の気配が残る湯島に引越してからというもの、その気配のせいか、子どもの頃のことや亡くなった私のおばあさんのことが思い出されてならないこの頃なのです。そのおばあさんの話してくれた伝説や妖怪ものの話のなかによく〈蛇〉が出てきたのを、蛇という題で原稿を書くようにと連絡をいただいたときとっさに思い出し、書けそうに思えてお引き受けしてしまったのです。それがいざ書こうとしたところ、びっくりするほど断片的にしか思い出せなくなっているのに気づき、時間が経ったことをつくづく感じてしまいました。おばあさんといっしょに生活したのは小学六年生の昭和二十九年頃までで、その頃の私のいた環境というものは典型的な日本の田舎そのものでした。草いきれのする野原や磯のにおいにつつまれた海岸で遊び、木造の町屋に住み、いま思うときゃしゃすぎるほど繊細で柔らかな場所にいたような思いが残っています。そして日々やってくる家族でのお墓参りや月見などの行事、外での祭りなどもはなやかでファンタジックだったし、そのおばあさんのつくり出す強烈ではなくごくあたりまえの宗教的なるもので包み込まれていたような思いがします。

家の縁の下に宿っていた蛇が夏になって庭先にあらわれると、おばあさんは子どもだった私にこの蛇は家の土台が大丈夫か見守ってくれている神さまだと教え、近くの神社でよく見た蛇も神社の守護神だと教え込むという具合でしたから、私と遊ぶ子たちは私が蛇を

「建築美　極3」一九八五年十二月

見ると手を合せて拝むのをまねしたものです。庭にいろいろなものが祀ってありましたが、地の神様の社と聞いても、私は長いこと蛇のお墓だと思って拝んでいたことも思い出します。私は植物採集が好きで子どもの頃はよくしたものですが、名前を教えてくれるのはおばあさんでした。植物の名前には蛇がつくものがたくさんありますが、そうでないものでもその形のなかに隠された意味や言い伝えを話してくれました。山の蛇がとぐろをまいた姿や、蛇のぬけがらを見せながら、脱皮によって生命を更新することとか、目や鼻まで脱皮することも話してくれました。そんなおばあさんですから、時代劇映画を見に連れていってもらい、蛇姫さまが出てきて蛇に化けるのを見た日など、おばあさんも蛇に化けられるのではないかなどと変な想いが募って、ついにおばあさんの部屋のフスマを少し開けて、恐る恐るのぞいたことさえありました。

蛇だけではなくいろいろ爬虫類の気味悪いものは、嫌悪するものゆえに蛇縄神事などで祭りあげ、信仰の対象となって畏れ敬うものとしてきたし、恐れるゆえに多くの蛇の象徴物も生みだしたと聞きますが、いま、怪物的なるものの展覧会などに興味をもつ感覚というものも、そういう歴史と関係のあることなのでしょうか。カール・セーガン著『エデンの恐竜　知能の源流をたずねて』[1]によれば、〈脳の一番奥の部分は恐竜の脳の働きをしていて、人間の脳のなかには明らかに恐竜という古代生物が生きている〉というショッキングな考えがあると聞きます。おばあさんは、蛇に代表されるものはつまり自然の姿であり、その自然があらゆるものの内に隠蔽されていて、ものの形の意味が出来ているというレベルで、いろいろの話を聞かせてくれたように思い出します。亡くなった母もおばあさんの話のまじめな聞き手でした。その母は趣味で染物をやっていたのでいつでも植物のスケッチをしていましたが、田舎の家のタンスに残されている母の仕事を見直すたびに、そのあ

▼1…長野敬訳、秀潤社、一九七八年

まりにも繊細な抽象画に自然を感じさせられ、絵はおばあさんが語っていた空間に関係があるように思えてならないのです。

東海道線が近くを走っていたので家にまで振動が伝わっていた私の生家は、都市計画ということで広い道路の真ん中になってしまい、もうずっと以前に取り壊されてしまいました。外がどんなに賑やいでいても、病弱だったせいでほとんど自分の部屋で静かに過ごしていたおばあさんでしたが、外が勢い変化してゆくことに聞き耳を立てながら何を思って亡くなっていったのだろうと考えています。そして、まもなく東海道線に平行して新幹線も東名高速道路もでき、どんどん変わってどこにでもあるような特色のない風景の町になってしまいました。私も次々に近代化する場面のなかに押し出され、気がつくと、すっかりこの硬質な近代都市になれ切ってしまっていて、その分、あのおばあさんがつくっていた繊細な日本的環境から随分と離れてしまった感じがします。

私は、生きてきたこの四十年の前半の二十年を大変な勢いで進む近代化のなかで古いものをしめ出し、生活を相当変えながら年を重ねてきましたが、大学を出て菊竹清訓先生の所に勤務し、先生が飛躍するために置き去りにした伝統的なものを気がかりに思い、次に篠原一男先生の研究室で勉強して、やはり先生がコンクリートのキューブの住宅をつくり出すために置き去りにしていった〈民家はきのこ〉とか〈民家は自然の一部である〉という言葉に惹きつけられ、そのまま次に自分の仕事をはじめて、ようやく〈眉山ホール〉を設計するまでになりました。いまになって考えてみると、この後の二十年をかけて、子どものときにほんの短期間接したおばあさんが語ってくれた空間を、宗教的でアジア的なものを、改めて求めてきたのではないのかという思いがしてきます。〈眉山ホール〉で、私はひとつの単体としてのボリュームやその造形を追求するのではなく、建築をひとつの複合体つまり特色のある都市としてつくるという発想をしました。そして既存の雑多なアジア的都市に連続し溶解するようなものでありたい、さらに、いろいろな表情をみせるこの建築を訪れてくれた人びとからは新鮮な言葉が返ってくるような詩的機械につくり上げたいと考えました。

〈チベット人にとって仏教寺院とは都市のイメージそのものであるがこの都市はより高次のレヴェルでふたたび「自然」の領域に自分を開いてゆこうとしている。建築物は自然の多産性や多様性をしめす蛇神の否定の上に建てられた。しかしその建物の内部にチベットの仏教寺院は、ふたたびよりソフィスティケートされた蛇神性を導き入れる。もしもそれが彼らの考えた都市性ということにつながるとすれば、ここで建築の思想と都市性とは鋭い対立をしめしているということになるだろう。〉これは最近読んだ中沢新一の『雪片曲線論』[2]のなかの一文です。西欧の近代建築の導入によってさらに今日的社会状況と関わって建築は環境をつくるものとして存在するというより、その個別性つまり建築性の面が主題になり、環境とか都市性とかとますます対立を広げてしまってきています。〈建築というユークリッド幾何学的な理性をその手段として、怪物的な自然のかたちの隠蔽や去勢のうえに成り立っている〉そういうアジア的建築、その集合としての環境のありようを、もう三、四十年も前におばあさんが話してくれたような思いがするのです。

これまでのオフィスは西新宿でしたから、そこで超高層ビルが次々に建てられてゆく現場を見ながら過ごしてきましたが、自分の設計するものは、あのように整然とカチッとした硬い建物にはどうしてもならないのは何故だろうと考えさせられる日々でした。いま、建築は防災とか安全性、土地の効率的利用というような目的を持って次々に建て替えられますが、それらはホテルでも、集合住宅、学校、仕事場、住宅さえも、超高層ビルを頂点

▼2…青土社、一九八五年

とする近代建築つまりオフィス型に皆置き換えられ、町を欧米のような硬質な重々しいものにしてきてしまっているのは確かです。超高層群のある西新宿はその典型のようなところでした。人の住むまちの緑は整えられ、人工の庭園になるのは免れないのかもしれないのですが、そのビル群の足元の緑はあまりにも整然としたものに管理されて超高層ビルと一体化しています。

今度引越をした湯島はそことは対称的な地区で、まだ都市整備もゆきとどいていないところです。商業地域に指定されているのでビルも建っていますが、木造の民家も残って混在しています。民家の入口廻りにはどこでも鉢植や盆栽が並び、路地という感じで、ビルでもバルコニーや屋上を緑でいっぱいにしており、ここから東京の東の方に広がる江東、墨田、台東、荒川といった下町の一画という風情が漂っていて、整備されていない雑然さのなかに路地の緑が目をひきます。私はこの文京区湯島に設計した〈ＢＹハウス〉の外観として、直前に竣工させた東京の中野区にある〈ＮＣハウス〉と同じように、コンクリートの前面に、周辺の空気に染められ終日変化する表情をつくり、その軽やかさと透きとおる感じに魅せられて使用してきたアルミパンチングメタルを重ね着させる手法の外観を考えてつくりました。

消費社会が進む状況のなかで建築の性格が大きく変わったことに関係すると思われますが、建築の専門雑誌のなかの建物の写真は、人が棲むという素朴さとかけ離れ、建築家の造形力の特異さを映し出すものとなっています。ますます即物的な裸形の物体で埋めつくされ、建築が環境の一部として、生きられる家としてあることをみせるということが随分と薄らいでしまっています。私にあっても、建築の自立性を問題にすることで、改めて人と空間の関係を問おうとした姿勢が、そういう発表の方向に向かわせたといえます。そのためには、虚構性と同時に存在感を、抽象と同時に具体を携えなければならないはずなのに、誌面の写真はその高い抽象だけが強く押し出されることになってしまいました。

日本の都市が軽くそして柔らかだったのは、建築が自然を内包し、さらにその外部は風景が、緑が、そして人と人のつくった歴史が関わり重なり合うことで環境の一部となり、生きた象徴として機能してきたからだろうということを、この湯島の〈BYハウス〉に引越してつくづく思い、そして環境のことを改めて考えさせられました。〈壁を重ねていってその壁と壁の隙間の空洞をとりあえず空間とする〉という考えから出発して、その造形やボリュームを問題にするより、重ねる壁の自由度の追求や、重ねる壁の内容を追求することで私はこれまで建築を考えてきたのですが、さらに風や光や緑が幾重にも重なり複合するところに建築を位置づけ、自然を内包する建築のありようを考えながら、かつておばあさんの語りの向こうに感じていた軽く柔らかでファンタジックだった空間を、改めてとらえ直してみたいと思っている今日この頃です。

第三章

・・・

「第2の自然としての建築」

第三章「第2の自然としての建築」には、湘南台コンペの設計趣旨から、経過報告と一期工事完了時の作品解説およびインタビューと石井和紘による批評を収録した。湘南台コンペの経過は以下である。一九八五年十月募集開始、一九八六年一月十三―十七日提出期間、二月十、十一、十二日一～五次審査（入選三案、佳作五案）。同月二十四日に三名の入選者面接が行われ、長谷川案が最優秀となった。審査委員は清家清（委員長）、槇文彦、磯崎新、緒形昭義、藤沢市長・葉山峻、藤沢市議会議長・内田松男、藤沢市教育長・神部昭三であった。

コンペ時に「新しい自然」「地形としての建築」と示されていたコンセプトが「第2の自然」に移行するのは、市民との対話集会を通じてであった。長谷川は「市民と話しているときにこれは第2の自然だと言ったら、それまでなかなか通じなかったのに、ああそうか、と腑に落ちたようだった」と振り返る（二〇一八年）。

第2の自然という言葉は、伝わりづらく、批判する人もいますが、住宅設計から現在まで、自分にとってリアリティのある言葉として使って来ました。「地形としての建築」「丘を再生する」等いろいろと言葉を考えて市民へ説明して来たのですが、どうも伝わっていないように感じて、思いきって「第2の自然としての建築」であると表明すると、急に市民に共感が得られ、ミーティングが進んだことを受けて、市民集会で使うようになったのです。

つまり、「第2の自然としての建築」は啓蒙的な理念としてではなく、実感のある言葉として選び出され、市民と共有できる言葉として選ばれたのであった。

〈湘南台〉の一期は設計一九八六年三月―八七年三月、工事一九八七年七月―八九年三月。二期は設計一九八七年四月―八八年三月、工事が一九八九年四月―九〇年三月であった。一九八〇年代は近代建築を乗り越えようとするさまざまなアプローチが顕在化した時期であるが、そのなかでも、既存の建築言語に拠らない「湘南台」の独創性は際立っていた。石井和紘「世代的方法の昇華のマイルストーン」（一九八九年）は、野武士世代の建築家たちの模索が突然目に見える形で具現化した衝撃を語っている。長谷川が回想するように〈湘南台〉は強い反発も招いたとはいえ、それ以上の関心をもって迎えられた。欧米で〈湘南台〉の独創性が驚きとともに高く評価され、長谷川を世界的建築家に押し上げる作品となった。

・・・新しい自然環境をめざして
湘南台文化センターコンペ応募設計主旨

◉戦後社会において最大のキーワードは「近代化」であった。「地方の時代」との叫びも東京を中心に据えたミニ東京的ともいえる都市の一元化に向かって、地方の近代化を図ることだった。近代化は西欧中心主義の没落とともにその原理を喪失し出し、今日的国際経済社会を迎えてテクノロジーの時代とか新中間層の時代と言われながら、いまや加速度をつけて軌道修正が行われている。近代化という一元化に対して転換する知は多様性や複合性、分散や分断、都市化や中央集権化からの脱却などを当然のこととしてきている。私は新地域主義といったことを考え、今までとは可逆的方向から地域というものをとらえてみたい。序列通り地域から世界を見るという視線は、中心にエネルギーが向かい地域に還元しない。そういう発想に変えて、その地域の中に世界や宇宙を見ようとする方向を与え地域に根づかせていきたい。

この藤沢市は、今や世界から未来都市といわれる東京のベッドタウンであり、テクノロジー社会を支える工業地域として人びとの移動も情報も頻繁に行き交う。そうすると仮の居住地というのではない定住観をもつ人びとが増え、さらには一元化社会を抜け出て文化的差異を押し出していく力をもつ豊かな地方に変貌する。このCollective mentalityに立脚した「地形としての建築」はそうした経過のなかで根づき、新しい自然環境として土着化していくと考えている。

一九八六年一月十五日、応募設計要旨。「新建築」一九八六年四月号。テキストの性格を鑑み、誤字などを除き原文を忠実に収録した

◉近代建築は目的指向形につくられ、目的のある人しか出入しないように建てられてきたが、文化センターのような建物は無目的でも何となく来てしまうような場所としてつくりたい。何となく行く、しかし行ったらいつでも何か感動ややすらぎが得られる場所づくりをする使命を公共建築は担うべきだ。公共性は本来の目的を果たすためには多くの人たちを呼び集め、子どもから老人、女たちも男たちも、身障者も健常者も、と多岐にわたる層の人格にさまざまに対応し得る具体性を備えた場所にしなければならない。設計の段階でも使用者側の具体的機能より、企画者側が想定した抽象的機能を優先してつくられやすいが、そうではなく使用する側が直に身体参加できるパフォーマンス空間を本気で考える。こうした考えを進めて行くと建築を単体としてつくるという発想より、ひとつの複合体とし、特色ある場所づくりをするという発想になる。この特色ある場所は複数の出来事を引き受ける流動する多様体であり、内に世界をそして宇宙を内蔵したものでありたいと考えた。

◉近代という構造的思考によって多くのものが暴力的に壊されたり、変形を強いられてきたと考えるが、建築論にあっても同様に多くのものを排除し、欠いてきた。それも綿々と連鎖してきた大いなるものを。たとえば、森や山そして神社にあった宇宙性や宗教性、動物性が共生し得たところの多様性や流動性、人間が自然と共存することで生じていた神秘性や象徴性、まちをつくっていた迷路性や界隈性などだ。この近代的計画からはずされたものを、この〈(仮称)湘南台文化センター〉の敷地のなかに埋め込んで行くことを考え進めていったら、建築をつくるというより地形をつくるというような作業になった。

台地、川、橋、鳥居、ピラミッド、樹海、こんもりした森、連なってできた山、山々が

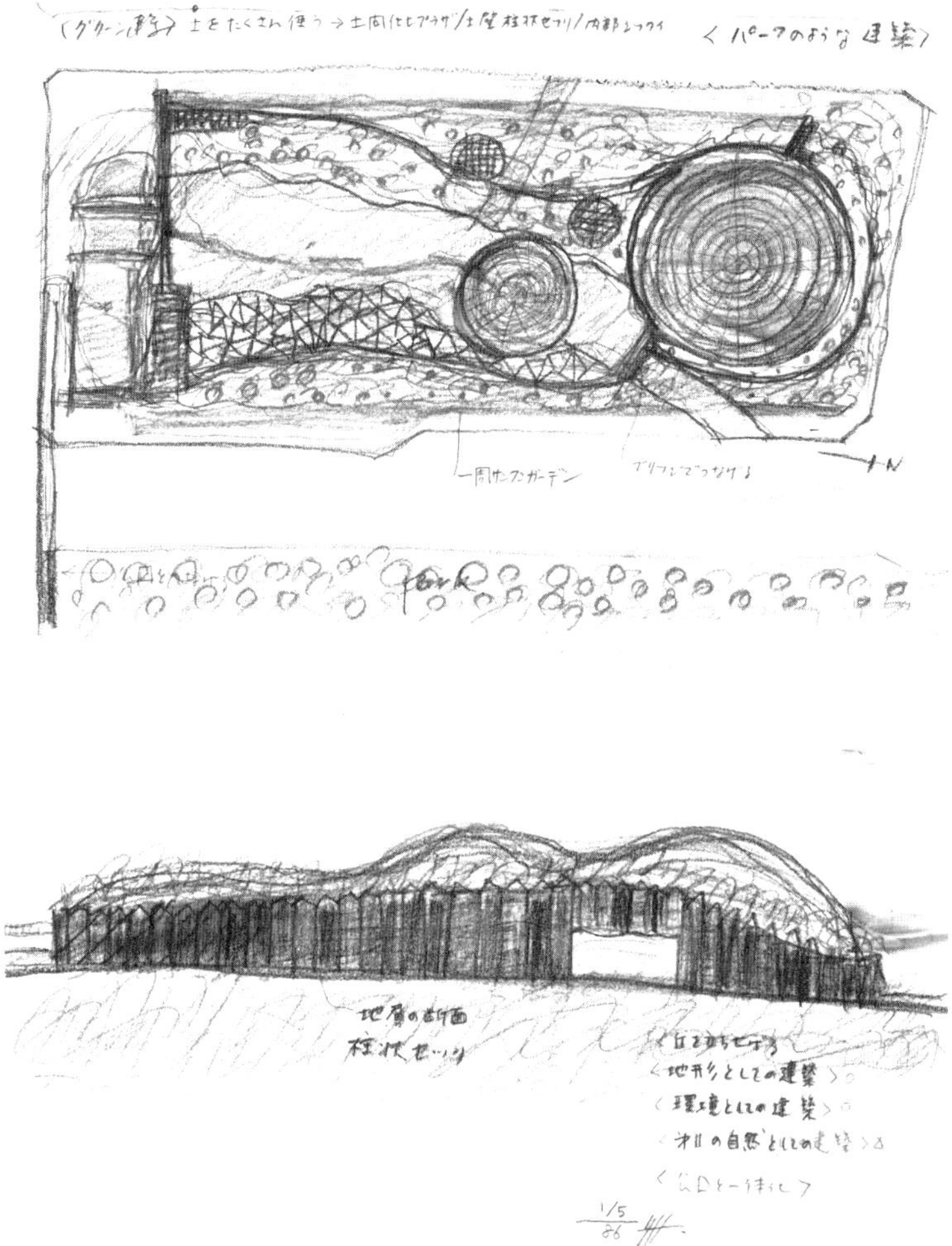

〈湘南台文化センター〉スケッチ

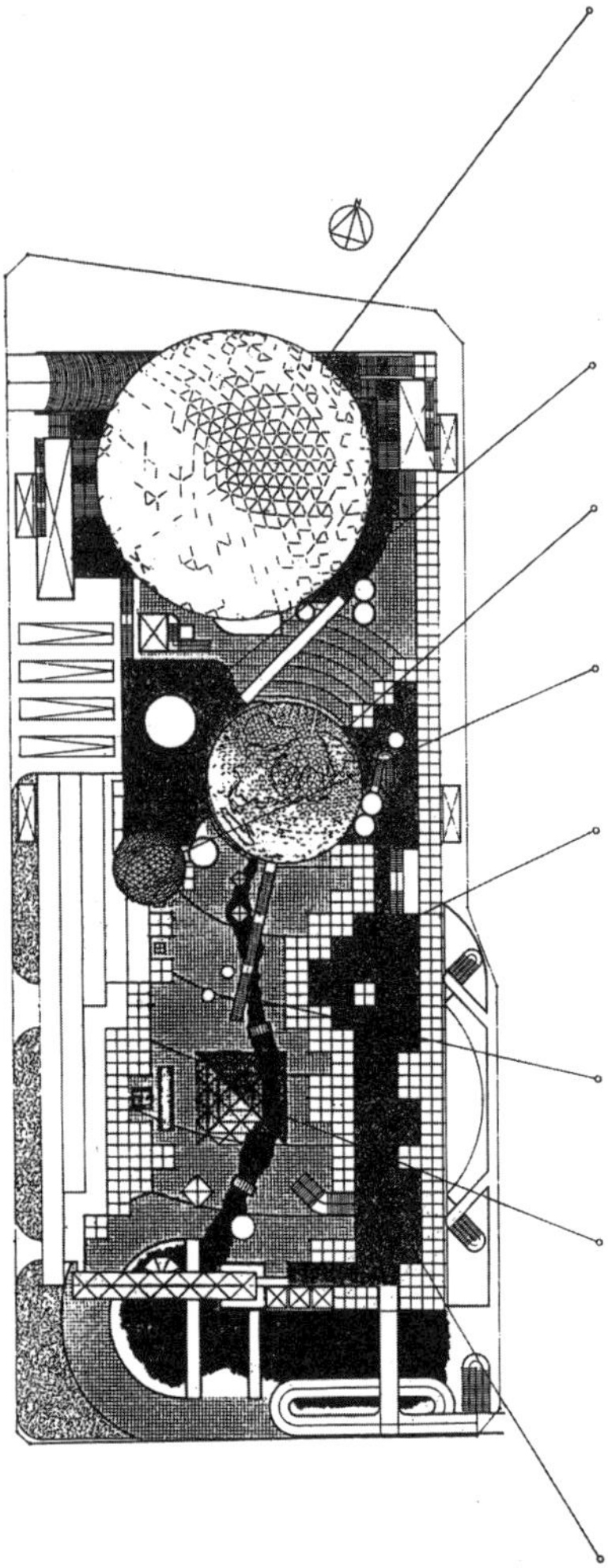

市民ホール
構造：プレファブリケーションリブ付スチール
三角形パネルの現場ジョイント
外被：ステンレスミラー仕上
排煙：頂部を一部陥没させ、その部分を雨仕舞して排煙用の窓を設ける。又、清掃等メンテナンス用の出口とする。
設備：天井面の断熱のため二重にしてエアゾーンを設け、遮音・吸音の効果も同時に達せられるようにする。表面にはサブストラクチャーとしてのスペーストラスを組み、そこには音響調整用・可動照明等のシステムを取り付けコンピューターにより制御する。主構造との間はキャットウォーク。エアゾーンにおける熱回収も含め省エネルギーを計る。空調は床面近辺に限定して行なうようにし、上方に停滞した空気も熱回収するなど積極的に利用を計りたい。

公害観測所
構造：空気膜構造
外被：半透明シート
空調：床面で行う

プラネタリウム
構造：ＣＦＲＣ（カーボンファイバー）によるＰＣシェル
緯度、経度によるパネル割
外被：磁器タイル打ち込みによる地球儀
空調：床面で行う

サテライトスタジオ
構造：亜鉛どぶづけスチールフレーム
ジオデシックドーム
外皮：独立したフレーム
スタジオ機器室ガラス張BOX

回遊式散策ギャラリー
野鳥の池の近くのスロープを上がる。小屋根群に囲まれたヒルトップギャラリーを通る。地球儀の横の広場を通る。小屋根群のフレームを渡る。宇宙儀の周辺を廻る。吊橋式のブリッヂを渡る。月球儀の広場にある出る。駐輪場の上の波、海、雲のイメージの屋根に降りる。エントランスブリッヂのフレーム間を通る。そしてヒルトップギャラリーにもどるなり、メインエントランスに下ることのできる散策の道である。

プラザ
構成：地球儀の下から宇宙儀の間の野外劇場
地球儀の下部頂点から流れる滝、小川、せせらぎ、橋、野鳥の池、鳥居形排気ダクト、やしろ、地階へのピラミッド形トップライト
遊水機能：時間差排水のみでなく、ろ過して雑用水やプラザのせせらぎに一部使用したい。

市民センター
構造：アンダーグランドビルディング
土圧等を考慮して外周壁は地上軀体よりも厚くなるが、その結果外周壁の水平剛性が極めて高くなる。
内部構造は主として鉛直荷重の処理に適した形式であるフラットスラブ構造とすることで、階高も低く設備計画も用意となる。
その他プレテンション方式のプレストレストコンクリート構法など総合的にコストダウンにつながる方法をとる。
設備：自然の採光と通風を切り取られた快適な地下空間の獲得をめざす。

子ども文化センター
構成：小屋根群の作業と展示の空間．食堂
時間・空間展示室．生活・地域・情報展示室
円環ギャラリー．プラネタリウム
外壁：掘り出された地層を思わせる表現。粒度の違う砂利石を洗い出し立面とする。
プラザに面した食堂、展示室はガラスブロックのカーテンウォール

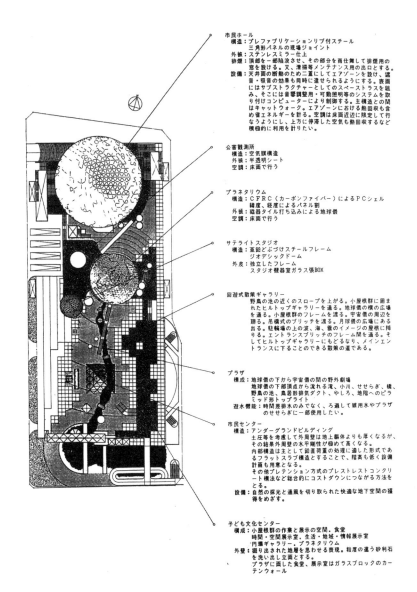

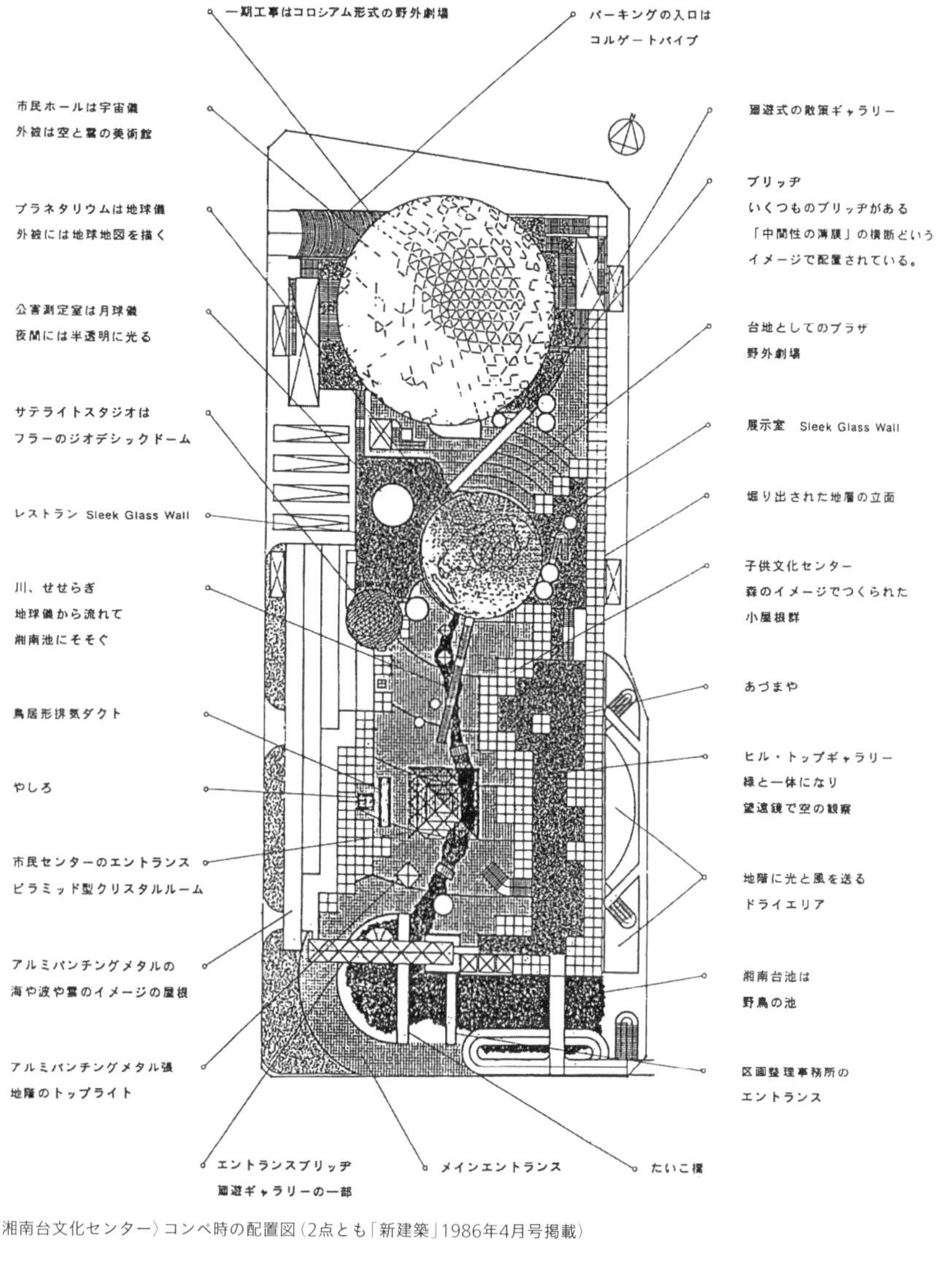

〈湘南台文化センター〉コンペ時の配置図(2点とも「新建築」1986年4月号掲載)

重なった豊かなる野、時には広大な海にも、無限につづく空にもみえ、多分訪れる人びとの前に自然のアナロジカルな記号群となって呼びかけるだろう。さらに大いなるものの象徴として、宇宙儀や地球儀などが、未来に向けて開かれた場所となることを願って埋め込まれた。全体は森または野というイメージが強いが、そこはあらゆるものの豊かなる共生の場であり、近代がわすれ去ってきた森をつくり、近代を問い直しながら未来を生きて行こうという考えから引き出された。森の空間、海の空間を直に体験し、さらに巨大なビジュアル球儀と接し、このテクノロジカルな装置から、限りなく自然な風景を多くの人たちが見るはずである。

概要

近代建築の形式であるキューービックなビル建築を建てて、その大きさと造形を問題にすることには、いま私には何の期待ももてない。(近代)建築なるものは地下に埋蔵して、地上にはこの地域と連続する「地形空間」つまり自然空間だけを実現させたい。

埋蔵した地下部分は、外周壁の耐震性が高いから内部の水平力の負担が軽くなり、無梁板構造を採用することができ、そして地上部分も地下部分から切り離して、ランダムで軽いスチールフレームの自由な構造が選択できる。さらに地下は設備的にも負荷が小さく、省エネルギー計画につながることを特に利用する。トップライトとドライエリアから、光と風を取り入れる方法は、地上で感じるのと違って意識的に、より神秘的に感じるであろう。市民センターを使用する人たちの求めるものは、次々に変化し不定で、使用形態も定まるものではない。固定した使用形態にとどめないで、使用者の自由な発想も受け入れられるようなインテリア計画を考えている。

・・・

湘南台文化センター設計競技二次審査提案趣旨

1　親しみを感じる湘南という言葉

私はかつて大学生のとき、神奈川県のヨットの選手として国体で活躍させていただいたことがありますので、江ノ島や湘南の海岸には思い出がたくさんあります。よく知らない遠方から仕事が来ますと、その地域のことを知るまではなかなか設計できず、時間ばかりかかってしまうことがありますが、しかし、湘南台文化センターという仮称を見たときは、自分が親しみかつてよく知っている場所の仕事だという感じが致しましたので、是非コンペに参加したいと思いました。湘南台の駅をおりると、足元が商店のアパートが両側に並び、新しく区画整理されたらしい状態でした。敷地周辺はビルと木造の家が混在し、町並みができ上がっていませんで、新興のまちらしい荒けずりのまちでした。私がかつて知っている海岸近くの落ち付いた別荘地や住宅とはほど遠いものでした。どこでも新興の区域は高い地価に合わせて経済効率を最優先し功利的にビル化し、あっというまに、どこにでもある特色のない雑多なまちにでき上がってしまうものです。私は現地を見た日、ビルがぼつぼつできているというものの未完のこのまちに、自然さを持ち込み、しとやかさをつくり、この辺一帯の環境を決めていく指標となるような建築を考えたいと思いました。

第二次審査におけるプレゼンテーション用原稿。長谷川逸子・建築計画工房所蔵

社会主観に立脚した地域性

コンペの要項にも多数見つけた、地域あるいは地域性という言葉をどのように捉え表現するかということは当コンペで大きな課題のひとつだと考えました。今日、ヨーロッパ社会の世界化、すなわちインターナショナリズムからの脱却、中央集権からの脱却、そして地方化が叫ばれて、新地方主義が提唱されてきたにもかかわらず、今日の工業社会は、かつての農業社会ほど小規模で個性的ではありえず、どこの地域でも特色が薄れ、しいて表現すべきものは見出せない状態にあると思う。湘南台にあっても東京近郊の都市で豊かな自然に近接しているということを除けば、きわだった特徴や地方文化も見出せないといえます。

今日、誇るにたる地方文化を何らかの意味で持っているところはどこかとさがせば、かつての歴史をビジュアルに残している城下町でありましょう。戦後、功利的に物財の豊富さを追求してきた日本の工業社会は、結果として何ら地方文化を形成はできないままに今日を迎えているといえます。城下町の形式は、日本だけでなく西洋でも、守るにたる農業的秩序の存在を意味し、私たちは伝統の力に改めて驚かざるをえません。このことはこのコンペの市長室・企画政策担当の基本構想のなかで、工業とか先端技術という言葉と共に農業という言葉を交叉させる姿勢と共感することかも知れないと思いますが。このように考えた末、私たちは工業社会をベースにしながら、とりあえずは失ってきてしまった農業社会的な自然に対する敬虔さを持って、各自に肉体化された文化を今後つくりあげていかなければならない。とりあえず地方文化を、虚構の文化を、フィクティブに謳い上げねばならないと思っています。（そしてそれは、農耕社会の形成の基本となった、日本の原風景を基本として、しかも現代の私たちを引き受け、物財的功利性を超えて神秘と科学を結びつけてくれる、幻想的宇宙風景を重ねたものでなければならないと思うに至り、このような設計となりました。決して、個人的な主観だけに基づくものではなく、今後長く続く社会主観に立脚した建設的イメージが、ここに示されていると自負する所存でございます。）

地形としての建築をめざして

具体的に計画をはじめるのにまず考えたことは、工業社会と結びついてその社会で成立する価値観によって進められてきた近代建築、その形式であるビル建築を設計してその造形の新しさや奇抜さを競おうとするレベルにある作品づくりはすまいということでした。これまでのパブリック建築は、そのヴォリュームの大きさやそのフォルムの新奇さが、権威主義を持ってする政治力に容易に結びついたが、そうした建築家のつくる神話性というものは、もはや市民生活者には必要とするものでも、文化的なるものでもなくなっているのではないか。市民はもっと生活に密着した多様な豊かさと自然さを身近にしたいと感じている。建築作品は神話的想像力を持って新しい時代への飛躍を可能にする役目をしていると思うが、その神話性をつくり上げようとするとき、どうしても凝り固まったものになりやすく、こわばったり、無理やりさを感じさせるものになりやすい。それだけでなく、時にはわかりやすさも欠ける。（結晶体のような建築、つまり造形的でファッショナブルな建築に変えて、自由で柔らかに使える自然体としての建築をつくりたいと目ざす。新しい空気と一見なつかしいノスタルジックさが混合した場となるであろう。）パブリック建築には、このわかりやすさと同時に、造形性やファッショナブルささえも超越してつくる自然なファンタジックさがほしいと私は考えました。こうしたことをすすめて、新しい自然環境を考えて行った結果、「地形としての建築」を計画することに至りました。

近代という構造的思考によって多くのものが暴力的に壊されたり変形を強いられてきたと言えるが、建築論にあっても同様に多くのものを排除し、欠いてきてしまいました。それも綿々と連鎖してきた大いなるものを。例えば森や山そして神社にあった宇宙性や宗教性を、動植物と共生し得たところにあった流動性や多様性、人間と自然が共存することで生じていた神秘性や象徴性、村にあった迷路性やまちにあった界隈性など、近代的計画がはずしていったものをこの敷地に埋め込んでゆく。それは建築をつくるというより新たに地形をつくる作業に似ている。地形は公園のように自然そのままの状態ではなく、意識的につくられた新しい自然。建築をつくるというより地形をつくるという作業になって、台地・川・橋・ピラミッド・樹海・森や林・連なってできる山・山々が重なった豊かな野、波や雲、時には広大な海にも空にもみえ、多分訪れる人びとの前に自然のアナロジカルな記号群となって呼びかけるものになるだろう。（この地形としての建築はまず隣接する湘南台公園と一体になって緑でおおわれ、野鳥も来る地帯となり、次第に周辺に定住する人びとをまき込んで根づき、新しい自然環境として土着化させていくことになると信じる。）

2　宇宙時代の建築をめざして

地方―東京―世界―宇宙という序列通りに動く視線は中心に向かい、エネルギーが拡散していってしまい、生活圏である地域に還元しない。そういう発想に変えて、この地域のなかに世界や宇宙を見るような方向を与えたいと思考している内、ここに宇宙儀、地球儀、月球儀を実現させたいと考えることになった。地形としての建築は、自然に近い空間を目ざすことでもあったが、球儀というのは力学的にも自然なる構造で、球儀には宇宙的なるもの、限りなく広がる自然を感じさせてくれるものがあります。空や雲や月や星をうつしてくれる宇宙儀、地球儀のなかのプラネタリウム、乳白色の膜構造の月球儀、「宇宙船地球号の概念を提唱した汎地球主義的な壮大な思想家」フラーのジオデシックドームのフレーム、四個のテクノロジカルな装置は限りなく自然な風景を多くの人たちに見せるはずです。一五四六年、ドイツの地理学者セバスチャン・ミュンスターは、セーヌ河の水源までたどりつき、そこに大氷河を発見し震撼したと言います。スウェーデンの歴史学者グスタフ・ウッタースト ロームの「近代初期における気候と人口の大変動」によれば、小氷河期の気候の悪化が、近代精神を喚起する主要な要因となっていると言い、氷河はまさにその象徴であり、ミュンスターのみた光景は単に奇異であったのではなく、その後数世紀にわたる時代精神の初源的風景であったといえます。森に囲まれた台地を流れる川をさかのぼり、ガラスと金属のピラミッドや装置と化したトップライトそして街路、樹、その背後の宙に浮ぶ地球儀といった、私たちの応募案の構図は上記の光景とどこか通じるところがあるのではないかと、提出後の冷めた目で考えました。さらにハレー彗星の来る記念すべき年につくられるにふさわしい案だとも考えました。

3 〈森のイメージ・土のイメージを埋め込む〉

まず森に囲まれた台地というイメージで全体を囲みたいと思いました。ヨーロッパにあって針葉樹林を持つ地域より、広葉樹の森を持つフランスや南ドイツなどの地域は農業的先進地域を形成し、自然に対する敬虔な崇拝に基づく森の宗教を持ったと言います。そのドゥルイド教というのは古代ギリシャ語で広葉樹のカシワを意味したが、近代の魔女狩りによって十八世紀に姿を消すまで、森や村に根づき、都市の宗教・キリスト教、合理精神、体制、昼、正に対し、田舎の宗教、非合理精神、反体制、夜、負性として有効に機能し、森から多くの民話や聖者を生み出したのです。

また、土離れを図った都市の人にとっても森林は心のよりどころで、高く林立する列柱、四方八方に飛び交う飛梁とステンドグラスの光としてゴシック教会に建築化され、森の中の広場の代替えとなっていました。中世ヨーロッパ社会にあっては土離れしたキリスト教文化と自然崇拝的異文化とが、いかにうまく分業しながら一つの世界観を形成していったかをみることができます。時空を隔てた私たちが、今日、日本において地方都市の問題や、日本の伝統文化の問題をヨーロッパから興った工業社会、つまり近代社会とどのように整合させていくかを考えるとき、一つの方向を見ることが出来ると思うのです。（アジアにあっては、もっと自然な形で、いつでもおだやかな自然とフレキシブルに共存してきた歴史があります。いま、私たちは改めて自然を求めています。それも積極的で身体運動をする空間を。）

私がこの頃建築で自然のイメージを建築化しているのは、建築的、高技術的な細部による自然と宇宙の描写であり、また同時に、自然的宇宙的細部による建築の描写であり、それは中世社会のバランスのとれた敬虔で自由な世界観に、現代を生きる我々が糧とすべきものを感じ、それを生かしたいと考えていることの表明でもあります。全体を森、森が重なってある野というイメージを強くしたいと考えたのは、そこが豊かなる共生の場であり、近代を見直しながら、未来に向けて生きるという考えを表明したかったからです。

さらにこの全体に土のイメージを埋め込みたいと考えました。掘りおこした土の断層をそのまま地上に持ち上げて残したような表現を考えています。友人の優秀なる左官職人、久住章さんは、掘り出した土と砂利石で、土佐漆喰風の洗い出しの壁を左官屋の皆とつくって、大仕掛けに現代左官仕事をパブリック建築に残したいから、全国の左官屋を集合して手伝いたいと言っている。世界に誇る左官仕事が、パブリック建築のコンクリート化と共に姿を消していることは残念なことだと彼は思っている。この春から彼はドイツにある伝統的な仕事を習得するため出かけるというが、外国に行くと何百年も前の土壁がパブリック建築を支えています。私たちが目ざした地形としての建築は、工業社会をベースにしながら、農業社会が持つ自然に対する敬虔さを持たせたいと考えているから、その農業社会の始源的エレメントで土神性に結びつく土壁の囲い、樹木の囲い、水と橋と丘というものになっているが、これらは、現代のテクノロジカルなひとつの装置であるだけではなく、まとまって限りなく自然な風景となって多くの人たちの注目をあつめるものになるであろう。地上のあるものはビルディング的スケールであるより人間的スケールで小さなものでまとめるつもりです。

4　近代建築の埋蔵

東京工業大学の八木幸二先生が外国のアンダーグランドビルディングの研究をしていらっしゃるので、ミシガン大学の図書館の資料などいろいろと資料をいただき研究をした結果、さまざまな利点が考えられ、アンダーグランドビルは、将来性のある建て方であることがわかりました。日本のように地価が高い国ではもっともっと地下道などを研究し、安価なものにしようと、日本の施工会社も大いに研究していることもわかりました。アメリカでは、地下住居をつくるキットがすでに売り出されているということですが、地価が高くないアメリカで地下にするのはほとんど省エネルギーのためです。

近代建築の埋蔵ということから杭工事がいらないベタ基礎でやれるところまで出来るだ

け埋め込むことを考えました。埋め込む本来の目的は何かと言うと空中を解放し、まちに、地上にできる限り自然状態を残し、地下部分に適した部分と地上部分に適した部分をバランスよく分けることで、メリハリのある建築とすることができる。地上に公開される部分も多く、ヒューマンスケールに近いものにもどしてゆくことが大きな目標で、市民への貢献度も高くなると思われます。

工事費の検討

地下建築物の躯体の工事費は、仮設と土工事費までを含めて考えた場合、地上構造物をむだなく最低に押さえたときの二倍を要します。躯体だけを比較すると、大変不利な選択のように思われますが、次の点に着目すれば不利ではないことがわかっていただけます。

1.

この種の公共建築では、地上に立てる外観は建築家の主観によりデザインされ、一般的には構造も無理があったり、複雑になり、単純で合理的に最低に押さえられるということもありませんし、外壁材、サッシュなどもかかり、調べると地階を単純につくるのと違わない坪単価になっているものがほとんどです。逆に地階には外装材は不必要となり、内部からの要請に基づき、形状を決定することが一般的で、外周をなるべく小さくするなど合理的な選択が可能です。それによってトータルコストはほぼ差がなくなります。（応募案は外周壁の凸凹をなくしたり柱の数を減らすなど見直します。円型は土圧に対する合理解です。）

2.

地下躯体では、土圧などを考慮して外周壁は地上躯体よりも厚くなりますが、その結果、外周壁の水平合成が極めて高くなる。水平力の大部分を外周壁に分担させ、内部構造は主として鉛直荷重の処理に適した形式であるフラットスラブ構造とすることで設備計画も容易にし、結果、階高を低くしてコスト低減を計る。その他プレテンション方式のプレストレスコンクリート構法など、総合的にコストダウンにつながる方法が検討可能です。

3．設備

夏期、冬期とも空調負荷は地上部分よりも相当小さく、イニシャルコスト、ランニングコストとも、かなり削減できるものと思っています。

市民ホールにおいてプロセニアムアーチを固定させて設けなかったことについて

劇場の歴史の中では、プロセニアムアーチは、人びとがパースペクティブな外的形式の中でしか、自らを表現しえなくなった近代の一形式であって、舞台と観る人を分けるこの形式は、さまざまな劇場形式のなかのひとつでしかなく、絶対なものではなくなってきています。現代演劇は西洋のトラディショナルなものから遠ざかろうとしています。プロセニアムアーチがあるだけでは、能をはじめ、日本の伝統芸術のいろいろができないということをお話しているのを聞いたことがあります。絶対的形式ではなくなったプロセニアムアーチは固定すべきではなく、形式の選択に従って仮設として扱うべきであると考え、とりあえずそのような表現をしました。

「住む」建築と都市における自然の構築

植田実×長谷川逸子

「ぱろす」一九八六年。一九八六年四月一日、長谷川逸子・建築計画工房にて

植田実 まず、藤沢の〈湘南台文化センター〉の設計競技について伺いたいところですが、長谷川さんの案が最優秀にランクされたために、予定されていたアメリカ講演旅行を延期して、一昨日帰ってこられたばかりなんですね。とりあえずは、初めてのアメリカの印象などお聞きしたいな。

長谷川 ロサンゼルスで講演して五日間過ごしてきただけですが、その間に、サンフランシスコに子どものミュージアムを見に行って、それがすごく面白かった。〈湘南台文化センター〉の参考のために、そんなのばっかり見て歩いてたの。エクスプロレタリュウムといって、EXPOとオーディトリアムの合成語らしいけど、子どもたちが自分で道具を動かして物の原理や基本を感じるように、エレクトロニクスから物理から生物から動物、植物まで何でもある。例えばカエルの肺なんか出して、衝撃を与えるとコンピュータで肺の動きが出るとか。かえって大人のほうが夢中になるくらいなの。

ロスではチルドレン・ミュージアムというのを見てきました。大学生たちが協力してやってるんだけど、メーカーで廃物になった……、ちょっと文字を間違った物などを集めてきて、子どもたちにいろんなアイデアで好きな物をつくらせたり、壊れたバスの運転席を持ってきて、子どもに動かさせたり、歯医者さんの椅子や医療器具なんかも置いてあって、本物の器具で子どもに勝手にお医者さんごっこさせたり、中古の電気製品を持ってき

て壊させたりするの。全部部品に分解してしまったり、見てると面白いのね。私がめざしているものと同じだと思ったのだけれど、〈湘南台文化センター〉もそういうパフォーマティブなチルドレン・ミュージアムにしたいんです。日本では、目で見る科学館ばかりいっぱいつくってるんですね。

植田 建物が妙に立派で、ジオラマというんですか、作り物の展示が基本になっているのが多いですね。

長谷川 ええ。ズボンに手をつっ込んで頭だけ働かせて、視覚的に見るものなので、万博と同じで一度行ったら二度と行かなくていいわけ。自分の体で体得していくのと違って、いまの日本の教育と一緒ね。危ない遊びはいけません、という方針でしょう。

ロスで建築の講演をしたときも、いろんな人たちに会ったけど、発言がほんとに自由なのね。私が行った学校なんか、学生たちが何もかも運営してるという感じがあって、日本の学校よりすごく先行ってるなと思ったんだけど、そういう自由さというのが幼いときから養われてる感じでね。

植田 本当にいいタイミングにアメリカに行かれましたね。

長谷川 次の機会にまた行きたい所も見つけてきました。ボストンのミュージアムとか、本では見られないようなパフォーマンスの美術館がいくつかあることがわかったんですが、みんな手づくりなの。

植田 そのへん、だいぶ日本は差がついてしまいましたね。

長谷川 日本では、子どもセンターを大きな企業が商売として本格的につくってるでしょう。アメリカではそれとはまったく違って、学生たちがアルバイターでみんな自由に発想してつくっている。あのミュージアムに持って行こうというので、廃品なんか集めたりして、

湘南台コンペ1席のとき。模型を前に

学生たちのアパートなんか物で埋まっているの。

植田 活動することと住むことが一緒なんだな。大学の製図室も学生が住みついているから、いろいろな活動が行われてるみたいですね。

長谷川 自分たちの建築の延長で考えたアイデアを子どもたちにあげたいと思えば、無償でも持って行くとか、そういう人たちに支えられている。アメリカでももう公共のものは駄目だと言ってましたよ。予算の制約があったり、公共のものだと若者も働くのを加減しようと思うから、民間の自由集団でないとやっていけない、と。

植田 建築家のつくったものを、少しは見てこられたのでしょう。

長谷川 むこうへ行ったら講演だけにして、時間があったら広々とした砂漠を見てこようと思って行ったけど、やっぱり見てきてしまった（笑）。

ロサンゼルスのモルフォシスとか、若い建築家の仕事と、それから〈ノイトラ邸〉（一九三九）とか〈イームズ邸〉（一九四九）とか、日本の戦後の住宅の出発点のような感じで、先輩たちが影響を受けた住宅を確認しておこうと思って、見てきました。

ノイトラ夫人に会ってノイトラの話を訊いたり、〈イームズ邸〉も見たし。

植田 〈イームズ邸〉の現状は、どうでしたか。

長谷川 かなりきれいです。よく塗り替えてるなと思うくらい。いま私が使うような紫ブルーみたいな色で鉄筋を塗ってあったり、パネルをゴールドに塗ってあったり、私のやってることと近いんで、驚いちゃった。

植田 一九四〇年から五〇年代にかけての鉄骨の住宅ですね。最近になってまた、若い建築家が美しい鉄骨住宅をつくり始めたけれど、イメージとしてはそれに近くて、日本の戦後の建築家たちが延々と時間をかけて試みてきた鉄骨住宅が、やっとあの頃のものに近づけたといえるかも知れませんね。

長谷川 そこらへんから始まって、〈ノイトラ邸〉みたいに本当にモダンリビングで、大ガラスを入れてやってきてというのも、日本では延々と続いてる感じがしますね。ああいう大きな敷地じゃなくて、日本の敷地でつくったから、失敗もしながらでしょうけど、〈ノイトラ邸〉なんかやっぱり精神が繋がってる感じがする。健康的なのがよかったですよ。

植田 最近の、若い世代の住宅との繋がりはありますか。

長谷川 繋がってるというより、ポストモダンというのは伝統的なものを壊そうという感じね。ノイトラ邸あたりだと緑を美しく管理してあって、冬だというのに花が咲き誇ってものすごくきれいなの。そういう環境のなかに彼らのものをつくると、環境を壊すといって怒られるそうです。それでも何とかつくっちゃうらしいけど、モダニズムの建築とは思い切って対照的なるものだと思う。

あのへんは冬だって昼間は半袖を着て汗かいてるくらいだから、一年中いい気候なわけでしょ。だからバラックみたいな、倉庫みたいな建築が町にいっぱいある。建築家のアトリエはすごくいい感じで、大きな空間の倉庫でしょ。どんなでも住めちゃうとこなのよね。だから逆に、いまつくってるもののほうがロサンゼルスの町のなかではナチュラルです。モダンリビングのほうがリッチで、何かかけ離れてる感じがして、すごく頑張って近代化を図ったというか、そんなアメリカに改めて気がついた。

植田 フランク・ゲーリーのような住宅でさえも、町のなかにある無名の家のイメージをそのまま使っているようですね。

長谷川 そうなの。その意味で、軽くてバラック的な建築というのもそんなに異形なるものでもなかった。広々と平屋がワンワン繋がってスプロールして、田舎っぽい広い都市でしょ。だから落ち着くね。

植田 長谷川さんの住宅も、一見異形に見えるけど、実際に訪ねて行ってみると、周りの環境と一体になってるという感じでしょう。そういう点でも共感するところがあったんでしょうね。

長谷川 サンフランシスコは建築が建ち並んでて、ヨーロッパ的な立派でインテリっぽい町でしょう。ファサードが面白おかしく建ってる建築的な町。ロスと対照的です。

植田 長谷川さんの講演は大人気だったでしょう。

長谷川 東京の住宅の歴史を少ししゃべって、そのなかで自分の位置もしゃべってというアプローチをして、自分の住宅から発想して、今度の〈湘南台〉も住宅の延長でつくってることもわかってもらうようにストーリーをつくって行ったの。学長のレイモンド・キャピー[1]さんが奥さんと一番前で聴いてましてね。学長があんなに喜んだのは見たことないとみんなが言ってたけど。日本の建築家が話すことは抽象的でよくわからないところがあるけど、あなたはわかり易く語ってくれてとてもよかったって言って下さって。その点は好評でした。

アメリカに何かを学びに行くとか、そういうことじゃないのね。日本というのは全然違うと私は思い込んでるところがあるけど、外国に行くのは自分のやってることを確認しに行くようなものだから、わかってもらい、反応を得たほうがいいと思うのね。

植田 建築を社会とか生活に端的に結びつけて語っていかないと、むこうの人は納得しないんじゃないかな。長谷川さんの設計コメントは、その意味でも明快ですね。アメリカではよく理解できる建築家として迎えられたんじゃないかな。

長谷川 東京は四十年ぐらい前に大地震があって、バラックからつくりだして、どこでも道

▼1…Ray Kappe（一九二七－）建築家。南カリフォルニア建築大学（SCI-Arc）初代学長

路が狭くて……と、今和次郎先生が書いてるように、アジアではハットが出発だというのがあるでしょう。それを改善していって、また戦争になって焼野原になると、もう一度バラックを建て直して改善しながらやっていく。そういう継続のなかにあるわけで、ヨーロッパ的な四角な箱に押し詰めてしまうモダンさって、普通の人が引き受けられるものではなかったと思う。

植田 最近、長谷川さんが書かれてることで印象的なのは、都市からさらに進んで自然を背後にもってきている。この間バリ島へ行って楽しかったという話を雑誌に書かれていたでしょう。長谷川さんの花や草のスケッチは初めて見たけど、実に感じが出てた。未来の原風景という言葉をよく使われていますね。

長谷川 そうね。東京のなかでも見つけられそうな気はするのよね。

植田 ただの自然ではない、原風景。

長谷川 なまなましい自然が手に入ることはないから、意識的に拾い上げたり、つくっていく以外にない。

植田 長谷川さんはずっと以前から自然に向かって心を開いているところがありますね。もっと具体的には海だ、と、いつかぼくも書いたことがあるけれど。

長谷川 近代が欠いてきた自然と改めて向かい合い、問題にしていくことが私のポストモダンと考えている。形をつくるとか、そういうことを競うよりも、もう少しレベルの違うことをやっていきたいんです。

日本では若い夫婦などに会うと、みんな自分の家を獲得できないことで悩んでいるわけですね。そういう現実を知りながら小住宅をやってると、建築家の役割ってなんだろうって考えさせられる。普通の人が困ってる、住むためのコンセプトというのを考えてあげてきたんだろうかと思う。いま普通の人たちが家を買うことのなかで確実なものなんかなんにもなくて、住むということのコンセプトなんか得られないでいる人ばっかりだと思うの。そういうことについてちゃんと提案してきたんだろうかという疑問がある。

植田 藤沢のコンペティションの案は、住宅じゃないけど、住宅のなかで考えてこられたことが一番強い形で出てきたように思いますね。

長谷川 そうですね。私が学生のときも、そのあと五年くらい勤めたときも大きな建築が主流になってて、社会的にも意味を持ってたわけです。でも私にはちっともその意味がわからなかったみたいなとこがあってね。それで自分に合うスケールの住宅に取り組んだ。大きな建築をやっていても、何か抽象的でリアリティもないし、仕事としてやってるんだったら面白くない。建築が本当に面白く思えたときは続けようと思って、本気で住宅に取り組んだ。

友だちの家なんかつくってたから、厳しいものでね。そういうシビアなところで、建築って面白いんだなって感じちゃった。もし大きな建築をやってても、その延長でしかないと考えた。町をすべて幾何学的なキューブに入れ込んで、その形でオフィスビルも、寝泊りするホテルも、アパートもみんなつくられてきている。民家からずっと続いてる住宅のありようというかつくり方が、どこかで排除されてきている。

住宅というのは、人がほんとに生きていく問題が絡まっているから、人間を表に立てる部分で、人がいる場ですね。その住宅の延長で、都市のオフィスビルも何もかもできたら、それこそ全部人がいる場で埋まるっていう感じがする。排除してきたものでこそ全部埋めつくすべきだという感じがあるわけね。

〈眉山ホール〉でも、どうしても小さな屋根を掛けようと思ったわけです。大きな屋根なんか掛けないぞとか、フラットルーフもだめだぞ、とかひどくこだわってたのね。〈NCハウス〉だって、大勢住んでるから屋根をいっぱいつけるんだ、とかいって頑張ったりしたんです。人がいる場所の延長で全部覆いかぶせて欲しいものだとだんだん思うようになって、みんな小さなスケールのものに置き換えてるようなところがあるわけ。

植田　小さな家がすべて、空に開かれてるということは、大きな屋根の下にある部屋とは全然違いますね。〈眉山ホール〉は、どちらといえば不整合な形をしてて、行って見ないと本当にはわかんないし、外部に対して開かれた使われ方をしていることを知らないと、いまの時代状況に合わせて新しい形をつくったように思う人が多いかもしれない。〈眉山ホール〉を見ると、今度のコンペの最終的な出来具合のリアリティを感じますね。

長谷川　私はいま、大きな建築のデザインをするのに、いろいろな立派な建築をつくる方法はあると思うけど、形を競って、お金をかけて大きな建築をつくると、自分が一人の市民としてすごく攻撃を受ける時代がきそうな気がしてるわけ。そういうことには参加したくないわけ。

　だから〈湘南台文化センター〉の計画案では、子どもたちの玩具の病院とかグリーン・アドバイザーとか、子どもが遊戯に参加するところはうえに出てるんだけど、展示場は意図的に地下に埋めてあるわけ。市民センターと一緒に。とかく公共建築は外観だけしかない建築が多いと思うのね。使う人たちは中身が欲しいわけなのに。それには建築家は参加しない。建築家のつくった思想とも建築そのものともまったく関係ない人たちに依頼して、その専門の業者につくらせてしまう。そういう感じで、建築が持ってる役割がわからなくなるんです。

　外観はモニュメントとして、見るためのものだけなんです。私は地下に埋めることで地上は公園のように開放し、そして外観をつくることをやめて、その部分はインテリアを充実させた空間にしたいと思ったの。

植田 普通の建築家だったら、やることがなくなってしまう。

長谷川 地上に出てる部分でも、最終的には無名なものでいいのかもしれないスタイルになるんじゃないかと思います。建築家という名前さえなく。球儀という無名性に加えて、森の形をした小さな家形の集合なんかも、もしかしたら建築家の名前なんかいらなくて、そのへんにいっぱいあるものが寄せ集まってできてるような、そういう無名性を刻んでる建築かもしれないんですね。

植田 そういう無名性の形態のなかからこそ、建築家のビジョンが浮上してくるべきですね。これからは藤沢の実施で、相当忙しくなられるでしょう。

長谷川 一年間はだめですね。ほかのことはできそうにない。

植田 その傍ら、住宅の仕事はやっていただきたいけれど。

長谷川 それはそうします。住宅はいつでもやってたし。自分の考えるベースだから、いつも一つだけは事務所内で、苦し紛れに考えていたいわけ。そのスケール感がなくなると、みんなおかしくなると思うから。

植田 そのスケールというのは微妙なところで勝負していくわけですね。とくに長谷川さんの住宅は全体が流動的ですね。家のなかに長い距離がとられているとか、居間の脇をどんどん抜けていくような非常に流動的なスペース感があって、それが住まいの本当の形だと思うんだけど、いつも住宅をつくってないとそういう微妙なスケールはなかなかつくり出せない。長谷川さんは、コンクリートがあまり好きじゃないと言われてましたね。それで金属を使うというか、町並みに合わせるために、材料が微妙な働きをしてるような気がす

〈NCハウス〉

る。

長谷川 〈NCハウス〉はコンクリートのうえにアルミのパンチングメタルでパッケージしています。ずっと住宅をやってきたけれど、コンクリートは施主の要求で一度やっただけなの。

それには二つ理由があって、一つは、日本のようにこんな細分化されてる都市を、なかなか壊れそうもないコンクリートでつくってしまうより、住んでる人の歴史と一緒に朽ちてなくなるくらいのほうが都市のためにいいんじゃないか。そんなにガッチリとコンクリートの家に住むことが、日本でどれだけ意味を持つのかと昔から思ってるの。隙間風のある木造の家がそう悪くないと思ってるから、コンクリートの人工的な環境に住むとか、外の音が聞こえないマンションに住むことには恐怖感がある。それだけモダンになってない、田舎出身の女性ですから（笑）。

もう一つは、日本の風土に合うものが自然でよくて、コンクリートの持ってる機能には疑問があるんです。一重というのがまず気になります。洋服を何枚も重ね着するように、壁も重ねた耐熱性のよいもののほうが好きだし、日本の気候に合ってると思う。

とにかく、コンクリートでつくっていく町並みは、どうも日本には合わない。防災とか、不動産の価値みたいなことでコンクリート化していくんだけど、町の様相がコンクリートによって硬質化していくのを避けるためにパンチングメタル一つかぶせると、突然違って見えるというのが私の実感です。タイペイの手づくりの格子みたいに、鉄筋の模様だけでも、コンクリートの硬さを変えてくれるし、金属のメンバーやパンチングメタルでくるむと、視覚的に町並みを変えてくれる作用がありそうな気がするの。鉄などは、溶接してつくる手づくりのよさを感じるのよね。いろいろ新しい合金ができてるけど、金属って案外、

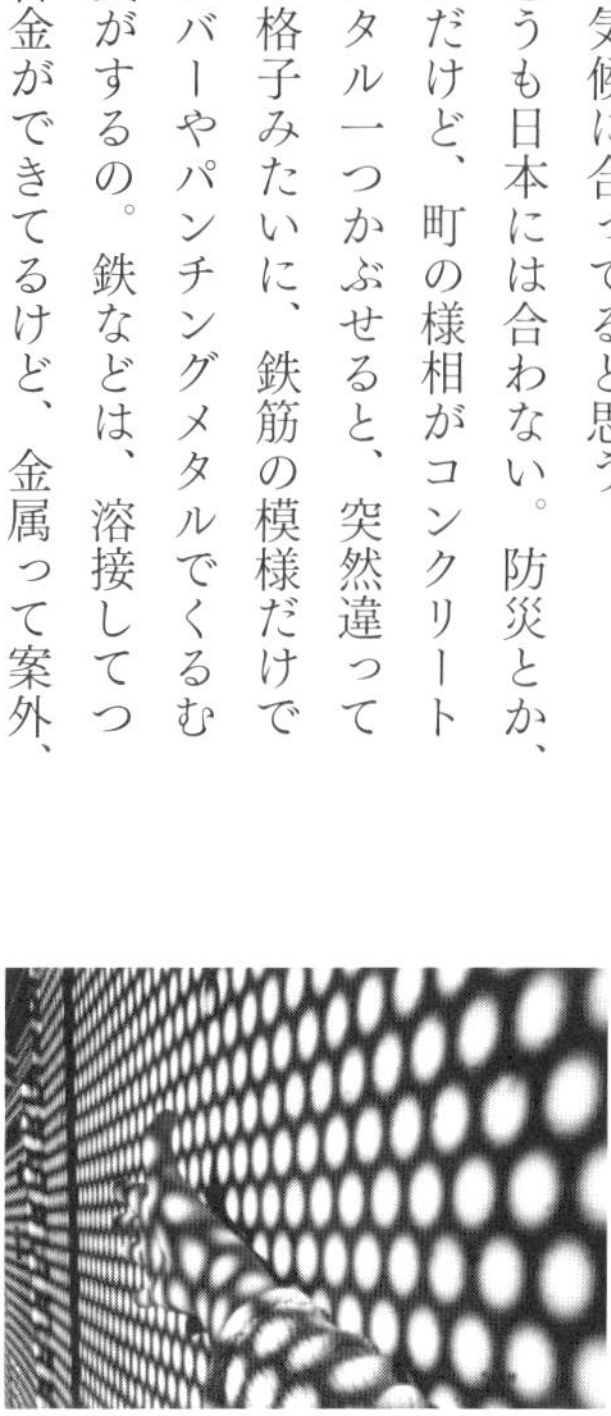

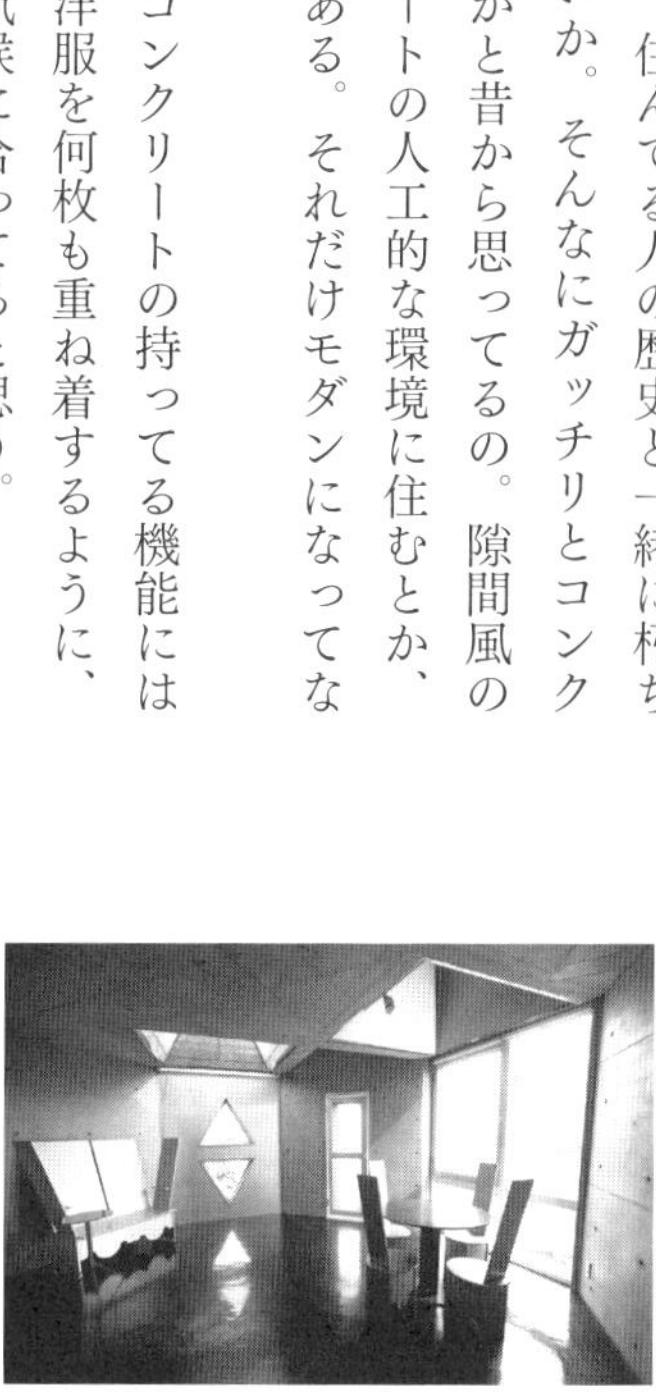

〈NCハウス〉
左：通路部パンチングメタルの光が落ちる　右：室内

軽くてやさしい。どんどん軽くなって、洋服の感覚に近いものができてる。そういうものでパッケージしてったら、建築がやわらかくなりそうな気がする。建築はどうしても物理的な硬さを持ってるけど、それをフワーッと覆うような、布に近くて、耐久性があって、法規に合うような金属が出てくるといいなと思うわけ。

視覚的な面だけでなく、金属の屋根を葺いたりすると、雨が降るとすぐわかるし、風が吹くと音がするし。なつかしそうな音だけど昔の音とは違って、金属音なのね。新しい都市のサウンドという感じで鳴り響いて、なかなかいい。メタリック・サウンドですね。アルミが吸収して変色していくのもきれいだし。金属のほうが新しい環境を演出できて、自然さをつくれるような気がするんです。

植田 いままではコンクリートだったけど、今度はハイテクだから金属だというんじゃなくて、金属が本来持ってるものを全面展開するということなんですね。コンクリートは単一だから、表情を豊かにしようとしても造型的になっちゃう。金属は線材もあるし面材もあるし、パンチングメタルもあるし。

長谷川 ステンレスの薄い網なんてシルクみたい。硬質じゃない、フワッと空気みたいな空間をつくるには、そのへんの材料に期待してるんです。私は積極的に金属を使うから、みんなカチカチの建築のように思ってるらしいの。でも、自分で撮った上手くないスライドを見せると違うもんだから、雑誌に出てるのとはだいぶ違うな、ということになる。実物はやさしいんですよ。実物を見るともっと好きになってもらえるみたい。

植田 一般の人にとって、鉄に対するイメージが限定されてるんですね。

長谷川 私の使い方も悪いのよ。お金かけたような使い方してないから。実に素朴にビスで止めちゃったりするので、硬い感じがするんでしょ。でも、きれいなディテールをつくっておさめると高級ビル化して、突然違うものに見えちゃう。あの手づくり風な、クライアントがいつでもとったりできるような、仮設風なところが大事なんです。

植田 長谷川さんの場合、インテリアもそういうメカニックなものが通ってるかというと、ガラッと違うでしょ。〈伊丹の家〉では、玄関を入るとL字型の食堂と居間があって瓦が敷いてある。日本的な住まいがそのまま置き代わって、土間と縁側と畳がある。

長谷川 あの家がそういう環境のなかにあるわけ。このごろのクライアントは商品住宅が高くて買えなくてくる人たちだから、知識が沢山あって難しい。正方形はローコストだと思い込んでるから、〈伊丹の家〉なんかプランを変えるのなんか大苦労。敷地を上手く使えなかった。

植田 一般の人が、いままでつくられてきた住宅の形に縛られてるんですね。本当は住む人の自由であるべきだと思うけど。そのへんで建築家がこれからやることが沢山あると思いますね。この雑誌（日新製鋼PR誌「ぱろす」）を意識したわけではないんだけれど、金属をほめてもらい過ぎた感じかな（笑）。

長谷川 新しい使い方を考えないと、建築はとんでもないことになるわね。金属は武器もつくるという両面をもってるから……。

〈伊丹の家〉
敷瓦のリビングルーム

・・・住宅設計の延長上にある公共建築

原題「経過報告　湘南台文化センター実施案」「新建築」一九八七年九月号

この実施設計を始めるにあたってスタッフを増やし、それまでの仕事の中心である住宅設計も続けていける体制をつくった。

私はずっと住宅を設計することによって建築を考えてきたが、この大規模な建築もそのような住宅設計の方法の延長線上で設計を進めるためには、それと併行して住宅の仕事も続けるべきだと考えたからである。コンペが終わってから最初にやったことは、市役所や市民の代表の人びとにこの建築のコンセプトを伝えることであり、そこでは相当な理解を得ることができたと思う。しかしその後、市がこの計画の概要を地元で発表すると、長老を中心とする人びとから公民館などの市民のためのスペースを地下部分につくることに対する疑問が示された。これに対して私は市役所の方に住民説明会を開いてもらい、コンペ案をつくるときに集めた地下建築物の資料を持って、直接に地元住民への説明をした。その説明会で次回に地下部分の模型と他の地下建築物の実例の写真の提出を約束してからということもの、市の社会教育課の参加を得て公民館のあり方や規模、プラザの使い方、駐車場のあり方、さらに周辺のまちのあり方などについて次々と協議を繰り返すことになった。

また全体は市民ホールや子ども文化センターなどを含む複合施設であるから、これらの施設の利用団体や観賞団体とも協議を進めることになった。とくに子ども文化センターについては現在各地につくられている同種の施設の問題点を探るうちに、手づくりのものをという方向でその構想づくりの依頼も受け、そして私が主催してアイデアを公募するなど、独自のものをつくるように進めてきた。また二期工事である球形の市民ホールについても、これまでに相当な議論が繰り返されたが、この七月に実施設計に入り、さらに市民との協議を続けることになった。

このように建築の実際の使用者と直接に話し合って計画を進めることは、住宅設計ではいつものことであり、施主と一対一で生き方をぶつけ合う厳しく苦しいものである。それに比べて大勢の人びととのコミニュケーションは当然難しいが、市民が自らバランスのとれた結論を導いてくれるもので厳しくても明るくやれた。このような集会を持つために、市役所内のこの建物の開設準備担当の方々には多くの協力を得てきたし、これからも工事終了までいろいろに援助をお願いしたいと考えている。

住民や市役所の方々との共同作業を続けるなかで一期工事の実施設計を終え、この七月十三日には住民をはじめ多くの人びとに参加して頂いて起工式が行われ、いよいよ工事が始まった。施工者には先行する地下工事と一年遅れで始まる地球儀や小屋根群など、地上部分の工事に対して、当初考えていたように別々の施工図チームを組織するなどの協力を得た。これからは一期工事の監理をするとともに、二期工事の実施設計と子ども文化センターの展示計画を進め出すところである。

実施設計を終えて、私は初めての公共建築の設計をコンペによってできたことは幸いだったと思っている。つまり「地形としての建築」、「新しい自然環境を求めて」というテーマの下に建築を構想し、それに賛同を得たうえで市民との共同作業を行うことができたからこそ、いままでの作業が成功したのだと思うからだ。共同作業というものは各人がそれぞれの立場でその能力を十分に発揮して参加するときに成立するものである。建築家

〈湘南台文化センター〉
模型(実施設計終了時)

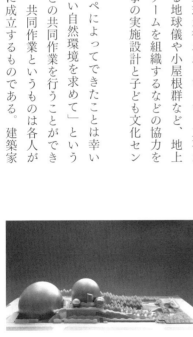

ものコンセプトをしっかり持って参加すべきであるが、それはその建築家個人の作品のためのものではなくそれを共有できるものとしていく過程のなかで、個人が消え建築が無名化するものであってほしいと考えている。

「地方の時代」と呼ばれて十年を経たが、その間、住民参加のまちづくりという地道な仕事が若い人たちを中心に各地で行われてきた。かつての私も「都市への埋め込み作業」のなかで、ひとつずつ住宅をつくっていくことについて「地域に点としての建築を埋め込む作業を繰り返して行くと、点が集まって図、つまりまちづくりにつながりいくような実感を得た」と文章に書いたことがあるが[1]、そのまちづくりの動きも同じように展開して都市計画という巨大な幻想への批判となってきた。そうした動きがあって人びとの目が公共建築にも向けられ始めたなかで、住宅設計の方法を延長した私の公共建築づくりに市民の賛同が得られたのだと思っている。

▼1…「都市への埋め込み作業」『新建築』一九七八年六月号、第四部第三章収録

「第2の自然」としての建築

イギリスのグラスゴーにマスタークラスの学生たちのワークショップの指導を依頼されて滞在したのは昨年の春のことだ。授業が終った後、さわやかな春風を満喫したくて北部を旅行し、中世の石の城の廃墟をたくさん見た。そこに連なる丘陵は牧場地帯で、牧草と石の山々である。廃墟の壁石は石の山に再び還っていくようにくずれかけていた。日本の伝統的建物の土壁や瓦などが土に還るのと同じように見えた。それぞれの土地にある自然素材を組み立ててつくられた建築はそこでの生態系の一部ともいえるもので、土地の歴史や風土そして時間に連続してつながっている。地域の土から掘り出された石によってつくられて残るヨーロッパの都市が数世紀を経て「第2の自然」と呼ぶことのできる景観となっているのを見るとき、私が以前から建築を考えるうえでのテーマとしてきた「第2の自然としての建築」は歴史や風土に関わることで成立しているのだと改めて考えさせられた。十七世紀のヨーロッパは史上最悪の悪天候にみまわれ、飢餓とペストが大流行したうえに戦火や魔女狩りの流血のなかで、自らがつくり上げた文明を乗り越えて誰もが認めざるを得ない共存の形式ともいえる普遍的形式としての近代の原理が生み出された。そして人びとが土離れを計り、都市の人間になるにつれて北欧の石の城も崩壊に向かったのだ。そして人間も生態系の一部として存在するような大地に根ざした空間も、自由な世界観に支えられていた情感の世界も切り捨てられて合理主義精神の追求のみに向かった。この近

「新建築」一九八九年九月号

代精神は、特に日本ではキリスト教文明と切り離され、科学技術を育てる基盤として輸入され、生産性の向上に結びついて浸透し物質文明をつくり出した。大量生産の社会のなかで生み出される物によって次々と私たちの生活が変化していく状況のなかで、微細な差異は解消されて建築も都市も特色が薄れて同質化した。そして大地に根づいた世界を喪失した感覚を人びとがもつに至って、次第に関心が自然なるものへと移行し、非近代的な視線によって人間もまた生と死の間に位置する生態系の一部としての存在に過ぎないことを意識せざるを得なくなった。そのような新しい認識のなかでは、物が独立してあるのではなく自然や宇宙の大きな系のひとつの現象であると受けとめることができる。

　この数年、私は建築の実践として「第2の自然としての建築」というコンセプトを掲げてきた。それは理性によって構築されて他の物質の存在様式から峻別されたものとして建築を考えることから離脱し、共生すべき自然系の様相によって記述され読み取り得るものとして建築をつくることだった。合理主義精神により切り捨てられてきた、豊かであるが半透明の情感の世界や自然が織りなすしなやかな快適なる空間、さらに宇宙の不可思議な調べを聞くための装置を付加して取り込むことなど、新しい自然に満ち溢れた光景を展開していくことである。

〈湘南台文化センター〉は藤沢市による公開のプロポーザルコンペティションで最秀賞に選ばれた案を基に進めた建築で、その第一期の子ども館と公民館の部分がこの七月にオープンした。敷地は小田急線の湘南台駅近くにあり、県道藤沢町田線を隔ててある湘南台公園を背後にひかえた位置で、周辺はビルが建ち始めるなど都市化が進み出している。

　この建築の地上部は一群のシンボルで特徴づけられている。未来的で宇宙的建築のイ

〈湘南台文化センター〉
第一期工事完了。まだシアターの「宇宙儀」はない

メージをもたせたいと考え宇宙儀（シアター）、地球儀（プラネタリウム）、月球儀（大気測定室）、フラードーム（無線室）、という四個の球儀、二・八メートル×二・八メートルの平面形をもち上部が花びらのように開く小屋根群が森のように林立して連なり、地球儀の真下からは水が湧き出してせせらぎとなって池に注ぐ。プラザはパンチングメタルの日除け棚、ステンドグラスをちりばめたパーゴラ、からくり時計の樹、光と風の樹などの装置が配置され、構成されている。さらに屋上には小屋根群の間や地球儀や宇宙儀のまわりを回遊する散策路を巡らせた。そこには約二百種の植物を植え込み、風や光や音の装置と共に四季の変化を演出する空中庭園ともいえる空間が展開する。外観は土のイメージをもたせるように土壁風色調の仕上げで、柱状節理を想わせるランダムなリブ付壁にしっくいを重ねたり、数種類の諧調のはつりを施してある。このように、自然のなかにある豊穣な様相をここに実現させたいと考えた。また全体ヴォリュームの約七〇％が近代建築的な箱型として地下に埋設されている。このような全体構成に対して地表レベルを甲板と見たてて「小宇宙を載せた船」というテーマで構造設計は進められた。都市の公共建築がどうあるべきかという課題のなかで、誰もが立ち寄る境界線のあいまいな場所づくりを考えていた初期の段階から、初源的な野原のようなイメージがあった。ところが機能的な内容が大き過ぎ、ビルディング的扱いが必要な部分を地下に埋め、より濃密で特色のあるインテリアを有する建築とするように考えた。四方を道路で囲まれた敷地に建つ公共建築の外壁は、内部から生ずる必然性で決定される以上の特徴的な表現が付与されなければならないが、建物の大半を地下に埋めたこともこれに役立った。そのための地下の工事では大量の土の搬出や構造的問題の高度な解決技術を要したが、地下内部の計画では外観を考えずに内部だけの要因によって利用者への自在な機能的な対応が可能であった。原初的住居や洞窟的な瞑想空間

〈湘南台文化センター〉
広場のせせらぎと装置

に通じる地下空間が地上の部分と差異づけられて、また第二の地表としてのサンクンガーデンと連続することにより大地に抱かれるような感覚をもつ空間が内包されているのである。庭園の思想のなかには、工学を駆使して人工と自然の調和を計り宇宙の縮図を描く視点があるが、この建築では高い技術を必要とする地下構築物のうえに載せられた庭園の思想と通じ合う建築の実現をめざしてきたのである。

・・・インタビュー

「第2の自然」を共有する

対話しながら実施設計を進める

「新建築」一九八九年九月号、聞き手＝「新建築」編集部

──〈藤沢市湘南台文化センター〉一期工事が完成し先日オープンしましたが、反響はいかがですか？

私をはじめとして役所の人にとっても想像を絶する風景が、子どもたちによって繰り広げられています。たとえば、子どもたちがせせらぎで泳いだり、橋の下を潜ったりして遊んでいるのですが、せせらぎはプールとしてつくったわけではありませんから浄化をしているわけではないし、あの橋はくぐるようなディテールになっていないんですよ。お母さんたちに、雨水も入ってくるし濾過がされてないから泳がせないほうがいいんじゃないかというと、お母さん方は川よりきれいだからかまわない、子どもたちはその冒険が楽しいのだからいいのだというのです。そして、お父さんもお母さんも気持ちがよいといって池のなかを歩くんです。藤沢のまちにも川はあるのですが、水害など防災上の理由で床も土手もコンクリートで固められていて子どもたちが遊ぶ所ではなくなっているんですね。子どもたちは地上の回遊庭園を山登りするように駆けめぐったり、地層仕上げとして壁や床に埋め込んだ小石やガラス玉を掘り出すゲームなどをして、私がテーマとした「第2の自然」をまったく自然そのものとして受け取っているのです。私自身は「第2の自然」というコンセプトはまだ抽象的なものとしてしか伝わらないだろうと思っていたのです。都市

というのはいま、それほど貧しくなってしまったのか、あるいは子どもたちが元気なのか、これほど子どもたちが歓喜して使おうとは、想像以上のことなので関係者一同びっくりしているのです。

オープンする数日前の夜、完成が遅れていたからくり時計の樹が強烈な光に染まりながら夜空で動き出したとき、くつろいだ姿の近隣の人びとがどこからともなく集まってきて、まるで花火大会でもやっているような雰囲気でした。この敷地はずっと野っ原で盆踊りなどに利用されてきたと聞いていますが、この建物に自然にまちの人びとが集まってくる様子を見ていると、皆、無意識のうちに昔の記憶を重ねているように感じられました。プラザは、西欧の都市空間のように周りから「眺める」ための囲われた広場ではなく、アジアの世界が保持してきた「縁日」や「盛り場」のような参加型の空間にしたいとずっと考えてきました。どうやら、遊び、そして演じる場としての公共建築が実現できたのではと思っているのですが……。

――〈湘南台文化センター〉は公開設計競技によって選ばれたわけですが、そのときに「地形としての建築」がテーマだとおっしゃっていましたね。

ええ。〈湘南台文化センター〉は子ども館・公民館・市民シアターからなる複合施設で、この複合性がコンペに参加したときの私にとってもっとも魅力的なことでした。それは、いままでの公共建築が目的指向的に計画されてきたことに対して、私自身は、特にこのような文化施設は人びとが何気なく立ち寄ることのできる場でありたいと以前から考えてきたからです。コンペ案の設計主旨でも、公共性が本来の目的を果たすためには子どもから高齢者まで、女も男も身体障害者も健常者も、さまざまな人格に対応できる具体性を備えた場所にしなければならない。そのためには建築を単体としてつくるのではなく、ひとつの複合体として特色のある場所づくりをしなければならないと書きました。この特色ある場所は複数の出来事を引き受ける流動する多様体であり、内に世界、そして宇宙を内蔵するものでありたい、とも思っていました。非近代化への眼差しと共に人びとの関心が自然主義に移ってきている状況のなかで、〈湘南台文化センター〉では建築的高技術的なディテールによって自然と宇宙を描写し、自然のイメージを建築化することで、民俗的思考やエコロジーとの結びつきを取り込みたいと考えてきました。しかし、振り返ってみると、初期のイメージを持続させ、実現させるということはこうした公共建築ではなかなか大変な仕事でした。

――長谷川さんは、この建築を市民と対話しながらつくってきたということを強調してこられましたね。

ええ、お母さん方は広場やせせらぎがどんなふうにできるかを集会で知り、完成したら子どもをそこへ連れて行って水のなかで遊ばせようと決めていたんですね。対話を通じてイメージがすでに成立していたんです。建築家がコンセプチュアルに考えていた「第2の自然」を何度も聞いているうちに市民たちは非常に身近なものとして理解していた。子どもたちが私に、「長谷川さんて建築家だろ、コンペで入ったんだってね」というくらい情報を知っていて、「どうやって地球儀をつくったのか」と質問しに来たりしながら、子どもたちも完成する前から遊び方をいろいろ考えていたようです。

――市民と対話を始めたそもそものきっかけは何だったのですか?

〈湘南台文化センター〉が建っている敷地は二十年前に区画整理でできた土地で、もともと自分たちの土地だと思っている七十代、八十代の高齢者たちが、どんなものができるかすごく期待していたのです。ところがコンペ案を見て、彼らが昔話をしに行くつもりの公民館が地下にあるとは何事だということになりました。「お前さんは戦後の人間で防空壕というのを知らないだろう。こんな地下の案は認められない」と腰に手を当てて怒って言うんです。それは大変な剣幕でした。

そこで市は、地上レベルにある庭園を屋上庭園とするのはダメか、法規的には大丈夫だからコンペ案で地下に入っている部分を全部地上に出しましょうよというんですね。地上に出てくるヴォリュームや高さを抑えて、地上部は一群のシンボルとして球儀や小屋根群だけを出した庭園的建築というのが私のテーマでしたから、市の提案は私には信じがたいことで、それではコンペ案とはまったく違うイメージのものになってしまうからつくらないほうがいい、公共建築をコンペで決めて、それが市民に受け入れられなかったなら、そのためにつくれなかったというのでもいいんじゃないかといったんです。そのとき私はもう実現することはないと思ったくらいです。そうしたら市は、建築家のイメージをぼくらが間接的に伝えてもだめだ、市民に直かに伝えるチャンスをつくるからやってみるかというから、もちろんやりますよ、住宅をやっているときはいつでも施主とダイレクトに話してきているんですから、ということになったのです。

――初めのころの集会の様子はどんなでしたか?

市が主催した最初の集会では、建築家という存在そのものが非常に攻撃されました。建築家のイメージがこれほど悪いのかと思うほど、「建築家批判論」から始まりました。そのとき私は、建築家というスペシャリストは、これまでは大上段に構えていて、市民のなかに入っていかないことによって成り立っていたんだということがつくづくわかりました。

一方、私がそのような集会を開いていることに対する建築家の側からの批判というものもたくさんありました。公共建築の設計の経験のある先輩方からは、コンペ案を実現した

〈湘南台文化センター〉
地下の体育館。サンクンガーデンから光が入る

かったら集会をやめて、ある程度の権威をもって臨んだほうがいいのでは、という忠告もよくいただきました。しかし、市民との集会が動き出していましたし、このやり方はこれ一回限りの方法で一般性をもたないかもしれないけれど、とにかく自分で考えていたことを押し通してみることにしたのです。いま改めて振り返ってみると、結局会話の場は私が求めていたんですね。

私はこれまで恵まれた仕事をしてきたわけではなく、低コストで土地も狭いという最悪な条件のものをいつでも施主と共同作業でつくってきたという感じがあります。作品をつくろうとすることよりも、一番底辺にある生きざまをぶつけ合ってやってきた結果が作品となったわけです。ところが、コンペの場合はコンセプトのはっきりした作品が初めからあるのです。このコンペ案では、長年、公共建築に対してこういう提案をしたいという自分の夢を描いたのです。入ったらそのとおりつくるというのがコンペなんだと思いましたが、果たしてそのとおりいくのかどうか、初めから自分でも半信半疑でした。

ですから地下建築に対して反対が起こったとき、藤沢ってどんなまちなんだろうと思って演劇の関係の女性を紹介されて突然訪ねたんです。偶然その人が市議会議員で、私が話すことをよく聞いて下さった。そのときに、このまちの社会教育が非常に進んでいることを知り、市民との対話を進めてみたいと考えるようになったのです。その時分から意見交換をやらないと建築が成立しないと自分で考え始めていたんですね。私が自然に求めてやり始めた対話の場に、思い掛けず乗ってくれる人が現れてきたんです。

理想を共有していくエキサイティングな経験

——集会を通じてコンペ案は変更されたのですか？

面積的な再確認が多方面から行われました。たとえばプラネタリウムと市民ホールの収容人数が増えて地球儀が三・五メートル、市民ホールは二・五メートル直径が広がってふとっちょの球になりました。あとは一階から四階にまたがっていた子ども文化センターを展示計画や将来性を考慮してひとつにまとめたこと、市民センターにロビーやギャラリーを併設させたこと、地下のサンクンガーデンを広げて段々畑状の植栽を導入したことなどが市民との意見交換で変更された主な点です。

対話集会を総括すれば、私は建築的イメージを豊かに広げていくために話合いを活用したし、市民は自分たちの使う建物のイメージを獲得するために活用したという感じで、けっして最初にあったコンペ案をみんなで壊そうとか、一緒に設計し直そうなんていう意識はありませんでした。とにかく地下の公民館、ドーム型のシアターは大きな問題で、私はそれらをわかってもらうまではつくってはいけないんじゃないかなという気持ちで議論しました。市民にとっても、ある提案に対してひとりが反対でももうひとりは賛成だったりするわけですから、大勢の人がいればいろんな意見があり、いろんな生き方をしている人がいるんだということをお互い確め合い、そしてこの建築のコンセプトを知ることによって自分たちの世界を見直すというのが集会の役割でした。ですから基本的な案はコンペとまったく変わらないわけです。

地下空間については彼らの疑問に答えるために考えていくうちに、自分でもイメージがもっと豊かになりました。当初はドライエリアは単純に断層をイメージして切り立った壁でいいと思っていたのですが、もうひとつ地表面をつくるんだ、要するに第二の地表だと考えるようになり、地下一〇メートルにおける快適さをテーマにして、それに適した植物を探したり、植栽計画やデザインを積極的にしていったのです。最初は、植栽部分は単に眺める庭園ではなく、人間の生態系の一部として身体参加できる農園のようなものでありたい、と果実のなる木などを植えることを考えていたのですが、意見交換しているうちに、管理上の問題からたぶん普通の低木に変更しなければならないけれども、せめて野山のように二百種くらいの混植の庭園をつくりたいと思って提案したところ、地元の農協の会長さんが積極的にそうしたらよいと発言して下さり、さらに市の緑課の課長さんも大いに援助して下さることになり、良い方向に実現することになりました。

こういう交流は利用者が直接に身体参加する空間を真剣に考えることであり、建築空間を見るものから参加するものにしていく準備段階として、建築のコンセプトを伝達し共有していくためのチャンスだったといえますね。私も、この地域の歴史を知るだけでなく、人びとがこのまちの環境のなかで何に生きがいを見出しているのかを実感することができました。

——集会を続けていくのは建築家にとっては大変なエネルギーを必要とする作業でしたね。

七人のスタッフ全員が図面書きをし、私は話合いの場に出ることで一年明け暮れましたからね。その集会のための部分模型づくりもたいへんでした。

——子ども館のなかに広くて立派なワークショップの大空間がありますが、どのような経緯で実現したのですか。

以前からアメリカやヨーロッパを訪れるたびに、チルドレン・ミュージアムを見歩いていたのですが、ワークショップのコーナーで、お父さんと子どもたちが電気器具を分解していたり、皆で怪獣をつくっていたり、その生き生きとした様子に感動したものですから、展示室を減らしてでもこの自由に活動する場所をつくりたいと考えていました。

その結果できたものなのですが、でも最初外国で見てイメージしていた自由工房のよう

〈湘南台文化センター〉
広場入り口部の植栽

なものではなく、いろいろな研究者に会い、実行している内容を訪ね歩いていくうちに、もっと大きなテーマをダイナミックに展開していける可能性を知りました。次々に発想できるようにしたいと考え、だんだん間仕切りが少なくなり、ガランドウ化していったのです。しかし、いままでにないものですから、なぜそんな部屋を設けるのかということを説明しないといけないわけですよ。そうすると、ワークショップができたらこんなことを手伝いたいという人が出てくるんです。魚のおろし方を教えたいとか、隣に住んでいるインド人にパンを焼いてもらいたい、おじいさんは昔話をしに来たいとか、どんどんイメージが広がって大人も参加しようとするんです。ワークショップでは私が最初もっていたイメージが対話を通じてすごく広がりましたね。

——子ども館の展示もユニークですね。

展示計画も私の事務所でやったんですよ。日本の工業化社会の影響でしょうか、子どものための施設が科学館としてつくられるケースが多いのですが、ここでは多様な世界を表現する子ども文化センターにしたいという方針で展示設計をスタートさせました。通常の科学館や博物館では、展示物はガラスケースに納められていたり、単なる映像であったりして私たちはおとなしくそれを見ているだけというのが一般的な光景です。そこには一見何の不自然さもないように思われますが、よく考えてみると、極めて特殊な一方的な関係なのではないでしょうか。それは子どもたちに、世界は変えたりつくったりするものではなく、すでにでき上がっていて与えられるものなんだという無力感を植えつけることにもなりかねないのです。従来の科学館や博物館が暗黙のうちにとらわれている視覚偏重の文化の枠組みから逃れて、子どもたちが自分たちの力で何かをつくり出していけるような創造的な場を実現したいと思いました。

〈湘南台文化センター〉
子ども館(左ページも)

――住宅設計における施主との対話と市民との集会の相違点はどんなところでしたか？

住宅の設計の場合、一家族と建築家という一対一の非常に厳しい会話になるんですね。その点、公共の建築の場合は、いろいろな生き方をしている人たちと一緒に生きていることを知るのです。そして、次第に共有できる了解事項が増えてくるというエキサイティングな面があるんです。ですから私はそういう雰囲気に乗って設計にフィードバックしていけたように思います。

最初はそれぞれ自分の立場からものをいうわけです。たとえば、商店街の人は駐車場は大きいほうがいいというし、住宅街の人たちは人や車が増えると困るという。利害関係というのは実にいろいろあるわけですね。建築って一体なんだという議論もしなければならない。たとえば、市内の画家のひとりから、もはや現代人は普通のビルディング、特色を失った地域性、表現すべきものを見出せなくなった状態になれっこになってきている。なぜいま、こうした特異な形の建築をつくるのか、もはや必要ないのではないかという意見が出されました。これに対して私は、確かにインターナショナリズムや中央集権から脱却し、新地方主義が提唱されてきたものの、結局日本の工業社会は地方文化を見出せないままきてしまった。守るに足るものの存在を失っているなかではあるが、私はこの工業社会をベースに、とりあえず失ってしまった自然に対する敬虔さをもって農業社会的に肉体化された文化をつくりあげたい。それをアクティブに謳い上げていくことを強く考えているということを話しました。結論の出ない会話を続けていくうちに「建築家って長谷川さんみたいなタイプもいるのか」とその画家が最後に言ったんですね。「これだけ熱心に答えてくれたんだから、いまさら箱をつくれといってもしかたがない」というわけです。しかし、それはけっしてお互いが相手の主張を認めたわけではなくて、その人と私のように思

想が根本的に違っているときには、「それだけいろいろ考えてあるならば」というところで納得する以外ないんですね。こうしてお互いを認め合っていく過程はエキサイティングであり、ドラマティックで楽しく、どさくさに紛れてつくるよりも気分のいいものでした。

まちづくりというのはまさに対話なんですね。公共建築はこれまで利用者に対して開いていかないで、どうも建築単独の問題としてつくり過ぎてきた。まちづくりをやっている建築家たちから見たら、市民との対話という経過を経ないでつくられる公共建築というのは異様なものだと知りました。〈湘南台文化センター〉は、利用者と意見交換している過程で建築が本来プロテクトとしてもっていた境界が消えたんだと思うんですね。建築というのはあまりにも強い境界線をつくり過ぎてきましたね。公共建築は環境の一部としてあるんだと思うのです。

——市民社会が成熟してきているのに、建築的にはその成果を挙げてきているものがまだ少ないということですか。

市長さんと会話してつくった建築はあるけれど、市民と意見交換して、という例は稀ですね。しかし、実際に使用する人間と対話しないと、建築家が考えているコンセプトを豊かにすることはできませんね。

技術のプロだけでは新しい建築はできない

——工事段階での苦労はどうでしたか?

設計図を書き上げるまでは事務所中一年間この仕事しかしないと割り切ってやりましたから、スタートはたいへんだったとはいえ設計までは理想的だったと思うのですが、現場に入ってからはそうはいきませんでした。五〇％近くできて工事部分が地上に現れるころ、検査官が来て、「こんなに複雑な建築をつくって、変更ゼロですか」とおっしゃるので、「変更できないというこの状況が建築家にとってこれほど苦痛だとは考えてもみませんでした」と答えたことがありました。一切図面を変更してはならない、それでしかこの複雑な工事は完了しないと市側の監理関係者が決定し、技術的なこと以外は設計者と会話しないという状況で建設が進んでいったんです。

こうした現場では、当然技術が最優先され、技術的に優れた人が優秀であると判断されるのですね。私たちのように、技術のみでなく、さまざまな方向からコミュニケーションすることのなかで建築を考えたいと思っている者は、ここではアマチュアになってしまうのです。私は、空間を時には音楽や数学としてとらえ、演劇についても植物や昆虫のことについても語り合って建築をつくりたい。そういう、さまざまに展開していく空間をつくっているということを現場で確認し合うことが、このような質の建築には必要だと考えていました。私とスタッフは、そのずれをただただ思うばかりでした。昼は感情を抑え、夜になると建築の根本的な在り方について議論し合い、現場事務所で朝を迎えたことが何度あったかわかりません。

——しっくい壁や瓦のプラザなど、難しい工事も多かったのではないですか?

たとえば、球をつくっている鉄板の大きさはコンピュータで計算して出すわけですけれども、三次元に曲げるときには完全に訓練された職人の勘で、しかも、ものすごいスピードで鉄板を叩いて曲面をつくっていく。あとでそれを測量するときちっといっているんですね。タンカーなどを製作する鉄工所に行って実際に見せてもらったんですが、人間の運動そのもので形ができていくのを見て驚きました。日本の技術水準が高いというけれども、それでも人間の勘のようなものがそれを支えているんですね。

〈湘南台文化センター〉
地球儀

この建築は地域に根ざすということで土のイメージが重要でしたから左官屋さんに設計図を出していたのですが、公共建築に土の壁は機能的にだめだ、コストが合わない、職人がいない、施工時間もないといわれました。でもどうしてもプラスターにはしたくなかったので、友人の久住章さんに安く早くつくる指導をしてもらおうと来てもらったのです。そうしたら彼は見兼ねて、自分でやり出してしまったのです。彼も四百平方メートル以上ある大きな壁は経験がないといっていたのですが、施工会社が三ヶ月はかかるだろうといっていた壁を三週間でやってしまいました。大きな足場を組んで、小さなコテで塗っていく。コンピュータゲームのなかの人間みたいに動いて大変なスピードなんですね。図面に「江ノ島海岸仕上げ」っていう壁があって、私は貝殻屋さんからきれいな貝殻を買っておいたんです。そうすると彼は藤沢の海岸を見に行って、「違う。藤沢の海岸は雲母が流れ着いていて、それに沿って人が食べたらしい貝殻のかすがたくさんあった。こんな美しいポリネシアの貝殻は藤沢の貝殻じゃない」って言うんです。それで毎朝、「今日の分」とか言ってみんなで貝殻を海岸まで拾いに行ってきちゃう。そういうことも久住さんと私たちの会話が成り立っているから、できるんですよね。

せせらぎの瓦を積むのでも、パソコンを使って大変な図面を描いたのですが、どうやって積むのだろうと困り果てていたんです。そうしたら大阪の職人さんがきて、やってやるというわけです。施工会社では一ヶ月はかかるといっていた仕事をうちのスタッフふたりと三人で一週間でやってしまいました。ですから組み方が荒いんですよ。でもとにかく難しいのですから、時間が十分にあってていねいにゆっくりやってもうまく組めたかどうか疑問ですね。図面はコンピュータで描いても、つくるというのは直感力のようなもので、別の能力なんです。球をつくるとか、瓦を配筋してブロックのように積むとか、しっくい

〈湘南台文化センター〉
左官仕上げの部分

で大壁画を塗るとか、いままでにやったことのないことに対して、人間というのは大変な集中力と感性でつくり上げるんです。この〈湘南台文化センター〉にはこうした職人さんたちにつくってもらった半デジタルでアナログなものと、デジタルなものが同時に配置され自然に共存しているんです。

ランドスケープ・アーキテクチャーの時代

——今回のような規模の建築は初めてだと思いますが、醍醐味というのはいかがでしたか?

私は住宅とかクリニックをつくってきたという経験しかなかったのですが、住宅をつくるときのやり方をどんな建築にも置き換えられるという自信があって自分の建築観を通してきたわけです。しかし、住宅をやっているときにはディテールの隅々から全体像までひとりの建築家が把握していて、それを職人に伝えていくというやり方でいけるのですが、ある規模を越えるとさまざまなところでそれだけでは済まない問題が出てくるわけです。複雑なものをつくるにはプロデューサーのような役割が必要になってきますね。単純な建築で多様な価値観をもっている市民を迎え入れることが可能かというと、近代的な建築は貧しく見えてきて、そうではない何かが求められ出していると思います。これからの公共建築は〈湘南台〉よりもっと内容的に複雑なものになるのではないでしょうか。複雑さによっていろんな人に受け入れられる建築のあり方が日本の都市にはあるんじゃないかと思うのです。日本の盛り場とか繁華街のように複雑な中間エリアを舞台装置のようにしていろんな人がパフォーマンスを演じることができる空間が、これから大きな規模の建築に必要だと思うのです。しかし、設計する側が変わらないとそういう複雑な空間はつくれないですね。〈湘南台文化センター〉の大きさは住宅のやり方の延長でできるリミットで、今

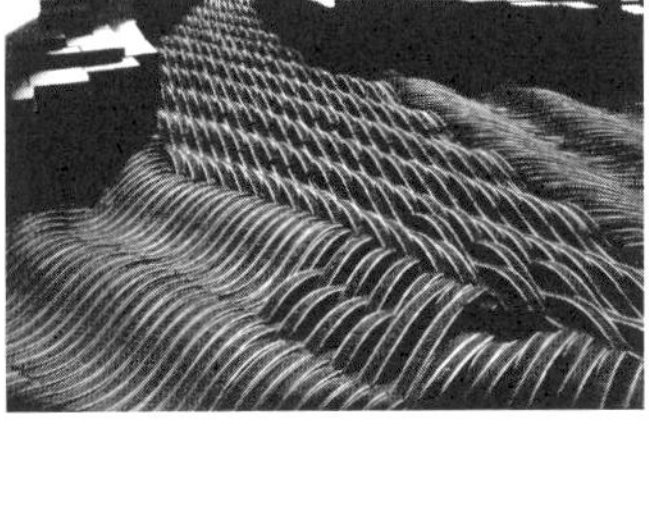

〈湘南台文化センター〉
瓦を積み上げたせせらぎ

後これ以上の規模の建築をやるとしたら、優秀なプロデューサーとして建築を考えたいですね。その場合には、広い世界でコミュニケーションができる人たちと一緒でないと建築はつくれないでしょうね。そういう時代になってきているんだと思います。

――次はどんな仕事をやりたいですか。

〈湘南台文化センター〉の庭園的な空間は子どもたちやお母さんに本物の自然に接しているごとく使われているのですが、振り返ってまちを見るとそういう冒険ができて楽しい空間がないんですね。それは日本のまちにランドスケープ・アーキテクチャーが少ないせいじゃないかと思うんです。私は、ランドスケープ・アーキテクトあるいはエコロジカル・アーキテクトに変身したいな、とつくづく思いましたね。私は住宅の仕事をしてきましたが、ランドスケープの貧しさというのは建築を豊かに見せないんです。もしランドスケープの部分がちゃんとできていると、日本の建築はもっとよく見えるんです。そうすれば住空間の質の向上にも貢献できると実感しました。

〈湘南台文化センター〉はランドスケープ・アーキテクチャーですよ。これからは建築もランドスケープですね。まちのなかのランドスケープを直してつくり上げていく建築家になりたいなと思いますね。

・・・インタビュー

「私の作品」から「市民の建築」へ

日経アーキテクチュア編『建築家であること』日経BP社、二〇〇三年。初出は「初めての公共建築で変わった建築観」「日経アーキテクチュア」一九九〇年十二月二十四日号。聞き手＝同編集長久留宮金一

初めての公共建築で変わった建築観

――〈湘南台文化センター〉（以下、センターと略称）のプロポーザルコンペの結果が明らかになってから五年ぶりに、ようやく全体が完成したわけですね。このプロジェクトというのは長谷川さんにとって、初の公共建築だったこと、「第2の自然としての建築」という持論をこの建築で実証されたこと、さらに市民とのコミュニケーションを非常に濃密にやられたことなど、いろいろな意味でエポックメーキングなプロジェクトではなかったかと思うのです。建物の完成を機に、その経過をここで振り返っていただければ、と思います。

コンペ以前の私はかなり時間をかけて建築の設計をしていました。例えば、〈徳丸小児科〉や〈不知火病院〉は三年くらいかけていて、住宅でも一年くらいかけるのが普通でした。ところが、このセンターのコンペ案は、一ヶ月くらいでやったのです。そのために私の気分のなかでは、与えられた資料のままに自分の主観で描いたこの案をそのままつくっていいのか、というひっかかりもあったのです。

センターは子ども館と公民館と市民シアターとの三つの機能から成り立っているのですが、公民館は地元の人たちが使うものなので、藤沢市の葉山（峻）市長さんがコンペの結果を敷地周辺の住民の方々に説明に行ったのですが、そのときに相当な反対が起こったそうなんです。それで、コンペに通って市のトップの方々に初めてご挨拶したときに、こう

申し上げたんです。

「いままでの類似施設と比べれば目立つ建築であることは確かだけれども、でき上がったときにこの建築が目立ち過ぎるとだけ言われるのは、私にとって本意ではない。都市化が雑然とした形で進行している敷地周辺の環境のなかでこのセンターのデザインはどうあるべきか、そしてなぜ建物の多くを地下に埋め込んであるか、建築のコンセプトを伝達したい。造形性よりも、建築のなかのソフトの部分や使う人たちが魅力的であればと期待している。だから、クライアントよりも、この建物を利用するであろう人たちに、私の案の感想を聞いてみたい。ぜひそういうコミュニケーションの場を設けてほしい」。

後で聞くと市長さんは「ずいぶんずうずうしい女」と思ったそうです（笑）。市役所の関係者も、市民は建築家が自分の作品をつくってしまうのではないかと懸念しているけれども、あなたがそのように考えているなら市民の前できちんと話せばいいのではないか、と集会を設けてくれたので、さっそく対話集会に出かけて行ったのです。

身をもって知った建築家への非難

——その対話集会はどのような状況だったのでしょう。

ある程度の反対は予想していましたけれども、その予想をはるかに超えるほど強い反対の声でした。最初の集会はお盆の時期で、二百人くらい集まったのです。いろんな建築家の名前を具体的に挙げながら非難する人がいたり、センターの敷地の元地権者だった人には、「建築の八〇%を地下に埋めているが、そういう地下の建築は防空壕としか思えない。若い建築家はいったい何を考えているのか、よくわからん」と言われました。その日は、人びとの建築家に対する非難がすごいことを、身をもって初めて知った日だったのです。

それでも、相手の感情的な反応を受け入れながら、自分の考えも理解してもらえるように話をしたのがよかったのか、そうした集会を続けるうちに、あの建築家はいろいろ要望すれば話を聞く耳があるらしい、という噂が流れて、いろんな人たちがいっぱい集会を要望してくるようになったんです。例えば「子ども館」というとお母さんや学校の先生、「シアター」というと邦楽や音楽の人から前衛劇の人に至るまで、さらに建築そのものに興味を持っている芸術家やインテリの集団も、私との意見交換会を次々に申し込んでくるようになったのです。それやこれやで、基本から実施の設計をやっていた十ヶ月（八五年五月～八六年二月）の間には、全部で五十回くらい、いろいろなグループとの会合に出かけて行きましたね。

農耕社会の原風景を映した建築に

——コンペの案については、建築らしくないという反応が当然あったと思います。その趣旨を市民に理解、共鳴してもらえるまでには、ずいぶんと時間がかかったのですね……。

ものすごく変わった建物をつくってくれる、と喜んで下さったグループももちろんあった。市民の方々は、本当にわかっているのかどうかわからないけれども、芸術に陶酔していて特徴があれば素直に喜んでくれる人もいれば、本当に都市の建築たり得るのか、と批判してくる人もいました。

現代は一つのコンセプトだけではやっていけないほどそれぞれの人が積極的に生きていて、自分のセンスを持っています。車なんかなければいいのにと住宅地域のお母さんが叫べば、商業地域の人は駐車場をもっとつくってくれれば商売が繁盛するのに、と思っている。同じ町で生活していてお互いにそれぞれこんなに違う考えを持っているということを、皆、集会に出て、その場で初めて知るのです。そういう体験を皆でしていたわけです。そうした違いを認めることで、初めて意見交換会、対話集会ができたわけですね。

私は「センターは田園風建築だ」と、そのときから考えていました。かつて農耕社会だった頃の藤沢はいっぱい田畑があって、その一部はいまでもその辺りに残っている。農耕社会的なものを残した工業社会があるということが、はっきりわかる都市なんです。ですから、私はもともと野原だった敷地周辺の質を一度崩して、何か庭園みたいにその原風景を継続している田園の建築をつくろうと思ったのです。そうした案に対しての反応は、支持する人と支持しない人が五分五分でしたね。

そうして本当にたくさんの熱心な市民の方々に会っているうちに、どうあるべきか、それを確かめる相手は実はトップではない、ということがだんだんわかってきたのですね。いまでもその思いは間違いじゃなかったと思います。

市民とともにソフトづくりに熱中

——市長よりも市民の声を聞きたい、というわけですね。

市長の葉山さんは市民市長と呼ばれて尊敬されている方ですが、建築も好きだから、外壁や建築の仕上げについて当初は打ち合わせに来られるようなこともあったのです。

しかし建築費の予算はもう決まっているし、市役所の人たちはセンター以前に発注した建築でものすごい設計変更を経験したらしく、初めは公共の建築だから基本的に設計変更はできないという姿勢でした。だから地下部分をつくっている間は、設計変更は本当にゼロなんですよ。私もコンペから一年もたてば新しいアイデアもあるわけで、いつものように現場での判断も大事にしたかったのですが、それは難しかった。それで、今度は中身を充実させる方向で、子ども館の展示や運営などについて、市長さんに相談するようになっていったのです。市民からもそれらの内容について質問を受けていて「ソフトづくりのためのレポートを書いてみたら」ということになったのです。それで、子ども館の展示はこうあったらよいという考えを提案し、関係者とさらに煮詰めていったのです。そうすると、次にはお母さんたちから、これは展装の会社ではなく設計者に発注した方がいい、という声が市の方に届くようになって、結果的に、子ども館の展示と運営などのソフトづくりのために、私が美術関係や民族学の女性など知り合いに声をかけてソフトづくりを始めたのです。

——そこでは具体的にはどんなことをなさっていたのですか。

ワークショップのための部屋というのがあって、コンペ案では工作室とか化学実験室とかに細かく区切られていたのです。そこでワークショップとは何ぞやということで、武蔵野美術大学の及部先生[1]に尋ねたり、外国のケースを見学したりしたら、「共に動き心身の開放感を得ることをめざす活動」のことだと知りました。それなら、そんなに狭い部屋はふさわしくないことがわかってきた。間仕切りを取り払うべきだと考えたのです。それをお願いするためにまた、ワークショップのプログラムを三年間分書き出すといった具合でした。結局、私たちは市の依頼でワークショップに関するレポートをまとめること、つまり、ハードとソフトの決定を同時に進めることができたのです。こうなると、建築の現場の監理だけしているのではなくて、それとはまったく違う仕事にも同時に没頭しているんですね。

▼1…及部克人（一九三八―）武蔵野美術大学視覚デザイン学科教授（二〇〇九年退任）。当時「遊べ子どもたち冒険遊び場づくり」（一九七八年から八五年）という活動をしていた

ゼネコンと職人の対立に巻き込まれて

——そうした動きは当然、建築にも影響を与えたわけですね。

はい。ソフトを考えているうちに建築の仕上げのレベルにも影響してきました。最初、契約したときには坪百万円を切るくらいの予算だったので、土とか漆喰という伝統的な仕事を導入するという考えは無理で、ペンキなどに変えたことを残念に思っていました。さらにその直後、工事費の大変な高騰がやってきて厳しい状況に追い打ちをかけました。それでも、左官の久住章さんや淡路瓦の山田脩二[2]さんに仕上げのことを直接相談をしていたんです。そこで施工を担当した大林組にも協力をお願いして、安くてもいいからと言ってボランティア精神で参加してもらったのです。

でも、大きな建築をやる大手ゼネコンの技術者たちは、小さな住宅をつくる現場の人たちとはずいぶん肌合いが違うのですね。とにかく図面に従って正確につくり上げることがゼネコンの技術者の仕事なわけです。一方、日本の伝統的な職人は、クリエイティブなんですね。私が「これが江ノ島海岸波打ち際仕上げだ」と壁のイメージ図を描くと、久住さんは、「江ノ島へ行ったら曲線が違う。それはコルビュジエの曲線だ」と言って自分で絵を描いてくるわけです。私が選んだ貝殻にも「美しすぎる」と文句を言って、割れたあさりを江ノ島から拾ってくる。

貝殻入りのコンクリートをつくってくれたのは、山田さんが紹介してくれた、淡路島でテトラポットをつくっているおじさんですが、この人は「山田さんのために」と貝殻をワッと加えたものを送ってくる。センスなんてあったものではない（笑）。でも山田さんは「いいじゃない、立派でしょう」なんて言うわけです。それから大林組の人が「目地が通ってない」と彼らの仕事を批判すると、「目地を通さず心を通した」とか言うんです

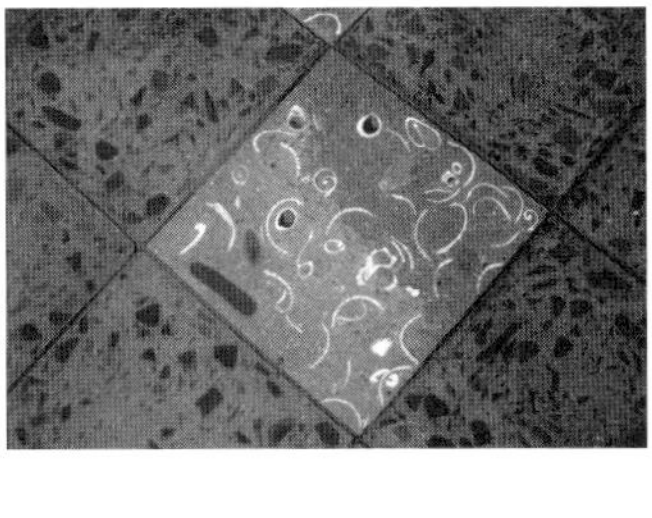

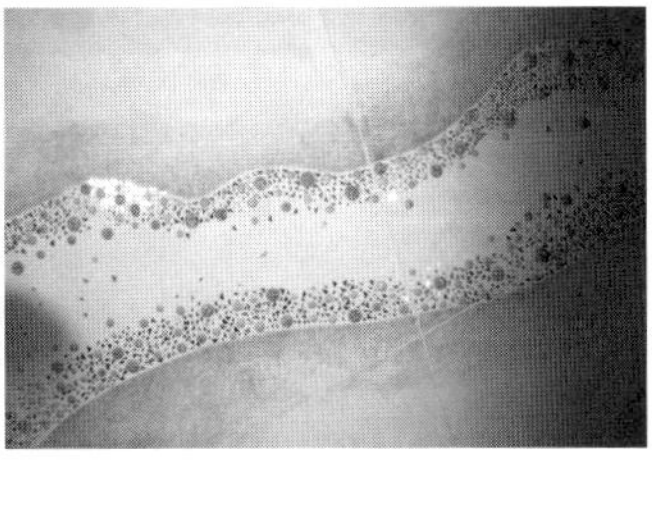

〈湘南台文化センター〉
左：貝殻入りのコンクリート板　右：左官仕上げ

ね（笑）。

しかしそれを聞いていて、地下部分をつくるまで、私自身がどうも現場サイドのペースでやってき過ぎたな、と気づいたんです。市民に向けては手づくりの温かさを説きながら、私は久住さんに相対するときには、モダニストの建築家のセンスでやりたい、と言っていたようなものです。「モダン・テクニックでやりたい」、「タイルのようにきれいな瓦を持って来て」と叫んでいたのです。そういう矛盾がはっきり出てきた。自分がどこか中途半端な建築家ではないかと感じ始めて、それからは、夜々現場に泊まりこんで職人やスタッフと激しい議論をするようになったんです。

一人のセンスより多くの人の参加で

――そういうコミュニケーションのなかで、自分のデリケートな感性で隅から隅まで通すのではなくて、いろんな意見を取り入れて矛盾をはらみながらまとめるやり方でも、それでいいという確信をつかまれたわけですね。

そうです。一期工事のときにすごく悩んだことなのです。

モダンな建築をやっている建築家は、あの建物を見に来ると、建築が非常にハイテックでデジタルにできているのに対し、なぜあんな子どものお絵かきみたいな壁を任せたのか、といった質問や批判を私に浴びせてくるんです。でも私はそういう批判を受けるたびに、いろいろなクリエイターたちが参加しながら建築をつくり上げていくことが、市民に対応していることになるのではないか、と考えるようになったのです。

そうした結論に至るまでは、相当悩みましたよ。いままでのコルビュジエ以降のモダニストたちには、家具から葉書の一枚に至るまで自分のセンスで徹底するという信念があっ

▼2…（一九三九－）山田脩二・あわじかわら房主宰「カワラマン（カメラマン＋瓦師）」と自らを呼ぶ。湘南台文化センターで吉田五十八特別賞受賞

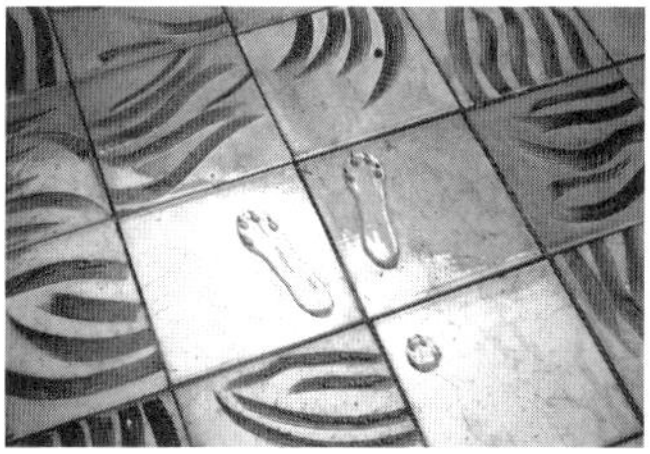

〈湘南台文化センター〉
敷瓦の広場

た。私もそういう世代の建築家ですから、そこから脱するのは大変でした。しかし、メッセージやセンスを持つさまざまな市民のことを考えると、いろいろな表現があっていい、と考えるようになりました。

——それを境に踏ん切りは付いたわけでしょう。むしろその方が建築は生き生きしているとか……。

そうなんです。結果的には市民の人たちからはむしろ手づくりの仕事に対する評価をいただいています。建築家の方からは評価されないけれども、そういうものに人間的な温かさを感じて、センターの建築は成り立っていると思うのです。

精神的につらかった第一期

——市民とそれだけ濃密なコミュニケーションをされたことの所産として、長谷川さんの事務所のスタッフとのコミュニケーションも変わってきた……。

いや、変わってはいないですよ。もともと私と同等の関係で仕事をやってきたスタッフが、センターの仕事が始まる前で七人いたのですね。この七人は、センターのコンペまでの七年間に一年に一人ずつ雇用して、新人ということで皆で大事にというか、いじめて育ててきたのです（笑）。ですからいまは七つの仕事は同時進行でできると思っているくらいです。

その後、四年半くらいの間にスタッフの人数は二十五人くらいになりましたけれども、いまはその若い人たちが育ち始めているという状況です。組織的ではないですが、それぞれ自立しながら和気あいあいとやっていますよ。

——センターの設計の実務ですが、わずか十ヶ月の短期間に長谷川さんを加えた八人でどのようにこなされたのですか。

本当にすごかったですよ。協力事務所は全然なしで、あれだけたくさんの図面を、よくまあ皆、描いてくれたものです。家にも帰らなかったのではないかな、あの十ヶ月間は……。

――センターの劇場には何人のスタッフがかかわったのですか。

ずいぶんの人数になります。常時、五人くらいは送っていましたね。

――長谷川さんは所長として続々入ってくる新人の教育もしなければならないでしょう。事務所の方の心配はなかったのですか。

私は最初からそんなに丁寧に教える方ではなくて口だけだから、皆の方で、勝手に勉強しなければならないようですよ（笑）。

――話より先にものが飛んでいったりすることもある……（笑）。

うちはそんなことはないですよ（笑）。私だって便所掃除しますしね。それを見つけて象設計集団の富田玲子さんがびっくりしていました。皆、平等でやっているのです。

センターのプロジェクトもその延長でやってましたから、はた目には何の組織もない状態で、本当にできるのだろうかって心配してくれた人もいました。確かに一期工事の初めの頃は、精神的に相当大変でしたね。建築家というのは周りから嫌われていて、信用がなくて、事務所のスタッフもまだ若くてうえの者も二十九歳くらいで、冷たい視線のなかで現場は始まったのです（笑）。けれどもセンターができて改めて思うのですが、設計事務所の組織は個性派、少人数の方がいいと思いますね。

柔らかく元気になったセンターの建築

――建築家たるものはやはり一度は本格的な公共建築をやってみなければいけない、とお思いですよね。

自分の小さな世界で建築をつくっているときは、建築家である自分とクライアントとの関係で成り立っているささやかな作品でいいわけです。

でも公共建築をつくってみて初めて感じたのですが、普通の生活をしている人びとと建築家との間には大きなかい離ができてしまっているのです。それは一般の人びとはもうずっと前から気づいていると思うのですね。そこの間をつなぐ適切な方法がないために、どんどんその隔りは大きくなっている。このままでは建築家は社会のなかで孤立してしまうのでは、と思うのです。

このあいだ、エイボン芸術賞をいただくことになってその受賞式に出かけていったのですが、そこで加藤シヅエ[3]さんとお話をする機会があったのです。加藤さんは、建築の仕事は素晴らしいから長くやるようにと励まして下さったのですが、一方で、私がいま言ったような意味のことを批判されるわけです。しかも、そこにいた他の文化人の方々もそろって、公共建築のあり方やちっとも豊かにならない都市環境を批判なさるのです。

――建築家の代表として、厳しい意見をいろいろ聞かされたわけですね。

もう前から私も気づいていたのですが、これだけ公共建築がつくられるのに、建築と利用者、建築と社会が結び付いていないことに多くの人びとが批判的で、そうした溝を埋めるには、新しい世代の建築家が建築の社会性について改めて考え、提案していかなくてはならないと思います。

私の建築の基本的なコンセプトである「第2の自然としての建築」の意味は、自然だけ

▼3…（一八九七―二〇〇一）婦人解放運動家、元衆・参議院議員。日本初の女性代議士のひとり

ではなく社会も含んだ世界を、第2の自然として建築で実現したい、ということなんです。それは藤沢の市民の人たちと話していて共有できたコンセプトでした。だから、あの建築の基本的なフレームワークは、壊されることなく実現したのだと思うのです。最初は自分の主観として作品を描いたわけですが、それを市民との意見交換の場に放り出して、もう一度、組み直して完成を見たわけです。

実際に建ったセンターの建物は、そうしたためにコンペのときの案よりも柔らかくて元気な建築になったな、と思います。球儀が大きくなってプロポーション的に崩れたことは芸術的な観点からすればとても残念なのですが、あれだけの意見を入れて使いよくなって、固かった建築がアプローチも含めて柔らかくなったために、建築としてもよくなった、藤沢の市民は素晴らしい人たちだった、とつくづく思いますね。

この五年間で、私はずいぶん考えを変えさせられましたね。これまで私は高名な建築家に育てられてきましたから、ある意味で緊張の連続だったのです。でもいまの私からはそういう緊張も少しとれてきて、建築が本当に面白くなり出してきています。

世代的方法の昇華のマイルストーン

石井和紘

「建築文化」一九八九年九月号

ああ、この建築が私たちの世代の最初のまとまった実現なのだ、と気づき、感慨をもって去りがたく広場に佇んだのは、ようやく夕方のことだった。

〈藤沢市湘南台文化センター〉に、私たちは二重のインパクトを受ける。

初めに、この建築の迫力がドカンと来る。とにかく凄い。エネルギーは満ち満ちて漲り、溢れて奔流となっている。先を畏れず、ためらうことのない手は、バランスの計算などに構うことなく突き進んでいく。だから、私たちはまず、長谷川逸子のことを考えさせられてしまう。あっけにとられつつその正体を、一生懸命考えさせられてしまう。いきなり、長谷川逸子が別人のように思えてくる。ずいぶんと巨きな存在になられてしまって、その影の下で陽光が遮られたような気持ちにすらなるのだ。

しかし、そして第二のインパクトだが、ガラス水晶の屋上庭園から濃艶の地下ギャラリー、クライマックスのプラネタリウムへと巡るうちに、これらを形づくる方法が、私たちにとって親しみのあるものなのだと、今さらのように気づくのである。ただこのスケール感ある迫力に、気負けしてしまって気づかないだけで、実は私たちとカテゴリーを共にする技法が、ここに根を下ろし枝を張っているのだと、ただそれが大樹になっているのだと分かるのだ。

そうだ、この建築は私たちの昇華でもあり、また合わせ鏡でもあるのだと気づく。そし

〈湘南台文化センター〉
プラネタリウムの地球儀

てこれは、この規模のものとしては初めての体験なのだ。となると今度は逆に、これは長谷川逸子の建築なのだ、ということが安心感ともなり、いろいろなところで、今、私たちの世代が温めていることが実現していくと、こういうことになるのかと分かる。だからやがて、むしろ教育的な建築にすらなってくるのだ。

この建築が私たちの世代を昇華する代表選手であることは、これがコンペの最優秀案であったことを考えてもうなずけることである。

さて、そこに展開している手法についてである。

長谷川逸子といえば、ハイテクの人という印象であった。アルミパネルやパンチングメタルで造形をする人だった。図像の意味や過去のシンボリズムを、肯定的にも否定的にも使わずに攻め込んでいく人であった。ギリシャ柱や石積み風をカフェバー風に使うポストモダンではなく、ハイテク派であった。

しかしここでは、自分の反対側には堕ちずに、かえって反対側と思われる技法を自家薬籠中のものとしている。極めて危険なことにいっぱい手を染めながら、しかも塀の上をちゃんと歩いている。一面の漆喰細工、瓦、ビイダマ、土色のRC、多様な色彩、おまけに巨大なムカシトンボまで、もう歩けば歩くほど出会う。非金属的な材料による修飾する魂、そのうえ、しかも全体には金属によるハイテク的印象、この融通無碍にして危なっかしさのなさには、正直言って舌を巻いた。しかも艶気と呼んでもいいようなもので、体質的に統御されている。

一般には、主義を通すために、反対の方法には手を出さない。それで依怙地になって、領域をかなり狭めていってしまう。しかし、この建築にはそういうところがない。振り返ってみると、長谷川の建築には昔からそういう片鱗はあって、この建築で一気に、悠々

〈湘南台文化センター〉
左：広場の装置
右：広場の小屋根

としたスケール感を持って登場したのだ。今までの長谷川の、これに比べれば小規模な建築では、曲線や修辞が、ややコミックスリップ的に、建築から無駄な緊張感を抜くのに役立っていたのが、ここではもっと地球的なスケールで視座が強くなって来たのだ。

この建築や地球儀による宇宙性もあって、これは〈アース・アーキテクチュア〉とすら呼べるものだろう。その特質の第一は、各部分は明瞭な幾何学をもちながら、全体としては曖昧な霞のような存在になっていることだ。

考えてみると、長谷川のこうした両面的スケールは、初期の〈桑原の住宅〉ですでにあったのだ。アルミでつくられたハイテク住宅は、未来型の外形を模索せずに、見事にはっきりと家型を示していたではないか！　金属で表現された過去の塊、実はこれが長谷川逸子の〈桑原の住宅〉だったのだ。

今、私たちの世代の相反する思考は、長谷川逸子のこの建築によって、あるやり方で止揚されてしまっている。だから、この建築を経巡ると、実にいろいろな想いが胸をよぎるだろう。ここにあるものは、世界への否定を契機としていない。つまり、観念的にも情緒的にも積極性、肯定性に導かれた世界である。これに直面することは、自分の中で何かと何かが危なっかしさを取り去って、広がっていく経験だった。

長谷川のこの判断の速さと反応の敏捷さ、言ってみれば決断へのケレン味のない小気味よさはどこからくるのだろう。私は、それが篠原研究室での住宅の研鑽が、篠原一男との直接的で奥の深い問答を通じて行われたことと、関係していると思う。私たちの世代には、このように師匠に手を叩かれながら鍛えてもらい、しかも師匠の立脚点づくりに貢献する本気の修行時代をもった人は、意外に少ない。ほとんどの人は、先輩として関心を持ち影響を受けながらも、自己流の道を歩み続けてきた、だから苦労が実って得意になっても、

〈湘南台文化センター〉
左官の壁

それは自らのコントロールでしなければならない。だから、私たちは自分のちょっとした進路、ちょっとした片言隻句にも神経をすり減らしてしまう。しかし、長谷川はむしろ景気よくバンバン進んでいく。それは研鑽で、悪い血を抜いてしまえたからなのだ。

脱皮という行為が、それに当たるだろう。直接的な距離の近くで、先行する他者の葛藤に寄与すること、それがしがらみの自己を引き摺っていくことを、唯一止めさせてくれる。そして、それは結果として、確実な地表へと私たちを降り立たせてくれる。

長谷川逸子の〈藤沢市湘南台文化センター〉は、地球的なスケールで、この世の森羅万象へ、私たちの志向を解き放った。長谷川逸子は、ここ二十年間の私たちの営為の合わせ鏡として、私たちの進路を映し出してくれるマイルストーンをつくってくれたのだ。

（いしいかずひろ／建築家）

第四章

・・・

「建築の公共性・社会性」

第四章「建築の公共性・社会性」には、〈湘南台文化センター〉二期工事が完了した翌年、一九九一年のテキストを収録している。二期工事では、球形の劇場としてコンペ時に最も物議を醸した「シビックシアター」が完成し、太田省吾が芸術監督に就任するという画期的な出来事がまた話題を呼んだ。こけら落としには勅使河原三郎の「DAH-DAH-SKO-DAH-DAH」などが上演され、東京からも多くの人びとが訪れた。天空の劇場か屋外の劇場を想わせる天井の高い球体の劇場は、さまざまな作品の「湘南台版」を生んだという。

〈湘南台〉竣工直後の多木浩二との対談「建築の公共性・社会性」（一九九〇年）は、湘南台コンペ直前の「建築のフェミニズム」（第三部一章）以来、約六年ぶりの両者の対談となった。建築家と市民や行政の関係、市民との対話を通じて獲得された柔らかな空間の質、「第2の自然としての建築」という言葉の検証などを通じて、多木は「建築のフェミニズム」の一歩進んだ具現化を認める。なかでもシビックシアターについての議論が注目される。現代演劇の状況に造詣が深く、建築家がつくる劇場より演劇人がつくった劇場の方が面白いと主張する多木との議論は、建築と建築家のありように対する根本的な問いになっており、以後、〈新潟市民芸術文化会館〉まで両者が引き継いでいくことになるテーマである。

「子どもワークショップ」は二〇〇一年の一月から二月にかけて、静岡新聞夕刊「窓辺」コーナーに毎週一回連載された記事のひとつである。原文は八百字ほどのエッセイであるが、収録にあたって大幅に加筆されている。このほかにも第一部第六章「ランドスケープ・アーキテクチャー」など、〈珠洲多目的ホール〉の子どもワークショップについてのテキストがある。

「湘南台文化センターの完成を迎えて」（一九九一年）は「建築文化」誌上での作品発表時に書かれたテキストであり、〈湘南台〉についての最も網羅的な論考のひとつである。同誌には市民集会の開催経過が二ページに渡ってまとめられているが、長谷川によるとその表はあくまでも公式のものであり、地域の芸術家グループとの夜中まで続いたディスカッションなど個人的な関係のなかで行われた集会は含まれていないという。

「集団心象としての建築」（一九九一年）と植田実「まだ体験されていない自然の姿」（一九九一年）は、「SPACE MODULATOR」誌（日本板硝子株式会社発行）による「Architecture Watching」シリーズ7番目、一冊まるごと〈藤沢市湘南台文化センター〉という特集号に掲載されたものである。その他、葉山俊藤沢市長と長谷川の対談のほか、宮本隆司（写真家）らの写真、山崎泰孝、東高孝光ら、建築、都市計画、演劇関連などの分野から寄稿を集め、市民の声も掲載している。

・・・対談

建築の公共性・社会性
湘南台文化センターをめぐって

多木浩二×長谷川逸子

「SD」一九九一年一月号、一九九〇年十月十八日、鹿島出版会にて

多木浩二　「SD」誌では一九八五年四月号で初期のものから〈眉山ホール〉までの作品をまとめた特集を行っているわけですが、その後も、長谷川さんは非常に多くの作品をつくられてきていて、今度の〈湘南台文化センター〉でひとつのピークに至ったと思われます。いわゆる建築の方法論とか、形式論とかではなくて、建築および社会を含めた、長谷川さん独自の、ある思想的な背景のようなものが徐々に姿を見せつつある、という印象をもっているわけで、今日はこの辺りのことを主要なポイントとして、いろいろな角度からお話しを伺いたいと思います。

長谷川　〈湘南台文化センター〉の公開コンペに応募した時点では、私が公共建築について口頃持っていた想いをそのまま描いた結果、ドローイング性がとても強いものになっていました。実際の設計にはいるときになって、建築が完成したとき、ハードよりも、運営者と使用者が主体として目立つような建物にしたいと考えたわけです。住宅の設計の場合、一年くらいクライアントとコミュニケーションを交わし共同作業をしてきたように、今回も、使う人たちの参加を得て設計を進め、さらには完成後の運営管理のソフトを残していきたいと思ったのですね。

いま、結果として考えると対話集会を持たなければならない質を、コンペ案が持ってい

たのだと思います。実は今回、私は図面を書かずに、設計期間中は藤沢に通って、市民の意見を聞き、自分の考えを伝えることに時間を費やしました。複合施設であったため、たくさんのサークルが関わりを持っていて、結局十ヶ月間に相当数の対話集会を持つことになり、そのことが、できあがったものの様子にずいぶん大きな影響を与えていると思っています。

多木 私は、偶然、〈湘南台文化センター〉の建てられた藤沢の住民ですが、長谷川さんがこの建築の実際の設計の過程で、建築のいろいろなディテールを煮詰めたり、建築の形を修正したりということよりは、むしろ大変なエネルギーを市民との間の関係をつくり出すことにかけていられたのを比較的よく知っていて、それがどうなっていくのかに興味を持っていました。

さきほど、ドローイング性が強い案だったと的確に言われましたが、私も、やはり一種のイメージでつくられた建築だと思った。二つの球にしても、とんがった小屋根の群れにしても、長谷川さんが思い描くひとつのイメージがそこにグラフィカルに図化されていた、と感じたわけです。

長谷川 私にとっては、そういうアプローチをしたのは初めてで、それまではイメージを建築にしていくというよりは、構造を極力シンプルにして、その表皮をいかにするかといったような、組み立て方の結果として作品が生まれる、というやりかたをしてきたのです。初めてこの敷地を見たとき、そこは都市のなかの空き地、野原でした。区画整理によって生み出されて二十年近くの間、盆踊りや草野球といったさまざまな事に利用されていた場所で、野原は私たちの国の文化センターの質を備え、そしてシアターの初源的空間であると考えました。はじめに地上に丘と入口のみを配置し、地下に球体を三つ埋め込むような

〈湘南台文化センター〉オープニングの日の広場

スケッチを描いていました。おそらくその後、台湾で回遊庭園や懐かしい田舎の風景を見てイメージを組み立て直し、さらにモンスーン地帯の湿度も改めて考慮して、密室である球形のインテリアはそのまま地上に飛び出してきたという、以前とは異なった設計上のアプローチをとることにつながったのです。

建築の示す社会性

多木　私はあるところで「この建築は都市の建築としてではなく、農村のそれとして発想されたのではないか」と発言したことがあります。しかし問題は、周辺の急速な都市化のなかで、また実際この建物が劇場や子どもの施設などを抱えているために、否応なく市民と関係を持たざるをえないときに、農村的あるいは自然的イメージからはじまったとしても、長谷川さんのほうも相当変わっていかざるをえなかったでしょう。

長谷川　都市化の方向に身をおくのではなく、それとは反対の方向のローカリティとでもいえるものを掘り下げていこうということですから。私は都市という流動する多様体にずっと魅力を感じ都市性を内蔵した建築をテーマにしてきましたが、都市のスプロール化の貧しさに気づき出していました。価値観が多様化している大変な時代に、本当にいろいろな世界の人たちと何度となく対話集会を持つことによって私の考えもずいぶん変わりましたね。その結果、以前は建築を自分の側から見ていたとすると、外側から客観的に、まさに市民の一人になって見てみるという姿勢が必要だと思うようになってきました。だからこそ左官の久住［章］さんとか瓦の山田脩二さんをはじめとする、クリエーターとして自分のデザインを持って働いてきた職人の方々にも参加をお願いすることにしようという気になったわけです。彼らの美的センスは私とは違うかもしれないけれど、さまざまな価値や

〈湘南台文化センター〉第二期工事で市民シアター「宇宙儀」も完成

レベルのものを導入し、それらを含み込んでいく方向に踏み出したんです。そうしてここでの技術は、デジタルなものと反デジタルなものが配置されることになったのです。

十一年ほど前に四国の松山に〈徳丸小児科〉という町のクリニックを設計したんですが、考えてみますと、そのときにもクライアントと三年間もディスカッションをしていて、ギャラリーと名付けられた、「インフォームド・コンセント〔説明と同意〕」の医療を実践できる、医師と患者や市民とのコミュニケーションの場を提案してきました。この間、徳丸小児科の徳丸先生から、「この建築を共につくりそしてそれを使いこなしていくなかで、自分の医者としての方向も見えてきて、そうやってこの十年を生きてきたんだ」という話をいただいたんです。私の方は建築を組み立てていたつもりだったけれど、どうも一方でクライアントはその病院の在り方をさらに先へ進め、組み立てていたということがわかりました。最近徳丸先生は実際に、子どもの環境のことから子どもの育て方だけでなく、都市の問題まで発言しているお医師さんだ、ということで、ものすごく高い評価を受けるようになっています。

〈大牟田の精神病院〔不知火病院ストレスケアセンター〕〉でも、海に面して開放的な病棟をつくったりしたんですが、同じような現象が起きているんですよね。

多木　つまりは、ある種の「建築の社会性」を長谷川さんは自分なりに、いつでもどこかで問題にしてきたということですね。日本ではこれだけ建築が盛んであるにもかかわらず、私の目から見ていると、どうも建築と社会との間、あるいは建築と人びとが必ずしも結び付いていない。それに対して長谷川さんの建築はいま、そうでない建築の行き方をひとつの方向として選択している最中のように見える。

〈湘南台〉の場合、一度は使い手の側の身になって建築家である自分を外から見る視点が

〈不知火病院ストレスケアセンター〉

できてきたことは事実であるけれど、建築活動を続けるとすれば、もう一度建築家の目になってつくらざるをえない。他者としての自分を見たうえで、自分が主体となる活動がどうやって組み立てられるかというところへ差し掛からざるをえないでしょうね。建築と社会との関係が、建築家という立場で、どういう形でこれから実践されていくのか。

長谷川 コンペに入ったあとで、使用者側の具体的機能に引き戻すことを本気で考え、多岐に渡る層の人格に対応する複数性を備える、多様体としての公共建築のあり方をつくり出したいと考えていました。しかし現実は市民と行政、あるいは市民と建築家の関係は、つくる側と反対する、あるいは壊す側という、対立する関係を重ねてきていて、その距離はこれまで広がるばかりだったようです。「市民に壊されて、コンペをやった意味がなくなるだろう」というふうに建築家の方々からよく言われていました。さらに「文化とか建築というのは、高いレベルにおくことによってしか市民に提示できない」と。

多木 いままでの公共建築は、まず確実に、地方自治体の偉い人と建築家との関係だけで成立しているわけです。そういうことに対して批判をする能力を市民が欠いていたこともあるでしょうが、批判をするチャンスが与えられていなかったことがほとんどなので、これまでの公共建築は全部一方的に成立してきた。この〈湘南台〉の建物が、そういう公共建築の概念にいくらかなりとも亀裂を起こしたかもしれない。

建築というのは、なんらかの意味で都市のなかのどこかの部分を特殊に組織していくものだとしますと、そうした組織化を、いままで建築家は自分一人あるいは自分とスタッフとのアイディアで都市空間のなかに非常に特殊な強度をもった空間をつくりうると考えてきたのに対して、長谷川さんは非常に多元的な組織化のなかで、自分もそのなかの系のひとつだという形をとりながら、都市空間のなかに特殊な部分をつくり出すことを実践してみたのではないか。

長谷川　この〈湘南台文化センター〉にしても、放っておいたらすぐにでも何かの権威のシンボルとして使われかねなかったと思います。しかし藤沢の市長さんは市民の社会教育にも力を注ぎ、さらに文学者であり市民オペラも主催する方ですから「運営をどうしましょう」「企画機関をつくりたいんです」「芸術監督を推薦したい」などという相談を受け入れて、ソフトづくりも進めてくださったのです。

多木　日本では建築家は自分の作品をつくり、かつ、そうした作品を市民はわかりっこないと思っている。つまり建築家は大衆に対してエリートとしてありつづける。だが、そうすることによって、市民との間の関係の相互性が失われてしまうわけです。〈湘南台〉の建築の成立に際して長谷川さんがなさったいろいろな実践は、現代社会と建築と建築家の従来の意識というものに対するひとつの批評としての機能をもつ。それは現代社会の複雑さを理解することでもあるし、エリートの力という男性的な力の象徴、支配することへの疑問でもあったのだと思います。あえていうと「現代フェミニズム批評」の非常に新しい局面として理解することができると思います。フェミニズムというのは、社会をどのように理解するか、という問題なんですから。

長谷川　実施設計完了後、コンペのときと同じスケール、同じ素材で模型をつくってみたんです。たくさんの意見を取り入れ、そして私自身も変わって設計を進めていった十か月という期間が間にあるわけですが、最初のに比べると実施案の模型は実に柔らかいものになっていました。まるで市民のフェミニズム的な質が溶け込んで、柔らかさが生まれてきているように思えました。

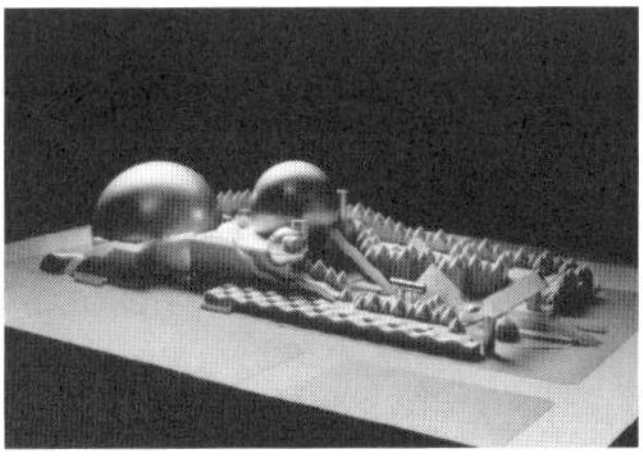

〈湘南台文化センター〉コンペ時（左）と実施設計完了時（右）の模型写真。エントランスのややシンボリックなゲートが波うつパーゴラに変わるなどいくつかの変更が見られる

「第2の自然」の示す意味

長谷川 市民との対話のときに、よくコンペのときのテーマ「地形としての建築」そして「第2の自然としての建築」という言葉を使って、都市のなかでの建築と自然の共存についての私の考えを話しましたが、それは今日の市民感情にフィットし、すごく共感してもらえたんです。

いずれにしても、私は対話するときには、「自分はこう考えて設計した」と必ず話して、それからディテールに入って、意見交換をするようにしていました。徹底した話し合いのなかで、作品が一度市民の側に渡り、そこで共有されるものがあったときに、その部分が残り、変形され、そしてもう一度建築として自立して、私が放棄した主観性みたいなものを再び取り戻せるのではないかと思ったのです。しかし、これまではとかく建築家がもっている非常に個人的なコンセプトが独走するきらいがあったのではないかと思うんです。

多木 そのプロセスは重要ですね。建築家のコンセプトを、他者の視点から見直し、そしてさらにもう一回主体に戻ってくる。このもう一度戻るというときに、最後のコンセプトを越えたコンセプト、あるいはモデルが生まれる。こうしたプロセスを経てモデルをつくり出すことが「建築の社会性」ということなのだけれど、いままでは非常に単純化されていたと思います。つまり「建築の社会性」といったとき、ある場合は境目のない極めて密着したものとしてしまい、ある場合には逆に「建築の社会性」なんてない、あるいはどんな建築だって社会にあるから社会性をもっている、という話にしてしまう。

ただひとつ、僕がかねがね引っ掛かっていたのは「第2の自然」という言葉です。どうしてそんな言葉を使われるのですか？　その言葉は、近代デザイン以降、よく使われてきたし、人間のつくるアーティフィシャルな環境がいままでの自然に取って代わったという意味をもっていて、いささか手アカがついた、使い古されてきた概念であるわけです。だから、それをいま、わざわざ持ち出すと誤解を招くのではないかという懸念がある。ことに最近は、建築家がみんなフォルマリスティックなボキャブラリーが尽きてしまったのか、建築を自然の直接的な比喩の源泉として扱っていくやり方がはやりである。それと、長谷川さんのいう「第2の自然」が同じものと受けとられたら、非常につまらないことになってしまうという気がするんです。

長谷川 あの敷地は私には大きなものでしたし、近隣の人たちにとっても、たいへん重要な場所であると考えました。そこで、さまざまな問題をインクルードしてある環境について話すこと、またこれが閉じた建築ではなく開かれた建築であるということを説明するのにわかりやすいと思ったのです。使い古されているというより、いまこそちゃんと語らねばならない。自然という概念を用いて、次の時代の建築の在り方を探っていく必要があると考えているんです。

多木 長谷川さんたちの世代の感性のひとつの特徴として、「ポップ」ということがよくいわれる。ところが、この「ポップ的感性」と長谷川さんのいわれる「第2の自然」とがごちゃごちゃと一緒にくっついてしまうと、建築家の概念的知的努力からの逃避のように見えてしまう。そういう誤解が生じかねないと思う。

それでこの機会に、「自然」という言葉を使いながら本当は何をいおうとしたのかはっきりさせておく方が良いと思います。

長谷川 たとえば文化というのは、この国はもともと農耕社会で、共同で生活しながら衣食住にまつわることが地域に根ざしたものだったと思います。どんなに西欧的社会になったり工業化社会が進んでも、日常生活や芸術の見えない部分に残っているもののなかに文化の基盤があることは明白だし、これからどれほどハイテックな技術社会になっても、このことは変わらないだろうと思っているところがある。文化は高級なもののなかではなく、非文化的または、非芸術的にすら見えるもののなかにあるわけです。それを「アジア的」といってしまえばそうかもしれないが、そういうものを引きずっている生活に、もう少し近付けたかたちの建築を考えようとするとき、やはり自然という概念がいちばんわかりやすいと思ったのです。コンペのときにはそれを「気象」とか「地域」という言葉で表していて、「自然」という言葉は使っていませんでした。そして、建築を形態ではなくて、地面の起伏だけでつくってしまいたい、という考えを市民に語っていくときにはだんだん自然という言い方が伝わりやすいという具合になったのです。けれども、ここでいう「自然」とは、地形とか気象などをベースにしていることであって、ローカリティを深く掘り下げながら世界に発信できる建築づくりを考えていると言い直せると思います。

多木 長谷川さんが考えておられる自然の意味はほぼわかりました。ただ、農耕社会やアジア的なものから理由づける必要もないと私は考えています。そこでもうひとつ異議を申し立てると、確かに近代というのは、世界中にわたってヨーロッパが繰り広げたものであって、あらゆる所において近代化するということは、実際上ヨーロッパ化することであった。ところが、その一方、ヨーロッパ人たちは十六世紀以来、常に自分たちではない他者と遭遇することで自分たち自身の思考を変えていった。世界をヨーロッパ化すると同時に、ヨーロッパは自己をもう一回折り返すようにして、他者との経験をなかへ取り込む形で知の体系を発展させてきたのです。そうなったときの思考は、ある意味で人間がものを考える普遍的な思考だといってもいいと思います。ですから、建築を考えた場合にも、一方では確かに土着としかいいようのない不思議な、かんたんには名指すことのできない何物かは、どんな世界にも、どんな空間にも残っていると思いますが、同時にやはり建築をつくっていく思考は恐らくいまはグローバルなものであろうと思っているわけです。

それで、さきほど述べたように、建築家は現実とぶつかり、現実との間で往復作用をしながら、なおかつそこにコンセプトをつくり上げて、そのコンセプトを媒介としなければ前に進まないという事態があるとすると、あるいは長谷川さんの言われたことを逆手にとるようですが、長谷川さんが自然という概念を考えつき、それを建築化のプロセスのなかへ取り込もうとされるときに、そこに働いている思考は必ずしも土着のものとはいいがたいわけです。

長谷川 そうだと思います。「第2」とつけるところにその姿勢を読み取ってもらおうとしました。ヨーロッパの近代化というのは、厳しい気候や環境のなかで人間が快適に住むための合理化を考えることでありましたが、それは普遍性があり、だからこそ世界中に広まったのだと思います。しかし振り返ると日本での近代化は、かつて日本人が取り込みながら生きてきた複雑なことを随分と排除してきてしまったのです。非常に単純化していってしまえば、そのようにして排除されてしまってきた複雑さと関われる建築、という意味も「第2の自然としての建築」という言葉には含まれているんです。

多木 そのとおりでしょうね。本当の意味での複雑さをどのように建築が実現するか。いまのところ、まだ誰も実現していないといっても過言ではない。だから、そうした複雑さを考えることは非常に重要なことだけれども、ひとまずそれを置いておきまして、もうひとつ、テクノロジーの問題があると思います。テクノロジーというのは人間が世界に向かい合う態度のことをいうわけで、ハイデッガーなどがテクノロジーを考えたときも、そういう思想だった。もしそれをテクノロジーというならば、いまハイテックという人間を超えてしまった何かとの間のつながり、あるいは関係、そのなかへ人間を包含していくことができるかできないか、ということが人間の能力として問われることになっている。それと長谷川さんの「第2の自然」とはどうかかわっているのか。

つまり、このような形でテクノロジーを考えること、さきほど出ていたある種の語り尽くせないほどの複雑さ、そして普遍的な思考、こういったものが建築のなかでどんな位置をもち、どんな創造性に結び付いているか、ということがいままであまり議論もされていないし、注目されてこなかったと思う。「第2の自然」という言葉にはちょっと異論を唱えましたが、〈湘南台文化センター〉を実現することによって、長谷川さんのなかには、いま言ったような三つの関係が、建築をつくるための下地のようにしてずうっと広がり始めたというような印象をもっているんです。そのことが〈湘南台〉の建築の非常に大きな意義であろうと思います。

ソフトをめぐる過程とこれから

多木 もういちど話が戻るようになってしまいますが、建築家にとって建築というのは、普通はでき上がったところをピークとして、そこからあとはどんどん崩されていくだけのものであった。そういう考え方がほとんどの建築家にはある。実際には、建築はでき上がった時点から社会のなかで生き始めるわけなので、どうやって生きていくかということが、その建築の思想のなかに組み込まれていなければ生きていかないわけです。建築の社会性とはそこに発しています。生き続けていかなければ文化の担い手にもならないわけで、実体としての建築は残りながらも文化としての建築は死んでしまっている例は山ほどあるわけです。長谷川さんはそうではないあり方を探した。それはいろいろな部分についていえるでしょうが、その中心になるのは、やはり第二期工事分として最近完成した市民シアターでしょうね。これをめぐって随分やり取りをなさったと聞いていますが。

長谷川　大変でした。球形の劇場は、コンペの審査の段階でも随分と問題にされました。いままでの公共ホールでは、全国を巡回する商業的演劇に即座に対応することを条件として、徹底した均質化が進行してきましたが、集中したシアター計画への批判もその状況からストレートに導かれたものでした。また、演者と観客を完全に分離する固定されたプロセニアムアーチに対する要望は最も強くありました。それに対し私は、劇場にあって舞台の時空と観客の日常的時空の両方を包み込んで、相対的差異を克服しつつ一体的な対話を可能とするような積極的な場をつくりたいと考えてきました。このような演劇空間は多くのパフォーミング・アーツの出発点である野原での初源的な芸能の場や現代の野外のテントでの演劇にみられる仮設の空間に近いものと思います。

多くの意見を導入した結果、いくつかのパターンを持ち、全開も可能な織物のカーテンによって額縁をつくりました。それに関わって舞台もプロセニアム形式からアリーナ形式、その組み合わせなど幾つもの形式がとれるものになりました。アリーナの中心は建築の球体の中心とはじめからずれていたのですが、そのズレがはっきり感じられるものになっています。

紋紗のシースルーのプロセニアムカーテン、そして中心性への移行を生みだしたこと、これらが、球形という単純な空間をシビックシアターの空間につくりあげていったのだと思います。

私はここに実現したシースルーのプロセニアムカーテンはこのボーダーレスの時代を生き出している社会のシンボルとして生まれたと見ています。ドイツ・ベルリンの壁の崩壊

〈湘南台文化センター〉
左：同ロビー　右：市民シアター入口

から始まって、近代が共感無き共存の形式、普遍的形式がつくり出してきた社会の見直しや否定のなかで、改めて身近なところを掘り下げて行くなかから次なる時代を模索し出していることのシンボルと見ています。実は、与えられていた市民ホールという名称にはこの球形の劇場の空間が持つ質に似つかわしくないと長い間悩んでいました。私は、愛称として宇宙儀と名付けてあるように宇宙の中心にいる人間の喜怒哀楽を演じる場所はホールよりシアターの方がふさわしいと考え、シビックシアターと改名してもらいました。そして高いレベルのシビックシアターをきちっとつくりたいと考えたときによく見に行っていた転形劇場を主宰されていた太田省吾さんのことを考えました。お会いして話しているうち、太田さんが転形を解散し次なることを目論んでいることを知り、それを魅力的に思い、〈湘南台〉での芸術監督のような立場での参加をお願いしてお引き受け頂いたのです。藤沢市では異例であったこのことが引き金となり、市の文化活動や、本来シビックシアターはどうあるべきかということまでシンポジウムで話題にするようになりました。

多木 たぶん、球形を最初に考えたときは、演劇は考えていなかった。ところが、その設計が進んでいく過程のなかで、そのなかで発生すべきものは演劇だということに気がついたとすると、そのときが、実は非常に重要な時期だったわけですね。

　劇場については、近代建築以来、実験劇場とか、実現しなかった劇場も含めて、いろいろな仕掛けをつくった劇場が試みられてはきた。だいたいみな失敗し、依然としてプロセニアムのある劇場がもっとも支配的だというのが現状態だけれども、実際には、もうだいぶ前から、やはり演劇をする人間が自分の演劇が実現できる空間をつくらなければいけない、ということが次第にはっきりとしてきている。私もわりあいと外国で芝居を見ているほうですが、建築家がつくった劇場よりは、どう見ても演劇家がつくったもの、あるいは

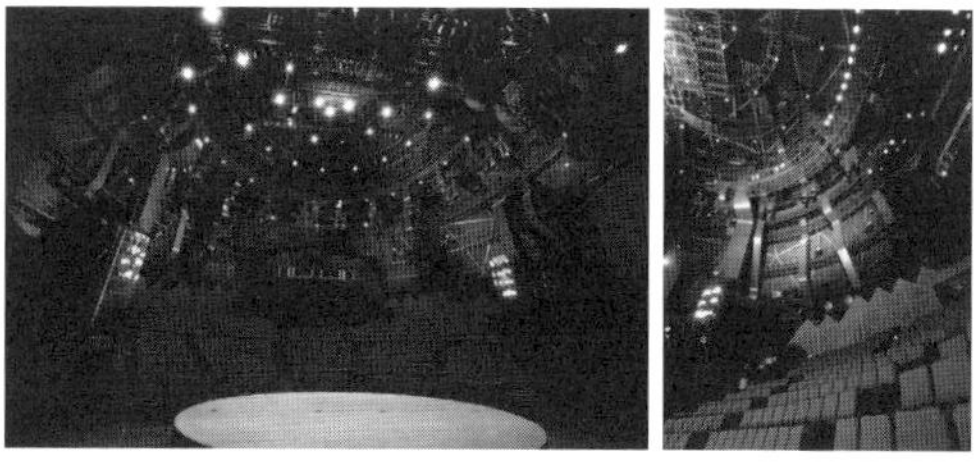

〈湘南台文化センター〉市民シアター
左：舞台から劇場全体を見上げる
右：急勾配の客席

演劇家の工夫が十分に組み入れられている劇場のほうがおもしろいし、そこで展開される演劇のほうがおもしろい。これは確実です。

例えばパリでいうと二つありまして、ひとつはピーター・ブルック[1]のブッフ・デュ・ノールで、古い建物で、なかが一度火災に遭ったものをそのまま彼が使っている劇場ですが、非常にいい劇場です。ここで何度となく芝居を見ていますけれども、本当に演劇そのものが空間を発生させているわけです。

それからもうひとつは、ヴァンセンヌにあるカルトゥシュリという太陽劇団[2]の劇場で、これはもともと兵器庫だったもので、ただ大きい鉄骨造の棟ですが、そのほうが、演劇をやるのには、建築家がおざなりにつくった箱の劇場よりははるかにいい。

いままでの例から考えて見ると、球形がいいかどうかは疑問が残る部分もないわけではないけれども、少なくともあの空間のなかならば、演劇という、人間同士の関係によって成立してくるある不思議な何物かが発生する可能性がある、というふうに長谷川さんが感じたときから、やはりあの球形が生まれ変わっていったと思うんです。この間、芝居が行われているところを見ましたが、率直に言って、空間は非常にいいと思いました。球形の空間が、ほとんど重力のないような浮き上がった印象を与える。これは非常にいい。それから、舞台がかなり可変的に使えるから、いろいろなことができるだろう。これもいい。なかで何よりも感心したのは、球の芯と舞台の芯とをずらしたことで、そのためにあの空間が演劇空間として非常に魅力的に成立している。球のほうに求心性がもっていかれてしまうと、演劇のほうの空間的知覚が不十分になってしまうと思いますが、そこが不思議にフッとずらされて、曖昧になっているから、演劇が自在になりうるようになっている。

ただ多少批判的に言いますと、大きすぎる。現代の演劇というのは、商業演劇を除いて、

▼1…Peter Brook（一九二五—）イギリスの演出家

▼2…十九世紀の廃武器工場を再生した劇場「ラ・カルトゥシュリー」を拠点に活動する劇団。アリアンヌ・ムヌーシュキン主宰

あまり大きなスペースは要らないんですが、あの劇場は客席数が多すぎるのではないか。客席が広すぎるという気がする。

長谷川 コンペのときにはたしか六百席と移動席二百席という中途半端なものでした。「客席は舞台の細かい身振りや表情の観賞ができる範囲に修めることが望ましい」ということには反する数だと考え、私は小規模を願い出たのですが、市民の側は巡回してくる商業演劇が多人数でないと成立しない、ということで相当数の要求を出していて、結果として六百席と移動席百席となりました。

多木 それと椅子にしても、私の経験や考えからいうと、劇場の椅子というのは、ベンチでいいんですね。安楽椅子である必要はない。

長谷川 私も椅子を置かないで全部階段式にしてどこが舞台か客席かわからないようなものをつくりたかった。それがだめで、そのあと、椅子を折り畳んで階段式にする案を提出したのですが、実現しませんでした。私の考えとは反して、市側は「できるだけリッチな椅子が良い」と言って、結局は、椅子を並べる形になってしまった。そのことが一番あの劇場の性格を曖昧にしていると思います。

多木 人が入らないと、たとえば千人入らないとペイしないということでしょうが、市民シアターというのはこれからどんな形をとることになるか僕は知りませんけれども、もし市がこれを中心に盛り上げていこうと思うならば運営の資金を補助すべきね。そういう補助をすることによって初めて文化が成り立つ。

長谷川 だから実際に補助をしたんです。さらに「そのために文化財団をつくらなければいけない」という話にまで及んできている。けれども、これはやはり問題が残りました。

多木 中途半端ですね。私はあの劇場を見て、「客席がこの半分だったらいいのにね」とある人に話したのですが、あの客席を三百か四百にすることによって随分変わると思います。だけど、実際には空間は確かに大きいが、照明その他によって、あたかも小さいがごとくにできるかもしれないし、演劇家が自分の演劇の質をあの劇場のなかで変えると同時に、劇場の質をそこで変えていけばいいことなんですね。

長谷川 多木さんがあるときおっしゃっていたように、あそこから発生する演劇をつくっていくような劇場になると思うんです。市民を巻き込み、ワークショップなどをやって、すごく時間がかかると思いますが、五年、十年というタイムスケールで、ゆっくりと確実に、市民のためのシビックシアターづくりを進めてもらいたいと期待しています。

多木 その場合、活動のレベルが幾つかないとシビックシアターということにはならない。一番上のレベルの活動としては、なによりもいい芝居を見せること、これは重要です。それによって人びとは芝居のもつ真の面白さを理解するようになります。太田省吾さんというのは本当にいい人選だった。彼は日本の演劇人のなかで一番優秀なんです、いま現在。

それからもうひとつは、せっかく太田さんのような人を据えたわけですから、その企画のもとで自分たちがつくるというもうひとつ前の段階で、スタージュ、ワークショップをやることですね。スタージュをやることで、絶え間ない演劇と日常との間の交流みたいなものができるわけです。例えば、チェーホフの脚本のなかから何を読み出せるかということをやらせてみることもあるだろうし、身体の運動だけやらせてみることもあるだろうし、シェイクスピアのある場面を何通りもやることを考えさせてみるとか、いろいろなスタージュが可能なわけです。そういうのを、例えば一月なら一月、三ヶ月置きぐらいに一月の期間をとったりして設けてやるとか、そういう方法がある。

それからもうひとつは、やはり公共の財産なわけで、市民たちが「やりたい」と言えばやる権利があるわけです。そこではある程度の質は要求するけれども、市民たちの自立的な活動は保証する。このような三つのレベルを公共のシビックシアターはもっていなければいけないという気がしています。そうしたら、長谷川さんのいわれるように五年、十年とするうちに演劇が生まれてくる。

普通はそういう理想がないから、箱だけつくって、内容はむちゃくちゃなことになってしまうわけです。けれども、〈湘南台〉では幸いなことに太田さんが来て、彼が仮にものすごいシビアな芸術家であったとしても、そのことが逆に刺激を生んで、可能性のいくつかが開けてくるだろうと。ただ、これは時間がかかることだと思います。時間がかかるけれども、そうやっていったときに劇場が劇場として生き、太田さんも、これから何年かかかって、あのなかからしか生まれえない演劇を、もしかしたらつくるかもしれない。

長谷川　とにかく時間がかかるということですね。一期工事のチルドレン・ミュージアムも、対話集会でお母さまや学校そして子ども会の関係者から内容を繰り返し質問され、私たちでつくって行かざるをえなくなって考えたものです。この工業化社会に慣らさせようとばかりに相当数つくられている科学館と違って、子ども文化センター的なるものとしてまとめました。展示プログラムや、二年分程のワークショップの具体的内容のレポートもつくり提出しました。それに沿って活動が進められ、このミュージアムのあり方を良く理解したホスピタリティーに富んだ若者たちによって運営され、アドバイザーチームもバックアップしています。一期工事はこうしてソフト面とハード面を同時に進めてきました。

二期工事においても、装置、舞台照明、音響を決定するのも、運営管理のスタッフについても一期と同様に同時に進めて行かなければなりませんでした。シアターは最高二四メートルまでさまざまな装置が球面に沿って立ち上がっていく、宇宙船のような空間です。

そのなかで何を企画して行くのかを考え、そして本来の意味でのシビックシアターをめざさなくてはならない。

それにはこの球形の劇場にふさわしい独自の演劇を生み出し、鑑賞する市民をスタートしないと、と考えて奔走したのです。

多木 今日、いろんな話を伺ったけれども、やっぱり長谷川逸子は変わったね。個人住宅をつくっていたときの長谷川逸子というのは、やっぱり個人住宅作家だったし、建築そのものについてしか考えていなかったといえると思う。それが、今日の話でもまだあまり整理できなかったかもしれないし、これから長谷川さんが実践のなかでさらに自分で整理し、分節し直していくだろうことは、やはり建築と社会の関係であり、建築家が抱くコンセプトは従来のエリートとしての建築家が抱いたコンセプトとは別種のコンセプトではないかということだと思えるし、そういうことを考えることがたぶん、単に女性の権利を主張するというフェミニズムではなくて、いままでならば無名の声であったような人間の不思議な力を立ち起こしていくということが、実際はフェミニズム批評の役割なのだけれど、そういう形を——意識されたかどうかはともかくとして——とって、長谷川さんのなかで進んでいるという気がします。

長谷川 いま振り返ればこの建築は、設計の過程で多くの人間関係ができて、それらの影響の結果できているんです。そういうなかで、どこかで私が一人よがりにならない世界が、湘南台の文化センターではできてきていたと思います。初めにある人を頼りに行くと、その周りに身体障害者の人がワーッと浮かび上がってきて、そういう人が必ず使えるようにしようとか、次々に人が浮かび上がってきて、その人たちを引き込みながらやっていくことになった。そういうことで、いままでのように一対一の施主ではなかったということが私の建築に対する考え方に本質的な、大きな変化をもたらすことになったのだろうと思います。

・・・子どもワークショップ

アメリカで初めて講演をしたのは、ちょうど〈湘南台文化センター〉のコンペティションの頃であった。そのとき出会った学生が子ども博物館でワークショップをやっているというので見学に行くと、木片や電気製品の部品などの廃品で芸術的な街を大勢でつくっていた。建築家が小学校や公民館で建築の授業を試みていることも知った。しばらくしてヨーロッパに行き、集合住宅の生活の仕方のマナーとか都市化し変化していくプロセスなどを描いた絵本で、子どもたちが建築や都市についての学習をしていることも知った。こうした事例を建築学会で話すと多くの人たちが興味を示され、私の情報をもとに大勢でアメリカのチルドレン・ミュージアム見学に行った。

湘南台はじめ各地で公共建築を設計するたびに子どもワークショップを開催してきたが、アメリカのチルドレン・ミュージアムが子どもワークショップとの出会いであった。私は子ども時代を海の青さと山や野の緑に満たされた焼津の街で過ごした。建築は自然と交感する装置でありたいと思っているので、心と身体を弾ませる生き生きとした場所がつくる、持続する開放感とその身体的な快適さを次の世代に手渡したいと願っている。

その後、建設省主催の「建築こども教室」の講師として、岐阜県郡上八幡の小学校でワークショップを開いたことがあった。葉っぱの家の模型、近くの川のガラスでつくった家の模型、友だちと火星に住むというスケッチなど小学三年生の作品は夢いっぱいで実に

静岡新聞夕刊連載「窓辺」二〇〇一年、第二回「ワークショップ」をもとに、二〇一八年書き下ろし

美しく感動した。手づくりの模型は、土や草、葉っぱや竹、ガラスのおはじきやビー玉などが使われ、輝いていたのを思い出す。アフリカのピグミーの家みたいな草の家は、なかに手づくりのベッドやハンモック、食卓などを色紙でつくっていて、特に美しかった。

　オランダのロッテルダム建築博物館でも子どもワークショップをしたことがあるが、オランダの子どもたちは色彩感覚が本当に新鮮で興奮させられた。能登半島の先端にある珠洲市の子どもたちに、「まちに欲しい建物」をつくるワークショップを開催したときも、色紙やクレヨンでカラフルに彩られた子どもたちの作品が美しく、オランダの子どもたちに似た感動をもらった。どうしてなのだろうかと思って調べると、絵を描く大人たちがとても多いことを知った。

　大学建築学科の学生作品よりも子どもたちの作品の方がだいたい素晴らしい。焼津西小学校で行ったＮＨＫ「課外授業　ようこそ先輩」[1]の際には、これまでのように三年生ではなく、五年生だった。先生からは、子どもたちはマンションや建売に一部屋付け足すのが夢とはじめに聞かされた。高学年になる程、この情報化社会の影響をうけているのは承知していたが、未来への希望、つまり夢を描くことでいつも新しい空間が開けると考えてきた私にはショックだった。

　なんとか子どもたちの心を開きたいと思い、私が設計した〈湘南台文化センター〉の見学会を最初に行った。着くなり、子どもたちは走り回りだした。昔、小住宅を設計したとき、いつも子どもたちが走りまわっていたが、楽しくて気持ちが高揚すると走り出すらしい。「せせらぎ」でお昼をしていると三角屋根に反射する光が次々に動いて、水面に輝く光景を見た子どもが、光の変化と水に映るのが美しいという。建築に当たる光も考えているのですね、と尋ねてくる子もいる。地下の体育館の前のサンクンガーデンと壁のつる植

〈湘南台文化センター〉

▼1…「つくってみよう　夢の家」二〇〇〇年十月十五日放映

物の空間を見れば、地下にもう一つの地面をつくったのですか、どうしたらこんな楽しいことを発想できたのですか、などなど。子どもたちは立派な評論家だと知る思いであった。どんな家にしたいかスケッチをしたり話をしたりしてイメージをまとめ、模型をつくりはじめる頃から、子どもたちは現実を超えてあるものの楽しさや自由さを見出して行き、私の期待に近づいてきてくれた。このテレビ番組の放映には、友人の建築家伊東豊雄氏をはじめ、数人の人たちが子どもってすごいね、と電話をくれた。

このテレビ番組には、子どもたちが手づくりの家を、体を使って体験しようとする姿がとても楽しそうに映っていた。世界の民家がそうであるように、住む家は住む人の手でつくれるのが良い。私は、子どもワークショップを、その他にも、松山・塩竈・袋井など各地に公共建築をつくるたびに展開してきたが、毎回、子どもたちによる夢の家づくりに感激が残った。

未来はいまがあって成立しているが、いまが満たされていると未来は閉ざされやすく、新しい創造活動を難しくする。子どもであってもワークショップではいろいろなことを話し合う。社会の単位は家族から個人かというレベルの話もした。人間も他の生き物と同様にいろいろの集合のタイプがあっていいのではないかという私の考え方に、あくまでも社会のベースは家族と頑張って主張した子の顔を思い出す。

デジタル化は建築のありようを変えはじめている。難しい計算も速く、難しい形も自由になってきた。しかしつくるのは人間の手だ。人間の身体と建築づくりは切り離せない。子どもたちは自分たちの手を使って、自分たちの身体感覚や地域とのつながりのなかで、夢見たものをつくる。ワークショップで見てきたその美しさを思うとき、容赦なく進むデジタル化のなかで、いま、建築はむしろ弱く不自由になっているのではないかとさえ思う

〈塩竈ふれあいセンター〉

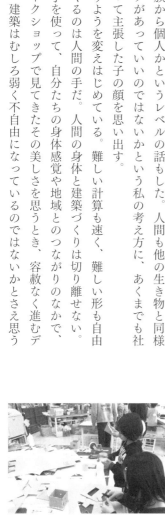

ことがある。設計行為のデジタル化は速く効率的で、時間的余裕をつくってくれることもたしかである。この余裕を上手に活かしていくことが、次の豊かさに結びつくのではないだろうか。

・・・湘南台文化センターの完成を迎えて

Include

それまでの仕事を考えまとめる意味で、以前建築雑誌に載ったときのインタビュー[1]を読み直し、そして〈湘南台文化センター〉の設計のことを重ね考え合わせてみると、建築に向かう自分の姿勢がよく見えてくる。私は、「一貫したdevelopmentを志向するのではなく、アドホック的な姿勢でやってきた」が、それは「いろいろなものを拒否し排除していくことで成り立っているのではなく、すべてのものを引き受け、includeし包み込んでいくようなところで建築を成り立たせたいと考えているからだ」。そこでは「一極集中的価値と関わるロジカルな理性とは異なる、多極的価値の生きられるポップ的理性により建築のリアリティーを成立させたい」と答えている。このような私の思想はフェミニズムの建築ともいえるもので、いままでずっと建築が「男性原理」ともいえるところで成立していたけれども、それとは異なる「女性原理」の建築を提示しているのではないかと司会者は結論づけ、「建築のフェミニズム」と表題をつけられた。私はこのインタビューで述べたことを、先に進めることを考えてきたといえる。

「建築文化」一九九一年一月号

▼1…多木浩二との対談「建築のフェミニズム」「SD」一九八五年四月号。第一章参照

Public

私は公開コンペ後、この設計を進めるに当たって相当数の市民グループとの対話集会を

行って、市民と共に公共建築をつくる意味を問い直すことから、ディテールをチェックすることまでを共同で繰り返した。いままでの公共建築ではいろいろな人たちが利用するため、複数の要望を引き受けることの難しさから、市民の要望は整理排除され抽象的にまとめられてしまう。そうすると使用者側の具体的機能より、設計者の作品づくりのための抽象的機能が優先しやすい。そうではなく、使用する側に立った建築に引き戻すことを本気で考えるべきで、使用者が参加できる具体的対話の原理を追求してみたいという主張を前々からしてきたが、対話集会はその実践であった。そして、公共建築が本来の目的を果たすためには、多くの人びとを呼び集め、その多岐にわたる層の人格にさまざまに対応しうる複数性を具体的に備える建築にすることを、考え出さなければならないはずだ。一つの特色ある複合体としての公共建築は、複数の出来事を引き受け流動する多様性を内蔵する建築にしたいという考えが、根底にあったと思う。特に入賞したコンペ案は、私の主観でつくられた作品ともいえるため、それを一度使用者側に引き戻し、具体的意見参加によって客観的なものに置き直す作業をとおして、さらに再度一つの作品として成立させたいと願った。これは、それまでの住宅設計と同じ手法であった。対話集会は、多くの関係市民と共に公共建築のあり方の根本について、意味を問い直すなかで、共同で繰り返す作業であった。

十ヶ月の設計期間は瞬く間に過ぎてしまったが、完了時に実施設計案をコンペ案と同じ材料と同じスケールの模型にして比べたところ、低い植物棚のエントランスに見られるように、全体的に機能的で柔らかい建築になっていることを知った。このように使用者が参加する具体的対話集会を行った経過は、建築を一つの社会的存在に位置づける行為であり、また支える側の行政の権威の表現ではなく、新しい市民社会の建築の実現という流れをつ

〈湘南台文化センター〉
エントランスの植物棚

くったといえる。建築は、西欧的社会の論理で組み立てられ、公共建築は、エリートとして上位に立つものが下位のものに与えるというかたちでつくられ、そこを使用する市民は、大いなる建築を壊す立場として位置づけられてきた。私もこの対話集会を続ける途中で、先輩建築家からコンペ案が壊れるからやめるべきだという助言は何度もいただいた。あるとき、市民の一人である画家の方からは、このような特徴ある田舎風建築は不必要であり、見慣れた商業地区らしいビルディングとすべきであると批判された。この地区がビルディングで取り囲まれたとき、公園のように空中を残す機能をもちたいことや、自然と都市が共存するという考えをもって反論したことを思い出す。しかしそのとき以外、市民の人びとは、壊そうとするよりも、より良くしようとする態度で対話集会に出席してくれたように思う。

人類の歴史は、ある面から見ると地球を改造する歴史だったともいえる。しかし、歴史を振り返ってみても、今日ほどのハイスピードで地球の破壊行為が進められたことはなかった。かつて開発は、自然と調和を図りながら、ゆっくりと馴染ませながら行われてきた。専門家は開発という言葉の入ったタイトルを次々に掲げるが、市民感情のほうでは自然破壊は許せないと表明しており、両者の間に大きな遊離が起こっている社会状況がある。そのような背景で、私が掲げてきた「第2の自然としての建築」というコンセプトも、市民感情のポストモダンに共鳴を与え、多くの人たちの気持ちと共有しえたのだと思う。床面積の七〇%をサンクンガーデンをもたせながら埋め込み、地上部は人工の庭園のような様相をもつものにつくった。地上部は四方からアプローチでき、対角線にも横断でき、これまでの文化センターのように集会やイベントのないときは閉まっている施設ではなく、常に開かれた建築としてつくられている。今日、世界のボーダーレスの動きにも見られる

〈湘南台文化センター〉

ことだが、近代が共感なき共存の形式、普遍的形式として生み出した社会の否定と崩壊に読みとられるように、切り捨ててきたものを取り込み、ローカリティを意識し、地域性（特殊解）と国際性（一般解）、合理主義精神と非合理主義精神が自然と共存することをめざし、建築空間として語ってみたいとすることが、ここでは支持されている。

建築を新たにつくることは、その成立過程で放棄し失う地形や空間を、新しい自然として生まれてくる建築でより豊かに生成させることだと考える。新たなる建築は壊さざるをえなかった自然を祭る塚であり、自然と交感する装置であると考え表現していきたい。そして建築を共生すべき生態系の様相のなかで読みとりうるようにすることが、私のめざすところだった。「第2の自然」というのは、自然と都市という人工が、また建築と社会のあり方が、相反する関係にあるのではなく、それらが両輪となって回り、共存しうるものでなければならない。それだけでなく、さまざまの問題に対して inclusive な環境や社会について考えることであった。

Culture

この敷地は農耕地域を商業地域にするため区画整理事業によりでき、そしてこの十五年近く野原として空地になっていた。盆踊りに草野球、植物採集や昆虫採集にも、さまざまに使われていた。私は、こうした地域の生活に密着し、いまだ真の豊かさを内蔵しているローカリティをさらに掘り下げ、人間のさまざまな感情や行動、それら非建築的なものを包み込む建築をつくりたい。そのようにして文化を捉えていくと、野原の多機能性は市民文化センターの原器になりうるのではないかと考え、その質を延長させた空間をさらに積極的にコミュニケーション空間としてつくり、立ち上がらせたいと考えてきた。一期二期と仕事が分かれていたので、昨年度オープンした子ども館と公民館の使用状態をいつも見学してきたが、実際池やせせらぎで遊ぶ子どもたちの様子、プラザの瓦のうえで花見のときのようにサークルをつくってピクニックをする風景や、花売りのおばさんが昼寝をしている様子、回遊庭園を散策する高齢者の様子は、野原の延長そのものであった。コンペ時の「地形としての建築」というテーマは、そうした地域、地表面、農耕社会の原風景、宇宙的なる広がりなどと関わる、新しい自然づくりをめざすものだった。

コンペ案に、西欧古典建築といえるパルテノンやローマの水道橋などをコラージュする案があったが、これまでの公共の文化センターにおいては、文化が西欧の階級社会がつくり上げてきた権威、芸術性、高級感、アカデミズムなどを結びつけるところで、建築がつくられてきた。しかし、この工業化社会にあっても見渡せば、農耕社会がつくってきた文化をいまも携えている市民生活が現実であり、この日本の文化も芸術も依然として、日常の衣食住のなかから構築されてきたものであることは明白だ。そうした文化を引き継ぎ、皆で創作活動を続けることで、地域に根ざし世界に発信する文化センターをつくろうという考えがあった。コンペでは、このような文化センターのあり方の提案そのものが、評価を得たと考えてきた。

それゆえに、こういう考えをさらに進めるため、実施設計の期間中、相当数にも及ぶ市民サークルとの意見交換会を行い、コンペ案を市民と共に問い直す行為を繰り返した。これは建築を一つの社会的存在に位置づける行為であり、また支える側の行政の権威の表現ではなく、市民が中心にいる新しい社会建築の実現という流れをつくることを、めざしていた。

建築の工事にあっても小屋根や球儀をつくるハイテックな技術だけでなく、漆喰壁や瓦

〈湘南台文化センター〉
回遊できる緑の屋上庭園

床、植栽など伝統的職人の手によるクリエイティブな仕事と、私たちの手づくりの仕事を導入しながら全体をまとめた。このことも文化センターのあり方に対する意志表明であり、建築物をより親しみやすいものとすることになったと思う。一方この地域の人びとは、文化センターを中心に街づくりをめざして、「湘南台街づくり推進会議」を発足させた。このように、一つの建築の枠を拡大して街づくりに広がっていったことは、社会的に意義深いことであったと考える。開かれた公共建築として、また街づくりの拠点となる文化センターとして、時間をかけてさらに展開していくと考えている。

Soft & Hard

私はコンペ後まず考えたことは、完成したらこの造形的なる建築が目立つのではなく、そこでの内容、人、運営が評価されるようになり、本来の意味での「市民のための文化センター」になることであり、行政に働きかけて、ソフトづくりを建築工事の監理と並行して行っていった。

市民との対話集会で、チルドレン・ミュージアム（子ども館）の内容はどうなるかと、お母様や子ども会の関係者から繰り返し質問を受けた。学校以外のこども教育の問題ということで、熱心であったように思われた。市側が、展示は大手展示会社三社くらいで入札にかけることにしていたのだが、その内容は、いまあちこちにつくられている科学館的なものになるようだった。この工業化社会に慣らさせようと、各地に科学館がたくさんつくられているが、そこにいる子どもたちのなんとも孤独そうな姿がたまらなく見え、そのような施設は横浜にもあるのだから、独自に子ども文化センターらしいものをぜひ手づくりも交ぜてつくるべきだという考えを伝え、私は全国コンペも主催するなど積極的に展示につ

〈湘南台文化センター〉
チルドレン・ミュージアム

いて考えてきた。ワークショップもコンペ案では、工作室、実験室、発表室などの小部屋に分かれていたものを、一つの大きな部屋、ワークショップにするとともに、そのあり方について提案した。ワークショップは、ものを創作することよりコミュニケーションの糸口を引き出し、それぞれが心身ともに解放され、自分の生き方を見つめることが本来の目的である。そのためには大きな一つの空間を用意し、多様な活動ができるべきだという考えであった。コンペ時の内容をそのように変更することで、同時にそのソフトそのものも提出することになり、さまざまな分野の多くの人たちと展示計画書づくりを行い、製作まで行った。ワークショップでも美術、人類学、民族学、映像、建築など、さまざまな人たちに参加していただき、父母から二年分くらいの内容を要求され、具体的プログラムの企画書を提出し、現在そのプログラムに沿って活動が進められている。この企画を実現するために企画運営のシステムも同時に提案し、ホスピタリティに富んだ運営で市民に喜ばれているだけでなく、アドバイザーチームもできてバックアップしている。

Civic Theatre

いままで公共ホールは、全国を巡回する興業的演劇に即座に対応できることを条件として、徹底的な均質化が進行してきたのだが、当初集中したこのシアター計画の批判も、その状況からストレートに導かれたものだった。固定プロセニアムアーチへの要望は最も強いものであり、幾つかのパターンをもち、全開も可能な織物の幕によって額縁を実現する、という結論が最後に出るまでに、何度も市民や演劇団体との対話を繰り返してきた。劇場の歴史のなかではプロセニアムアーチは、人びとがパースペクティブな視点のなかでしか、自らを表現しえなくなった近代の代表的形式であって、演者と観客を明確に分離するその

〈湘南台文化センター〉
ワークショップ

形式は、両者が一体となって対話・交感することを拒否し続けてきたと思う。それに対して私は劇場にあって、舞台の時空と観客の日常的時空の両方を包み込んで、相対的差異を克服しつつ、一体的対話を可能にするような場をつくりたいと考えてきたのである。そして、コンペ時には市民ホールという名称だったこの施設も、市民の演劇関係者の積極的姿勢を反映させて市民シアターと願い出て改名してもらった。

伝統的な紋紗のシースルーのカーテンをプロセニアムとすることで、その場で演じる者と見る者とのボーダーレスな状況をつくり出すことに挑戦しているが、このカーテンの存在はシアターの思想そのものだ。プロセニアムアーチと同様に舞台形式も、アリーナ形式からプロセニアム形式までさまざまなタイプを用意したが、舞台の中心が球儀の中心と一致しないように設定したことによって、この球が一つの中心をもつのではなく、複数の中心をもつ空間となるようにしている。

このような演劇空間は、明治以来の主として外来文化の受容器であった。啓蒙的で権威的劇場から遠く離れて、多くのパフォーミング・アーツの出発点である野外での初源的な芸能の場や、現代の野外テントでの演劇にみられる仮設の空間に近いものと思う。

そして、ボイジャーの惑星探査をはじめとする開かれゆく宇宙時代の、その時間軸の上を生きる人間の世界を演ずる場所として、天空の下の初源的な演劇空間と現代のハイテクノロジーが融合したこの球を、宇宙儀と呼ぶことにした。さまざまな活動が一つの形式のなかに固化してしまうことなく、初源的な生命力をもって営まれていくなかから、創造する文化が生まれるのだと、私は考えている。

この〈湘南台文化センター〉は、一期工事部分の市民センター・公民館と子ども館、そして二期工事のこの市民シアターの、三つの機能をもつ複合施設である。施設全体には、

〈湘南台文化センター〉
アマチュア無線室

シアターの宇宙儀のほかに、全天周映画を投影できるプラネタリウムを内蔵する地球儀、大気測定室としての月球儀、そしてアマチュア無線室の覆いとして宇宙船地球号を提唱したフラーのジオデシックドームがあり、全部で四つの球儀がつくられている。実際、これらの球儀を組み立てるときには、技術者たちが円環運動する衛星のように、あるいは宇宙遊泳をするような複雑な動作を繰り返してつくり上げられたが、姿を現したその球儀は、形態の方向性のなさゆえに力学的に自由な構造体となり、内部に大きな広がりを提供している。このような空間をもつ建築は、その物理的存在を主張するためにつくられたのではない。完成したら、常に人間がその内部の中心にいてほしいと願ってきたのである。

四つの球儀のなかで最も大きな市民シアターについての私の願いは現実となり、大変嬉しいことに、太田省吾さんが芸術監督を引き受けてくださることになった。藤沢にはさまざまな創作活動をする演劇団体の人びとが数多いが、太田さんというリーダーを得て、本来あるべきシビックシアターとして動き出し、シアターのワークショップに参加し鑑賞の幅を広げ、見る目のレベルアップを図ったりして、ここから新しい創作作品や演劇人が誕生していくことを期待している。

・・・ 集団心象としての建築

「SPACE MODULATOR」一九九一年九月

人類の歴史は多かれ少なかれ地球を開発し、人工化する行為を繰り返したのであり、自然を破壊することであったといえる。生のままの自然は人間にとって心地よい空間とはいえないので、気象や風土に対抗したり、適応したり、またそれを変換したりしながら住まう快適さをつくり産出してきた。そこで人間がつくりゆく世界というのは物として見れば人工の魂でしかありえないが、その根底は地球の自然にさまざまな形で支えられている。それゆえすでに自然は人間の存在をすべて含むものであり、人間のつくる空間は新たなレベルの環境としてあり、その在り方は社会や技術の歴史的展開と不可欠なものだ。

そして技術や科学の発展とともにこの開発のタイムスケジュールは大変革を起こしてきたといえる。かつてはゆっくりと自然をいたわり調和をはかりながら創り続けることができたが、今日の急激な技術革新は猛スピードで地球の変革というより破壊を進めることになってしまった。高密度技術は確実に私たちの生活を変えていると感じているが、その詳細をはっきり捕まえられるどころか、その技術社会はほとんど見えなくなるところまできている。そしてさまざまな異質なものを許容し、飛躍してきた西欧思考を取り込み、頼りにするだけでは社会が成立しえないことがはっきりしたなかで、アジアの私たちの国の社会理論を見い出さなければならないのに、新しい社会に対応する理論もないまま、消費社会のなかで物によって私たちの生活を変えることの欲望に流された日々を過ごしてきてしまっている。

物が豊かになっていくことと並行して私たちは生きていることの深みに届かないものを感じ出してきた。そういう状況のなかで人びとは自らの内に広がる原風景ともいえるものに視線を移し、近代的なるものより非近代的なものへ、都市的なものより非都市的なるものへ、芸術的なるものより非芸術的なるものへ、そしてuniversalityよりlocalityへと、さらに当然のことだが関心は土着的で民族的な思想やエコロジーをはじめとする自然との共生へと移ってきた。生活環境から地球規模まで、多くの人びとが問題にし始めている。

市民感情は、開発行為が豊かさも美しさも生み出してきた源の自然そのものを破壊する行為であると表明しているのに対し、専門家は一貫してこの開発を志向している段階であり、両者は共有するイメージを持ちえぬまま、もはや大きな遊離を起こしてしまっている。こうした社会的動きと生活する人びととの思考の遊離はさまざまな所で繰り広げられ、それは建築を通しても見ることができる。日本の建築史を振り返ると、西欧の建築論を踏襲するなかで「大いなる建築」「大いなる建築家」をつくることを志向してきたといえる。例えばメタボリズムをリードした論説の行き着いた所は建築家を天才的エリートに仕立てることだった。

「日々にうつろいゆく時世、流行を追って明日をかえりみない社会、その中に「丈夫な」「逞しい」「力強い」建築をくさびとして打ち込むことが、これが現代日本の建築家に課せられた任務である——それが数年にわたる伝統論の結論であった」。「民衆を滅亡させるものが現れない限り、社会の進歩は止まるのではなかろうか」と、川添登は『建築の滅亡』[1]のなかで語った。その建築家たちは六〇年代、都市としっかり向い合い、新しいアーバンデザインを提示することで、個人としての建築家像を解体して社会性を取り込み、社

▼1…現代思潮社、一九六〇年

会建築の実現に向かうべきであった。しかし、メタボリズムの未来都市の思想も、ドローイングも、その実現までこぎつけないままに、結果としては社会建築家ではなく「力強い」エリートとしての建築家像が残された。また一方で都市に対するものとしての住宅こそこの国の建築を代表するものであるとして、住宅建築を建築家たちは「私」の作品としてつくり続けてきた。都市と住宅、共同体と私を対立するものであると位置付けることを思想の基盤に据えた住宅理論を持って武装し、都市や社会と戦ってきた。「私」という表現者を都市や集団という実態の見えない非論理的なるものに従わせることによって、その主体性を壊すわけにはいかないという考えが都市と共同体への不信感をつくり、ある生活の表現者としての局地戦的論理を保持することで住宅という「私」の作品づくりが繰り返されてきた。「私」としての建築家を支える論理はこのように都市的に巨大化するか、住宅という世界に合わせて矮小化することであったが、どのみち建築家＝芸術家という作家的在り方を築いてきた。そして理論としての住宅論は住宅の理論自体を解体するもので、メタボリスト同様自ら建築家の在り方を課題として残した。その課題を追求する暇もなく経済大国を支える建築家としてメタボリストだった建築家が大型建築の設計者となってきた。工業化社会＝経験主義社会という公式のなかで世代が引き継がれてきた。

いろいろな人が利用する公共建築などの集団心象としての建築は、その多様な要望を引き受けることの難しさと実態への不信感から、人びとの要望は抽象的にまとめられてしまう。そして使用者にとっての具体的機能や人びとの意識を含むソフトより、建築家の「私」的表現のための抽象的機能や形態などのハードを優先し、つくり続けてきた。集団心象としての建築が本来の目的を果たすためには都市の在り方と同様に多くの人びとを呼び集め、その多岐にわたる層の人格に対してさまざまに対応しえる複数性を具体的に備えるものにすることを考え出さなければならないのに。建築は西欧社会で構築された論理を持ってスタートしたものの、戦後の歴史を見直しても、使用する市民はその「大いなる建築」を壊す立場と位置付けられ、建築家やクライアントの権威の表現を繰り返してきた。

しかし市民社会にあって、建築を使用する側に引き戻すことを本気で考えるべきだと、ずっと私は考えてきた。そうするために使用者が直接に参加できる、具体的対話の原理を追求してみたいという希望を前々から述べてきた。そして、個人住宅をつくり続けながら、実践としてのクライアントとの対話や共同作業を導入しながら設計してきた。「私」が社会の一部であり、同時に他者でもあるように、建築もそれを取り巻く都市と深く関わっている。その場合「私」という主体を捨て去るのではなく、「私」を外部の視点から見ることによって一度客観化し、再度主体性を引き戻すような作業をしてみる。対話集会を持つことはそのためのひとつの方法であると思う。こうして考えを進めていくうち、私は大勢の人が使用するような建築は規模に関わらず、その建築を単体としてつくるという発想に変えて、ひとつの複合体、つまり特色ある都市性を内蔵するものだと考えるに至った。都市は非都市的なるものも内包し、複数の出来事を引き受けて流動する多様体だ。住宅をつくるなかで考えてきたこのような方法を公共建築づくりにも延長することによって、市民という共同体と建築の遊離感を取り除いてみたいと考えたのが〈湘南台文化センター〉の仕事であった。

公開コンペで一等をいただいてから五年近くかかって、この十月に全館をオープンさせた〈湘南台文化センター〉の設計を進めるに当たって、相当数の市民グループの対話集会を行って、市民の人たちとともに公共建築の在り方を問い直すことから、その機能をチェックすることまで共同で繰り返した。そして私たちが生きていく場所づくりにしたいと考えた。こういう集会を続けながら、例えば今後、原子力エネルギーに頼らない時代に向かいたいからパッシブソーラーエネルギーを使用する建物にしようと市民が大勢で発言すれば、そのための仕組みを増設することさえ可能なのだということを知った。

この〈湘南台文化センター〉の敷地は農耕地域を商業地域にする区画整理事業によって捻出され、そしてこの十五年近く野原として空き地になっていた。盆踊りや草野球、植物採集や昆虫採集にも、さまざまに使われてきた。こうした地域の生活に密着し、いまだ真の豊かさを内蔵するローカリティをさらに掘り下げて、人間のさまざまな意識や感情という非建築的なものまで包み込んである建築をつくりたいと思った。そうした地域の文化を据えていくと野原の多機能性は市民文化センターの原器になりえるものではないかと考え、野原の質を延長させた空間を、積極的にコミュニケーション空間としてつくり、立ち上がらせたいと考えてきた。建築の施工にあっても頂部がチューリップのように開く小屋根群や球儀（市民シアターの宇宙儀、プラネタリウムの地球儀、大気観測室の月球儀、アマチュア無線室のフラードーム）などをつくったハイテックでデジタルな技術だけでなく、漆喰壁や敷瓦、植栽など伝統的職人の手によるクリエイティブな仕事や、私たちの手で石やビー玉を埋めたり、廻遊庭園に動物の足跡をつくるような反デジタルな仕事を導入して全体をまとめた。手づくりの仕事の導入は、文化センターの中心に市民がいるという在り方に対する意思表明であり、建築物をより親しみやすいものにする機能を持ったと思う。

市民との対話集会で子どもの校外教育の問題もあって、チルドレン・ミュージアムの内容がどうなるかということに熱心であった。この工業化社会に子どもたちを慣らせようと各地に科学館的なものがたくさんつくられているが、そこにいる子どもたちのなんとも孤独そうな姿がたまらなく見え、そのようなものではなくみんなで共同して独自の子ども文

〈湘南台文化センター〉
左：せせらぎなどの装置群　右：パンチングメタルの小屋根と地球儀

化センターとして、手づくりも混じえてつくるべきだという考えで進めた。見ることより、ともに動くこと、体を通した実感として理解することを主なプログラムとしたそのような考えと要求に応えるため全国コンペを開いたり、いろいろな専門家に意見を伺いながら企画書づくりをしてきた。さらにミュージアムでのワークショップは、コミュニケーションの糸口を引き出し、それぞれが心身をともに開放し、自分の生き方を見つめることが本来の目的であると考え、そのためには大きな空間を用意し多様な活動ができるようにしたいと考えた。ここでも市民から二年分くらいのワークショップのプログラムが要求された。そして本来の自分に戻り、埋もれている能力が集団のなかで引き出され、新しい視点の発見と創造に向かえるような数多くの具体的プログラムを企画者として提案したのだった。この企画に沿って運営のシステムも同時に提案するなど、建築というハードだけではなくソフトの設計を同時に進行させることができ、その結果、ホスピタリティに富んだ運営と、多くの子どもたちが集まる施設が実現したと思っている。

一方で市民集会の多くを費やしたのがシビックシアターである。公共ホールは全国を巡回する興業的演劇に即座に対応することを条件として、どこでも同じものという徹底した均質化が進行してきたのだが、ここで集中した球儀のシアター計画への批判もそうした状況からストレートに導かれたものだった。固定プロセニアムアーチの設置の要望は最も強いものであり、いくつものパターンを持ち全開も可能な織物の幕によって額縁を実現するという結論が出るまで、何度も対話集会は繰り返された。劇場の歴史のなかで、プロセニアムアーチは人びとがパースペクティブな視点のなかでしか自らを表現しえなくなった近代の代表的形式であって、演者と観客を明確に分離するその形式は、両者が一体となって対話・交換することを拒否し続けてきた結果であると思う。それに対して私は、劇場に

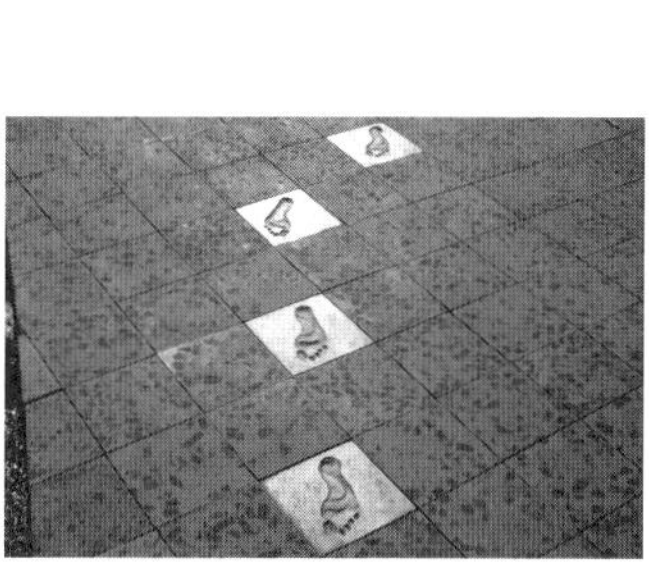

〈湘南台文化センター〉
人や動物の足あとが庭園のあちこちにある

あって舞台の時空と観客の日常的時空の両方を包み込んで、相対的差異を克服しつつ一体的対話を可能にするような場をつくりたいと考えてきたのである。伝統的紋紗のシースルーのカーテンをプロセニアムとすることで、全開から全閉まで六つの開口形状を導入した。このカーテンの存在はシアターの思想そのものである。舞台形式もアリーナ形式からプロセニアム形式までさまざまなタイプを用意したが、舞台の中心が球儀の中心と一致しないように設定したことによって、この球がひとつの中心を持つのではなく複数の中心を持つ空間となっている。

こうしてコンペ時には市民ホールという名称だったこの施設は、市民の演劇関係者の積極的姿勢を反映して市民シアターと改名した。このような演劇空間は明治以来の主として外来文化の受容器であった啓蒙的で権威的な演劇から遠く離れて、多くのパフォーミングアーツの出発点である野外での初源的な芸能の場や、現代の野外テントでの演劇に見られる仮設空間に近いものだと思う。開かれていく宇宙時代のその時間軸のうえに生きる人間たちの世界を演ずる場所として、天空の下の初源的な演劇空間と現代のハイテクノロジーが融合したこの球を私たちは「宇宙儀」と呼ぶことにした。

建築を新たにつくることは、その成立過程で放棄し失う地形や空間を、新しい自然として生まれくる建築で、より豊かに生成させることだと考える。新たなる建築は常に壊さざるをえなかった自然を祭る塚であり、自然と交感する装置であると考えて表現したいと考えてきた。その実践として「第2の自然としての建築」というテーマを掲げてきたが、それは理性により構築されたものとして他の物質の存在様式から峻別されたものとしての建築を考えることから離れて、自然の一部としての人間のその意識のなかに在るような空間を生み出すことであり、さらに自然は人間存在のすべてを含むという思考の基で共生すべ

〈湘南台文化センター〉
シビックシアター(宇宙儀)

き生態系の様相により記述され、また読み取りえるようにすることであった。別な見方をすれば近代が共感なき共存の形式、普遍的形式として生み出した合理主義によって切り捨ててきた、豊かではあるが半透明な情感の世界を取り込むことや、宇宙の不可思議な調べを聞くための装置を付加することも含まれている。それは合理主義精神と非合理主義精神が、国際性とローカリティが自然に共存しえる状況を、現代の科学技術文明のうえに耐えうるものとして再構築することで、新しい時代に対応した市民社会の建築をめざし、創り上げたいという考えでもある。

こうした「第2の自然としての建築」というコンセプトは市民感情と共感のえられるコンセプトであることをこの対話集会で知った。床面積の七〇%もを、地下にサンクンガーテンを持たせ、もうひとつの地表面をつくるというテーマを持たせて埋め込み、結果として地上に開放的な庭園のような空間を生み出した。しかしこの地下の公共空間へのなじみのなさに反対が起こって、このような在り方を地元の人たちと共同で考えることから始まって対話集会は続けられた。人びとは実にさまざまな意識とセンスを持って生活しているといえるが、その大きな空間は建築家の主体性に属しながら、ときにはそれに立ち向かいながら、この往復運動のなかで建築と社会の関係を考え続けてきた。それが〈湘南台文化センター〉の設計であったといえる。その〈湘南台文化センター〉を完成させて考えるに、私は一貫して排他的なdevelopmentを志向するのではなくアドホックな姿勢で建築に向かってきた。それはいろいろな複数のことを拒否し排除していくことで成立しているのではなく、複数のことを引き受け包括していくinclusiveな建築を生み出したいと考えてきたのだということがはっきりした。それは一極集中的価値と関わるロジカルな理性とは異なる、多極的価値の生きられるポップ的理性により建築のリアリティを成立させたいという考えでもあろう。このような姿勢は多くの人びとの不可思議な意識を立ち上がらせていくという意味でのフェミニズムともいえるであろう。〈湘南台文化センター〉は、その集団心象としての建築のひとつの実践であった。

まだ体験されていない自然の姿　湘南台文化センター

植田実

「SPACE MODULATOR」一九九一年九月。植田実『都市住宅クロニクルII』みすず書房、二〇〇七年所収

この施設は、かさばる箱をできるかぎり地下に埋めて、地上を庭園建築とする構想で全体がまとめられたと、設計主旨にある。

しかし、実際は、こうした説明から予想される風景とは異なっている。地下に埋められたというより、地底にあったものが地上に隆起し、また地表が一気に陥没した活動が感じられる。堂々たる東立面や、敷地のいたるところに亀裂を入れたサンクンガーデンの立面は、大地から切り出されたばかりの断層を表わしている。埋められた表面を草木が覆ったり、人工物で隠された印象とはほど遠い。

地上に見える庭園は、金属と焼かれた土と湧水とガラスに支配されている。静かな自然の場所に何かが起こったのである。道路とレベルが接して、庭園の様相がかろうじて残されている南西の一角でも、木々はその幹も枝もすべて金属と化し溶解しつつある。枝に実るブドウのような房はステンドグラスと変じて、かつて陽光の下で透し見た美しい色合いのみを残している。

その周辺はすべて隆起し、また陥没している。庭を歩く者の眼は、仰角と俯角のあいだを激しく揺れ動く。水平面として残された地表には一木一草も生えていない。その中央が裂け、水が湧き出ている。

巨大な星が、庭園に衝突せんばかりに迫っている。そのために突風が吹き、大地が揺れ

たにちがいない。星からも涎みたいに溶けかかった金属の階段が流れ出している。地表でそれは冷えて水の流れに変わり、南西端の果樹園へと向かつている。

この庭園では湘南の自然の再現がめざされたというが、ミニアチュアと化したノスタルジックなつくり方だったらとうていそのように見えなかっただろう。ここではすべてが、破壊され、凝固し、侵食され、褶曲し、凝縮され、撓み、変形している。この駅前一帯の、ただ覆うだけでは何もかも均質化してしまう環境のなかにあえて自然を引き入れようとすれば、こうするほかに手段はなかったにちがいない。

覆うことを排した自然、それは露出した裸形の自然である。この庭園は囲われてさえいない。露出した形がそのままエレベーションとなっている。東の道路には大地の断層が大々的に現れている。巨大な星が何かの出来事のように北側の道路面に転がり出ている。西側ではこの法外な庭園を構成するあらゆる要素が出揃って、駅のほうから歩いてくると、住宅街の屋根ごしに少しずつ、パフォーマンスのように顔を出してくる。

これは庭園においてだけの光景ではない。地下二階から地上四階にいたるほとんどすべての部屋と通路が、露出した自然に侵食され、またみずからが他を侵食している。閉じられ、孤立する部屋はないといっていい。たとえば市民センター公民館ロビーやこども館ロビーの天井には、巨大な星が割って入り、地下の公民館ホールは外部に大きく開いていると同時に、そこにいたる通路は、落ちてきた星の痕跡が残されているような体育館の円形の輪部と曲折させた面によって複雑に変形させられている。同じフロアにある談話室群は、一方はサンクンガーデンの地層に面し、これらを結ぶ屈曲した通路の天井にも稲妻のような亀裂が走っている。その突き当たりにも地層が顔を出し、そこから空を見上げると、地表の池のまわりで遊んでいる子供たちがこちらを見下ろしている。

〈湘南台文化センター〉
地球儀とせせらぎ

子供たちのスペースは垂直方向にまとめられ、こども館のロビーはその半分が陥没して、地底に潜む生きものたちの姿が上から注ぎこむ陽光のなかで大きくなっていく。そこを降りていけば、子供たちが地底の動物のようにうごめき興奮している展示ホール（といっても、ただ見るだけの展示物はひとつもない）に出るし、ガラスチューブの階段室を昇っていけば、星（「地球儀」）の底部に達する。この星の内部は上に向かうほどに膨張していく。

道そのものも、町に対して剝き出しになっている。庭園の門はない。焼いた土と水のプラザは夜も開かれたままだ。その東南の一角がまた隆起して大階段を形成している。そこを昇りつめると、今度はいきなり自然そのものの植物群に出会う。プラザから見上げているかぎりは隠されて見えなかった散策路が、敷地の周辺に沿ってぐるりと巡らされている。あるところでは坂道となり、あるところでは突然雲のかかるブリッジに変わる。その道程に大小の星々が浮遊している。

全体が一見ルーズに配置されている構成は、遊園地のパビリオンや四阿《あずまや》のあり方を思い出させるかも知れない。しかしまったく異る発想によっている。ここには懐古的な建築の影がない。人類の歴史においてつくり出された建築の様式と、それを消費してきた発想の構造が、可能なかぎり回避されている。長谷川逸子による「第二の自然」「新しい自然」のキーワードは、一般に流布されるにつれて、それらしい人工物や植栽などによる自然の再現といった解釈で薄められてきた感があるが、競技設計案の説明で具体的に指摘されているように、「人間が初めて氷河を見たときの震憾」が、彼女の言う「自然」の光景であることにほかならない。山でさえも二百年の間に、ロマン派の芸術家たちによって「発見」されてきた自然だった。ここでめざされているのも、まだ体験されていない自然である。

プラザもワークショップも、思いがけない異変に立ち会ったかのように群れ集まってい

〈湘南台文化センター〉
通路天井

る子供や老人や若い親たちのあいだを抜けて、いちばん大きな星、宇宙儀を最後に訪ねた。宇宙船の内部のようにも、またその外部空間のようにも思えるシアターのなかでは、舞台に花を飾り立てててのカラオケ大会が盛りあがっていた。地元の人たちが「未知との遭遇」を楽しんでいる光景もまた見事な絵になっている。

（うえだまこと／評論家）

第五章

「生活者としてのアマチュアイズム」

第五章には、〈湘南台文化センター〉の設計期間中、一九八六年から八八年に行われた講演記録と論考を収録している。話し言葉による湘南台の紹介は、第五章にあるような専門家向けのテキストとは語り口がやや異なって、多くの市民と話し合いを重ねてきた経験を反映しているようにみえる。長谷川が毎週のように藤沢に通い、ときには夜中まで議論したという市民との交流は、いわゆる行政による各町内会での事業説明会や意見のヒアリング、教育委員会などの関連部署とのすり合わせ、地域の関連団体の代表へのヒアリングといった行政的な枠組みには収まらず、障害者アートの支援をしている市議、若い芸術家、地域の劇団関係者、小学校長など個人を起点とした地域に広がる私的なネットワークとの交流も含まれていた。そういったことから、地域で子育てをする女性たちの、子ども館の展示企画を大手広告会社ではなく、長谷川に依頼したいという声が上がり、太田省吾をシビックシアターの舞台監督に迎えるといったアイディアも育ってくる。残念ながらこうした私的な交流の記録は残っていないが、長谷川独特のしなやかな感受性で人びとの声を聞き、生活のふるまいを観察することで使い手の側に立って建築を考える姿勢は、その後の公共建築の設計にも引き継がれていく。

市民との数多くの出会いや話し合いから得られた、生活者としての視点、専門家任せにするのではなくアマチュアの視点で都市や建築のあり方を考えることこそ必要である、という主張は、つくる側・管理する側だけではなく、使う側の市民も自信を持って意見を表明し、議論に参加しにきてほしいという呼びかけのようでもある。

「生活を都市のなかで捉えなおす」（一九八八年）は東急建設が主催した連続講演の記録である。『女と都市』と題された書籍には、長谷川のほか、坂本春生（通産省）、石井幹子（照明デザイナー）、島森路子（評論家）らの講演が収録されており、長谷川の講演も建築以外の分野の聴衆も想定した柔らかな語り口になっている。表記のほか、わかりにくい部分の言い回しなどを修正した。

「アーバンスピリット」（一九八七年）は東西アスファルト主催の連続公演の記録で、建築関係者が主な聴衆である。後半の作品紹介を省いた（〈緑ヶ丘の住宅〉〈徳丸小児科〉〈桑原の住宅〉〈小山の住宅〉〈NCハウス〉〈富ヶ谷のアトリエ〉〈練馬の住宅〉〈東玉川の住宅〉〈眉山ホール〉など）。

「開かれた建築」（一九八八年）は「建築文化」誌に掲載された、日本の「繁栄」への批判を含んだ論考である。

・・・講演

生活を都市のなかで捉えなおす

原題「生活を都市の中で捉えなおす必要性」。東急建設社長室広報部編、日下公人・坂本春生・長谷川逸子・石井幹子・島森路子『女と都市』東急建設・井上書院、一九八八年

私ははじめから大きな目的を持って大建築や都市計画をやろうという感じではなくて、住宅とか、家具とか、自分の身の回りにある規模のことをやっていこうと思っていました。それを社会的なレベルでしたいと思って工学部建築科というところを出ているわけですけれども、ずっと住宅がテーマでやってきました。

私が希望して行った大学でも、設計事務所に勤めたときも、私がめぐりあった建築家の先生方は、フェミニストでやさしい人ばかりでしたから、建築を夢中でやってこれました。独立して、思いがけず公共建築のコンペに入ってしまって、現場をやっている今日この頃ですが、いまいちばんしんどい思いをしているところです。

住宅設計をやっているときは、一般認識として女性は非常に細かく気を使ってくれるだろうという期待があるわけですから、そう気まずいことというか、難しいというか、とにかく女性であるために困るということはそんなにありませんでした。

私の友人の男性の建築家に、女性のクライアントが来たら絶対仕事をしないという人がいます。お施主さんが女性だと、そのときどきの欲求が大きくて、設計を一年も延ばしていれば飽きて、また別なことを言い出す。女性はとかく時代や流行に敏感で、そのときどきの欲求に流されているところがあるので、付き合っていられないと言う。私もそういうことには遭います。住宅というのは、建築家の考えだけでねじ伏せてつくってもでき上が

りませんので、住み手と共同作業をするわけですが、そのコミュニケーションが難しいのはとかく女性であることが多くて、男性あるいは子どもたちのほうがうまくコミュニケーションができるという経験はありません。

日本では建築の技術者は大工さんという職人だったわけです。彼らはもともと住む人と共同しながら、その人のために何かつくることをやり甲斐にしているところもある。あるいはいま考えれば相当その地域全体のまちづくり的なこともしているわけです。さらに環境とか自然という大きな広がりのことも考えて仕事をしていた。私は木造住宅の設計が多く、現場でたくさんのことを大工さんに教わりました。物をつくる神経みたいなものは、私は大学でもどこでもなくて、大工さんから学ばせていただいたという感じがします。こうして住宅をやってきたからずっと建築をやってこれたのだとも思っています。

この頃になって、大きな仕事もくるようになりましたが、住宅が持っている大変な問題やこまやかな神経がいることを決してないがしろにしないように、いまでも住宅を片方の机でやりながら片方で大きな建築の仕事をするというふうに心がけています。

事務所のスタッフの女性を現場に差し向けようとすると、これは抵抗が多いです。最近は、ずいぶん理解も得られてはきて、住宅をやるときでもうまくいっている場合がありますが、かつては私の女性スタッフが現場に行こうとしたらクライアントから断られたことがありました。社会性がないのではないか、経済観念がないのではないかという不信のためらしいのです。私も若いとき、住宅をやろうと思ったら、子どもも育ててないだろう、夫婦生活も知らないだろうと、知らないとやったらいけないという時代もあったわけです。なかなか保守的なことが住宅設計にはつきまとっています。

いま、公共の仕事をしていて、とてもしんどい思いをしたと先ほど申し上げましたが、住宅をつくる現場とはまったく違って、本当に大きな施工会社というのは土建業だなという感じがします。とにかく建築家というのは、とても会話するのが難しい人種だと決め込んでいるそのなかで、会話をしなければならなかった。そして役所のほうでも、よく役所に苦情に来るのは大体その地域で生活をしている女性なわけですから、何か女性の顔をしていくだけで、抵抗を覚える役所のスタッフもいるわけです。ですからいま、公共という社会的な仕事をしようとするとき、女性であるために、コミュニケーションをはぐらかされている感じがしているところです。でも一年間設計をして現場をやってきて、ようやく、この頃になって関係者に理解が得られるようになってきた。時間がいるけれども、女性が社会的な仕事をしていくと、男性とは異なる視点が加えられることになり、本当に成熟してくれれば非常にダイナミックなことができる時代に向かえるのではないかと、今日この頃は実感しているところです。

私の事務所はなるべく自由な発想をするグループにしておきたいと思っていますから、洋服の規制もしないでいますが、建築にはどうも自由業的なところもあるし、芸術的なところもあるし、技術者的なところもあるし、いろいろミックスしている雰囲気がつきまとうものですから、その自由な服装も問題になることがあります。ある大きな企業が仕事を頼みに来たとき、事務所の人たちがみなフリーな洋服を着ているのを見て、企業の方は、大変自分たちと違う人と仕事をするようだ、非常に付き合いにくい、と思われてしまった。スーツを着てくれないと仕事をしないと言われて、私たちはディスカッションしてその仕事を断った。まだまだ物を自由に発想することや新しさというものは、一流企業は引き受けない。あるいは、女性というのはいつでも同時的にいろんなことを考えるので、いままでの秩序あるところへ突然突飛なことを言ったりするのではないか、というようなことから断られたのだという思いを残しました。

私が自分の仕事を通してこの頃考えていることを話してみたいと思います。外国の建築家がずいぶん東京に来ていて、週に一、二度は会い、東京の感想を聞いていますが、いろいろ異質なものと出会えるし、人びとが生き生きしていて活気がある都会だと大方が見ている。私がつくる一個の建築も、そういう都市化のなかではもはや一つの自立した建築の問題ではやっていられない。まさに環境としての建築をつくっているのだという意識がずいぶん前からあるわけです。一つの住宅をその敷地に埋め込む――ようやくできた空き地につくる感じですから、埋め込むという感覚があります――そのことはもちろん住む人も新しい空間を手に入れて、日常が変わるという雰囲気もあるのですが、新しい空間性はその感じがその地域全体に広まる。一つの建築が持っている力は大きく、住宅程度の規模でも都市的広がりとかかわる。一つ一つの住宅をつくっていてもそんな感じがします。

ビルやマンションや公共建築などの大規模建築の都市環境へのかかわりは、その大きさゆえに相当な影響力です。

いま私は大きな建築をつくっているわけですが、私の世代というと四十代ですが、まだ大きな仕事をしているわけではない。次々建てられているビルディングをつくっているのは経験のある建築家と無個性の大事務所です。これは外国には見られないことで、多分日本独特のことだといっていいくらいに思うのですが、本当に経験というのが大変重要な国でして、経験がある人しかつくれない社会です。つまり建築を思想としてよりも技術としてみていることの表れです。限られたグループが日本中つくってきて、日本国中が同じような建築と都市になった。地域の個性も歴史も消されていくわけです。大きな建築くらい都市の風景にかかわっているものはないわけですが、硬質で威圧的なビルやマンションが次々つくられている。私はあの大きな塊が私たちの住宅や生活空間のあり方と違いすぎることに抵抗を覚えて仕方がないわけです。

一九八〇年以前に比べると、日常品のデザインも変わり、生活もずいぶん変わってきている。ファッションや食べることなどの方向からみると、ヒューマンで感覚的世界が展開し、生活空間が開かれてきているのに、建築はなかなか変わらない。いままで建築らしさを求めて締め出したものを取り戻して、やわらかくしなやかな環境づくりをめざす、ポストモダン・ムーブメントともいえる動きが新たな環境を少しずつ開きはじめている段階です。

文化というようなことを考えるレベルと、建築というハードなそのものとのギャップが大きすぎるのではないか、と多くの人が思っている。建築というのは建設するということがつきまとい、さらには都市における複雑さや安全性などいろんなことで拘束が多く、簡単に変えられない。まさに都市のグラウンドラインの下には大変な設備が埋蔵され、秩序づけられ、安全性を保っているわけですから、歪みや非直線を持ち込むことは困難である。科学技術とかハイテク産業からみたらいまや相当遅れているのが建設業だといえます。しかし、それでも日本の技術は諸外国から見たら進んでいまして、いま私たちが考えるしなやかさとかやわらかい空間というのを非常に高技術でつくれる可能性はあるわけです。しかし、非常にしなやかな建築を発想しても本当につくり上げるのはやさしいことではありません。イメージを一度デジタル化してもっとそれを消化してやらなければ、ふわっとなんてよく女性が言う、あの建築はできないわけです。

いま、藤沢市の〈湘南台文化センター〉をつくっています。私はコンペの要綱を読んだときに、まずそこは商業地域でビルディングみたいなヴォリュームの建築ができるし、そういうものを要求していたように思ったのですが、民間ができる限りの床面積をもってヴォリュームをつくり、経済効果を上げることを競う、その競争に加わることは避け、何よりも、公共建築は新しい都市空間をつくっていくひとつの指標にならなければいけないと考えました。地下、つまり外観のない建築として、その大きなヴォリュームは地下に埋蔵し、アンダーグラウンドビルディングにした。地上にはまさに私が日ごろ思い描いている自然のイメージを建築化するものです。地形のような、民家集落のような、あるいは宇宙的なイメージを持ち込み、ひとつの自然としての公園建築を提出しました。

さらに従来の公共建築というのは、目的があって、いろいろそのことにかかわりがある人しか使わない。そうではなくて公――パブリック――誰にも開かれたもの、としてさまざまな人が無目的でもそこへ来て使える。そういう公園のような建築物にしたい。そう思って設計に向かったときに、もはやいままでの建築というイメージとは異なる表現になりました。

もう一つは、コンペですから、理想を組み立てました。いままでの公共建築には建築家としての思いがこもっていて、コンペ案はどこか非常に作品的だったわけです。その作品性を消さなければならないと、まず考えました。ずっと住宅をやってきた者としては、住宅というのは本当に徹夜して、朝放り出されて帰ったりすることもあるくらい一生懸命、住み手の生き方と建築家の思いをかけて、論じ合い、共同作業をするわけです。住宅でさえ共同作業するのに、この建築がコンペで入ったからといって私の考えだけでつくるわけにいかないと思いました。多くの人に利用されるために、公共建築こそ作品性にこだわらず、無名化しなければいけないと思った。いろんなことを考えて、市民の前に出ていって、私は一年間スタッフが設計図を描いている間、ディスカッションを繰り返すことにしたのです。それが設計だと思ってやってきたわけです。市民がその建築を考えることに参加したら、でき上がってから違うものになるのではないか。そんなことを思って一年間、利用者に会ってもらってきた。

一年間やっていて思ったのは、大勢の人が集まってその人たちの要求を全部聞いていると、本当にそのときどきのことや個人的すぎる要望もたくさん出るし、話し合っているといろいろな立場があることが見えてきます。いろいろな考え、いろいろな生き方をしている人が、その小さな地域だけでもいることが見えてきて、その多義性を含む共生空間をめざし出すことです。いろんなことをただ親切に設計してやっていくところで建築ができるわけではないのです。

それからなによりも、市民活動のまちづくりのなかでは、建築家として、何をつくりたいかという思想をちゃんと持っていないとまったく共同作業ができ上がらないということも感じました。〈湘南台〉はコンペでまさにコンセプトがなければ通らないものでしたから、「新しい自然を求めて」という、テーマを持って設計しました。それがみんなと共有できるものにまでできたから、一年間ディスカッションを続けられたし、私の案がよりよくなっていく方向に変更を重ねられたと思う。

ひとつの建築をつくる——それはまちづくりと同じことでした。この建築をつくることを通して環境をどうしたらいいかはもちろん、緑化について、道のつくり方について、街灯について、高齢化社会について、子どもの教育について、社会教育についてと論じ合ったのです。私事というのと共有ということをもっともっと議論しなければいけないと思います。

私の住む中野は、道路も狭く、入り組んでごちゃごちゃになっていて、高齢者もいっぱい住んでいる。東京全般についていえるのですが、住居もアパートも、内部はこぎれいで居心地よいものになってきているのに、外までゆきとどかない。高齢者がいつも怒っていることは、アパートに住んでいる若者のゴミの出し方がひどいことです。そのためにゴキブリがいるのだとよく叫んでいます。実際アパートに住んでいる人たちは、まちに定住している人たちに任せきりで、ゴミをちゃんと出すことができないということは事実です。一生懸命、行政もゴミの問題にとりくんでいると思います。私もときどき自分でゴミを出し、あのゴミ集めの大変さを見ながら、女性はいろんなことへ参加したがるけれども、ゴミ集めに従事しようなんて多分思わないのではないか。あのとても耐え難い匂いのするゴミ集めに女性も従事してみる必要があると考えたりします。まちづくりを叫びながら、外部空間に視線を向けない。その視線を持つことから、まちづくりは始まるのだと思います。先ほど、行政に苦情に行くのは女性だといいました。苦情に行くけれども、共同作業する場は持てないでいる。行政のほうもタテ割り構造で、市民の対応を難しくしているといえますが、行政と市民が共同作業をやらないと、これからのまちづくりは先に進めない。そんな感じがしています。

今日、もし問題提起できるとしたら、「私と共生」ということで、国際化時代に向けて、次の新しい共有空間、つまり都市空間をどのようにつくっていくべきかを生活者の立場で考えたい。都市には身体障害者もいれば高齢者も子どもや若い人もいれば女性も男性もいる。まさに外国人という違う生活をしてきた人たちも増えている。とにかくいかに異物を引き込めるかというのが都市空間をつくっていくときの課題だと思って私はやっておりますが、これから展開すべき都市空間のあり方を問題にしたいと思っています。

私は建築一つつくるのも、建築一つの問題ではなくて、まちづくりと同じだと思ってやっているわけです。まちづくりというのは実にさまざまなことが付随していて、難しいことですが、本気で取り組まないと、日本中の都市がガラクタ空間になってしまいそうに思います。東京も巨大化して、行政の人たちに住んでいる人たちが見えるのかなあ、やはり生活をし、働いている人から意見を上げないと届かないだろうという感想を抱いています。

講演

アーバンスピリット

東京と藤沢の往復で感じること

今日はお忙しいのに、よくお集まりいただきました。今日の話のテーマは「アーバンスピリット」で、訳せば「都市感覚」ということですが、私がこの頃考えていることをお話しして、それからあとで私が設計した建物を、スライドで見ていただこうと思います。

ちょうど十日ぐらい前、日本の建築のビデオをつくるためにアメリカのケネス・フランプトンさんという建築評論家が、私の事務所にやってきました。そして、来るなりビデオ撮りが始まりました。

いちばん初めに〈湘南台文化センター〉の模型を映しながら説明しました。すると彼は「『新建築』の英語版である「JA」でこのモデルは見た。でも実際工事に入っているのは大変驚きである。日本の地方都市には、こういうものをつくらせてくれるような文化があるのか。一体なぜこれができたと考えているか」という質問をしてきました。

政治家に聞いているような大きな質問で、大変戸惑いました。藤沢市は、東京から一時間ぐらいの神奈川県下の人口三十三万人ぐらいの都市ですが、ここ一年間通ってみて、私が住んでいる東京とだいぶ違う感じを抱いていましたから、そのことからお話ししました。

首都圏でも東京というど真ん中よりその周辺にはまだ自然が残り、田畑や山や海もあり、そしてちゃんと生活をエンジョイしている人がいる。そういうまちは知的レベルも高く、

『私の建築手法　槇文彦・長谷川逸子・伊東豊雄・石井和紘』東西アスファルト事業協同組合・田島ルーフィング株式会社、一九八七年

東京を支える情報を提供しているらしいと感じさせるほどで、そこで市民の同意を得ながらプロジェクトを進めてきたことを話しました。

今日、ここにいらっしゃる皆さまもきっとそのあたりをお知りになりたいんだろうと思いますので、〈湘南台文化センター〉の計画が実現するに至るプロセスをお話ししたいと思います。

いま東京は、情報が集中しているとか文化の中心のようにいわれます。私は中野区というところに、八十四歳のおばと一緒に住んでいるんです。近くには高齢者が大勢住んでいます。密集地で木賃アパートもたくさんあります。地方へ出掛けてみて、自分の住んでいるところと比較しますと、決して豊かな感じはないわけです。商業空間は豊かさを表現し、日々華やぎおもしろさを増しているのに、住環境には豊かだといわれるなかの貧しさを感じます。マンションが多いため、ゴミの出し方もひどかったり、道路は狭くて、それでも隅々まで車は入ってくるし、どうもそこに生活している者はずんずん貧しくなっているなと感じるのが、いまの東京なわけです。

そんな東京から藤沢に通っていると、私は東京よりもちゃんと生活している人がいるなあと、つくづく感じるのです。

私は発注を受けてから市の関係者、つまり市の理事といわれる方とか、まちづくり会（藤沢市の湘南台区域は昔から別荘地でしたから大変有名な文学者や哲学者が住んでいて、そういう人たちも含めた町のインテリの人たちが町を考える会をつくっている）へのコンセプトの説明会なんかはすでにしていたんですけれども、大変よく理解していただいて、反対が起こるような雰囲気はなかったんです。

ところが、地元への説明のときに、大変な状況があったそうです。私は最初の地元への市の説明のときは行っておりませんで、偶然藤沢市へ行っていた事務所の者がどんな感じか、助役さんについて行きました。「とにかく建築家は大嫌いだ」と叫んでいる人がたくさんいたらしいんです。私の案も非常に思いがけないもので、こんな特異なものをなぜつくるのかということのようでした。

早速、市のほうから、変更の要請がありました。私の計画案はほぼ敷地いっぱい（街区全体）にひろがる施設群を地下二層分のヴォリュームで埋めてあるわけです。アンダーグラウンド・ビルディングになっているのですけれども、反対している人たちの意見は、その部分を全部地上に出して、そして私がつくろうとしている民家集落のような小屋根群とか、プラネタリウムやシアターの埋まっている四つの球は空中庭園みたいにやったらいいのではないかということのようでした。

地上にビルディングのヴォリュームを残さないで、ヒューマンなスケールの人工庭園のようなものにしたいと考えてきた私としては、「そんなに簡単に結論を下さないでほしい、自分で説明に行ってみたい」と申し出ました。

このプロジェクトは複合施設でして、子ども文化センター、公民館、シアターとか、あるいは区画整理事務所とか、市役所の出張所である市民センターとか、たくさんの施設が入っているものですから、そういう施設の関係者にも会いました。住民たちは施設全体が自分たちの住む都市に影響を及ぼす関係で、公民館を中心としてずいぶんと全体的な興味から部分的な興味まで持っていました。結局十五、六回行き、さらにほかの関係団体とも会ったので、合わせると数十回説明に行っています。

そういう会合に出向いて感じたのが、藤沢市ではちゃんと自分たちの地に足のついた生活をする人がいるということですね。巨大組織になりすぎた東京では生活をしている人の意見を反映させることはずいぶんとむずかしいけれども、地域の生活についてそういう人たちが主張をしている。たとえば公民館は、今度私のつくるもので十三個目だそうですが、大変に生涯教育が発達していて、十三ヶ所ではまだ少ないという。立派な体育室とか小ホールとかカルチャーセンター的な教室、陶芸室、音楽室などをたくさん持っている施設が、いつもフル回転で使われているわけです。それぐらい皆さんが活躍していて、そしてコミュニケートしている。市民生活と社会教育が直結している。生活者のアマチュアイズムを聞き入れた行政がある。

そして町は南北に非常に長くて、一番南には江ノ島があって、非常に伝統を重んじた生活をしている人たちがいる。湘南の海は首都圏の夏のレクリエーションの場所になっています。海岸線は住宅地で緑が多い、かつての別荘地である。次は市役所を中心にした官庁街と商業地域があって、そして工業団地があって、さらに北では都市農業をやっている。非常に明快にそんな区域が並んでいまして、いろいろなことをしている人がいるために、生活というものがちゃんと見える。そうすると豊かだなぁということに結びつく感じがするわけです。

私たちはいままで、仕事場が東京にあるから東京に住む、とやっていたのですけれども、この町で初めて知ったことは、海が見えるところに住みたいから、ここでできる仕事をする、そういう人たちがいるのですね。これには新しい時代を感じます。もともと楽しい生活をするために働くのだから、考えてみれば当たり前のことですが、その当たり前のことをしている若者がいる。そして、できることをやっているのです。「星の村」で精神薄弱児とおいしい手づくりの野菜づくりをしている人、木工所の人、湘南劇場の人たちなどがいる。東京に勤めている人もいるのですが、さまざまな活動をしている魅力的な人たちがいる。一人でも魅力的な人がいるとみんな集まってくるわけです。

私の家の近くの西新宿周辺やオフィスのあるお茶の水も、みんなが「情報が集中しているすごいところだ」といいますが、生活している人間としてはそう感じない。情報が創造されているというよりも、流通していく、とり残されつつ流れているという気分がする。ちゃんと生活している人がいる町に行くと、そういうことをもっと強く感じますね。

プロポーザル・コンペティションということで、〈湘南台文化センター〉は特異な建築の入賞でした。この特異でコンセプチュアルなものを、このまちの人たちによくみてもらい、そして、ここで求めた「新しい自然」というテーマも共有してほしいと考えました。そのため、何度も大勢の人と集会を持ち、商業地域なので高いビルが建ち始めているこの地域に「新しい自然」を持ち込み、この辺一帯の環境を決めていく指標となるような建築を考えていることを聞いてもらった。さらに、利用者の考えも出してもらった。地下二階のアンダーグラウンドビルについて、そして地上の公園としての建築、風景としての建築といえるものに、集会を続けていくうち、相当の理解が得られていくのを感じました。

環境のなかの同質化と異質化

この間、ある衛生陶器会社の論文によるコンペティションの原稿を読む機会があったんです。専門分野、学生、一般と分かれていて、「二十一世紀の水廻り」とか「二十一世紀の住居について」というようなテーマの懸賞論文の審査員をさせていただきました。その論文を読んでとても不思議に思ったのは、二十一世紀の水廻りの提案にどうしてか、人口が集中した大都市の、一人の居住面積が非常に狭いところの提案がたくさんあったことです。

〈BYハウス〉
長谷川逸子・建築計画工房の当時のオフィス

たとえば浴室。小さな浴室しかない。それもゴム状にできていて部屋のなかにあって、広々と入りたいときのため、まわりの素材が少し伸びるような材料になっているとか、さらに何もしないでいる間にあっちこっちからシャワーも出てきて体をきれいにしてくれるマシーンであるとか、今日ウンチをしたら、便を分析してこういう栄養が何が足りないからこんな薬を飲んだらいいとか、どこどこが具合悪い、明日からこういう生活をしたほうがいいとかいうデータが出てくる便器をつくってほしいとか（笑）、非常にテクノロジカルに高級化することを提案する原稿がほとんどでした。

私たちは、そんなに技術に振り回されて豊かであるはずがないのです。その原稿を百編あまり読んでいるうちに、本当に豊かになるというのは逆に貧しくなることのように思えて、びっくりしてしまったんです。どうも密集して住んでいる街の集合住宅は確実にそういう方向に進んでいる。しかし、この方向しかあり得ない未来なんてつまらなすぎる。なかには、本当に少数でしたが、田舎に住んで、東京にはない広いリビング的な浴室を持ちたいという学生の論文もありました。密集地でも開放されて過ごす案がほしかったのですが、見あたりませんでした。

地方に行くと、みんな瓦屋根なのに、西洋風のカタログハウスが一戸埋まっているところに出くわして、何でこんな広い敷地にこういう家が建つんだろうとびっくりします。でも、そういう動き方もひっくるめて、どこか、みんな同質なものに向かっているというか、異質なものを排するという感じが非常にするわけです。

いま東京は非常に空間が狭くて貧しいのにみんなが集まってくる。原因の一つには、都市化のシステムに組み込まれるためというより、次々に変わっていく舞台装置があって、そのなかで何かパフォーマンスすることの楽しさがあって若者が集まってくるんだろうと思うのです。その舞台装置のなかで自分の内なるものを秘めてドラマをする。街というのは、異物に出会う場だと思うんですね。そういうエキサイティングな、異質なものに出くわせる空間が、アパートメントの内部の空間にはまったく見出だせないのに、東京の街のなかにはあるから、若者にとって都市が面白いんだろうと思う。都市住宅は都市空間に逆行するように閉鎖化と同質化の方向に向かっているといえます。

この同質化と異質化というのが、いま私にとっては大きなテーマなわけです。

藤沢市の湘南台の地域は、区画整理されて商業地域になったため、駅の周辺にはコンクリートのアパートが建ち並び、あたり前の町になっています。そこで〈湘南台文化センター〉を異物だと思うのは当然なことです。

私は〈湘南台文化センター〉で、美術家とか音楽家とかの人たちの集まりから呼び出されたとき、画家だという方から、「こんな見たこともないような建築をつくられるのは迷惑だ。あの辺に建っているアパートと一緒のコンクリートの箱をつくってほしい。まさに近代建築として建築家がつくってきた均質空間こそ、私たちには使いなれたものである。こういう特異な風景をつくるのは非常に迷惑である。普通のものをつくってほしい」というような話がありました。私は、そのときから異質性と同質性というものについて一生懸命考えているのですけれども、まだ結論があるわけでありません。

この質問には、なかなかうまく返答はできませんでしたが、私は「地方の時代」という言葉を十数年前に聞いてから、どんどんそれが逆になくなっていく状況を見ていて、その都市のなかに異質性を取り込んでいけるような空間がないのが原因だろうと思うわけです。

長い間、近代化をめざして合理化するなかで、たとえばビジネスホテルというものがずいぶんつくられました。ホテルといえば非日常的な体験をしたいところなのに、何でこんな貧しい空間に寝なくちゃいけないんだろうと思っている人もずいぶんいると思うんです。アパートメントだってそうです。一戸建ての屋根を持ち、ひろがる空間を持つものを家としてきた私たちが何でこんなみんな同じような平面と天井高のなかに住まなくちゃいけないのか。オフィスビルでもそうです。超高層ビルのなかで設計事務所をやっている人のところに、急用があって日曜日に行きました。そしたらエアコンがとまっているので、小さなアンカを足元に置いてコートを着てやっているのを見たことがあります。何でそんな不自由なところで徹夜をしたり、日曜日まで働くような仕事をしなくちゃいけないのか。

私たちの仕事のなかには、本当に天井が高くて開放された気分のなかで仕事をしていなければできないような人もいるでしょうし、もっともっと集中して、ひざっ小僧を抱えるような空間で論文を書けばいい人もいるでしょうし、「仕事」というのだっていろいろな空間があったらいいはずで、ビルディングのなかもいろいろな天井、いろいろな空間であるほうが本当は合っているはずなのに、同質化イコール合理化としている。

肉体的に精神的に弱っている人間の入る病院すら、経済観念がすべての建築をつくり、病人を押し込めている。住宅以上にやさしい豊かな空間でなければならないのに……。

住宅も、ますますカタログハウス化しています。多様な時代に合わせていろいろな部品を用意して、いろいろな階段があります、丸いのもまっすぐのもありますとか、そうなってはいるのですが、それもひとつのヨーロッパの様式のまがいものみたいなところで同質化している。近代化というのは、合理化を目指すなかでずいぶんたくさんのことを排除してしまって、同質化してきた。

でも、この同質化というのはいま起こったことではなくて、同質化することによって集落や町並みをつくってきたように、建築だけではなくていろいろなことがそういう方向にあるようです。政治とか経済とかも非常に保守的になっているように思えるのは、同質化へ向かっているからだと思うし、みなそういうところに行ってしまう。「地方の時代」といいながら、地方にある豊かさまでその均質のなかに取り込んでいくことで、ずいぶん大切なものを失っているような気がするわけです。

建築にアマチュアイズムを

昔、江ノ島でヨットに乗っていたときに、湘南というのはとてもいい町だと思っていました。コンペのときにそこへ電車で出向いて、かつて田畑だったところにアパートが建ち並んでいる光景を見て、非常に驚いたわけです。こういうことをストップしたいなあという気持ちがありまして、私はもっとそれとは違う特異なものを埋め込んで、そのことによって新しい何かを生み出して、そしてその町の特徴となるようなものをつくろうと、そのときとっさに思ったわけです。これは大変な作業だということは初めから承知だったんですけれども、とにかく頭のなかにはそういうことが浮かびました。「自然」というものをテーマにしていかなければということも、そのときすぐ浮かび上がったんです。

藤沢は、人びとが本当に生活をしているために、皆が大変生き生きしているように思います。本当は、政治も経済も建築をつくることも生活を豊かにするためにあるはずなのに、東京ではそういうことを語る機会は、あまりないような感じがするんです。都市というのも、そういう人たちがいて、そのうえにさらに文化的なこと、商業的なこと、新しいことが重なっていって初めて都市があるので、人びとが住んでいないところを都市といえるんだろうかと思うわけです。

私のおばの友人で、やはり八十何歳で港区麻布に住んでいて、自分の住んでいる何十坪かの家では、息子たちは狭いといって郊外のマンションに引っ越してしまった。それが突然、十億円で売れるというのです。息子たちは「売ってしまえ」というのでトラブルが絶えない。「私はどうしてもここで死にたい。自分たちが住んでいるからこの町はあるんだ」と一生懸命主張して、「いままで住んでいる人も住みながら、インテリジェント・ビルディングでも何でも建てるようなことを、区に提案してくれないかね」と、私に叫びに来ました。

どなたかがとんでもない提案をしていました。東京都の真ん中はすべてインテリジェント・ビルディングにする。家族の女・子どもや高齢者は長野とか山梨などの田園のなかに広々と住まわせて、仕事をする男性だけは荷物と一緒に宅急便で東京に送られて、インテリジェント・ビルディングのうえの階の単身用アパートでウィークデーは過ごすというようなことを。冗談じゃない、女も子どもも町にいたいし、男性も田園で生活したい人はいるわけで、ホワイトカラーの人だけで東京の真ん中が埋まったら、生活ではなくビジネスロボットの男性がいるだけになって、町が滅んでしまった状態になるのは目に見えているわけです。そういうことをすごくすばらしいようにいう人が東京にいっぱいいて、しょっちゅう耳にするわけです。困ったことです。

都市は一体これからどうあるべきかと考えるとき、そのおばあさんが叫ぶように、いろいろな人がいていろいろな考えで住み、働き、生きていける、そんな立体構造の都市ができたらすばらしいことだけど、これほど地価が高くて密集していたら、すぐにそうはいきそうもなくて、いちばんすぐ楽にいくのはオフィスビルが建つことらしく、そのことが大急ぎで動いているわけです。

そんななかで思うのは、人口が十万人以下の地方都市に行きますと、日本にはまだまだビルディングが建っていない町がたくさんあるんですね。そして地味に昔ながらの生活をしている。私は建築家として、そういうところに新しい町をゆっくりとつくりたい。人びとが生活をしている、職場も近くてレクリエーションの場所も近い、そういう創造都市というか、レクリエーション都市みたいなものを腰をすえて考えるのがいいんじゃないかなとこのごろ思っています。本当の都市というのはどうやらそういうものではないかなと、東京の真っただ中に住みながら思うわけです。

私はさきごろ北欧をいくつか回ってきました。人の前で自分の建築のことを話すと、どうもてれくさくてたまらないのですが、それが北欧に行ったときにはとても話しやすかったという感覚が残っています。

ヘルシンキでは、スチール・コンストラクション・ワーカーズという、鉄鋼組合のフェスティバルのメインレクチャー[1]に呼ばれたんです。外務省からそういう仕事の話があったとき、「なぜ大手の建設会社の設計部の超高層を設計している人が呼ばれなくて、私ですか」と何度も聞いたのですが、「理由はわからない」ということでした。私なりに考えて、なるべく小さな住宅規模の作品のスライドを持っていきました。

北欧の伝統住宅は壁構造的に木を重ねていく丸太構造のものです。日本はスレンダーな柱と梁をラーメン構造で組んでいる地域に属していて、その構造によって自然と融合する大きな開口部だとか、あるいはその間を土とか断熱性のよいものでインシュレーションできるような住宅を伝統的につくってきた。そういう伝統的な形式のものに、スチールは大変置き換えやすかったんだろう、そのために現在のカタログハウスも軽量鉄骨のものがたくさんあると実例を出して話しました。

さらに、地球にはいろいろな地域があって、それぞれの気候を持っている。さらにひと

▼1…「スチール建築の可能性」「鉄構技術」臨時増刊号一九九九年一月、第二部第五章参照

つの敷地にはその敷地が持っている特異性があるわけですが、とにかくそれぞれのところにそれぞれの住居があるように、私はその個別性を大切にする感覚でつくっている。これまでつくられてきた環境を既成の地形と考えて、そのうえにその風土に合った新しい感覚を持ったさわやかな風景を重ねていくような方法で私はやっているのだというようなことを、私の住宅設計のスライドと合わせて見てもらいながら、レクチャーをやったわけです。

大変立派な会社の面々の前でやるわけですから、非常に不安でした。直径が一〇〇メートル以上もある競技場をつくって、そのなかにらせん状のランニングコースがあるような体育館の構造設計をしている構造設計家とか、あるいは非常に複雑なフォルムの構造計算をやっている方々のレクチャーが後に控えていましたので……。

フィンランドに限らず、ノルウェーでもデンマークでもそうでしたが、プロテスタントの国では、早々と女性が解放されて働いているわけです。こういう会場にも必ず女性が大勢いらっしゃる。働くことは生活を豊かにするためと考えているこのような国では建築においてもアマチュアイズムが通る国なんです。私たちの国やヨーロッパのカソリックの国は男性中心の社会です。

北欧は、非常にアマチュア的なこと、普通の人の感性というものを導入しながらやっている社会だし、政治も女性の政治家が三分の一いる国ですから、違和感もなく住宅の話を聞いてくださる。そして、私の「新しい自然を求めて」というテーマも、近代建築が落としてきたものだということで同意を得ることができ、非常に話しやすいところでした。

私は建築をつくりながら、それがその地域の特徴となって、さらにそれを通して文化が生まれ、建築とその土地にある、地についた文化とが何とかつながっていくようなものにしたいと考えています。さらにその地域の活性化に役立ちたいとも思っているわけです。

そういうことや、あるいは自分が考えてきたコンセプトをみんなに共有してほしかったのです。一人でつくっているのではなくて、みんながそのことを知って確認し合うようなことが必要だと思っています。

未完成な完成でクライアントに

私は、長い間住宅の設計をしてきました。初めは友人や身のまわりにいた人の小住宅を設計していたので、比較的に若いご夫婦といったクライアントたちでした。ですから彼らは二人の人間がそれぞれ違う人生観や考えや、多少の経験の違いを持って一緒になり、そこに私も参加して共同作業をするということだったのです。

たとえば、いちばん初めのころの仕事で〈鴨居の住宅〉というのがあって、これは私と同じ歳の友だちの家なんですけれども、その次にその方のお兄さんの家である〈柿生の住宅〉をやって、その二つを見てさらにそのお兄さんが、「子どもの空間を長谷川逸子につくらせたい」といって、チルドレンズクリニックである〈徳丸小児科〉を設計させてもらったわけです。その三人の兄弟が集まると、規模もみな違うし、最初のなんか大変なローコストで金融公庫と持っているお金だけでつくったし、次のお兄さんのときには坪単価が十万円ぐらい高くなったし、さらに〈徳丸小児科〉となるともう少し高かったわけで、全然コストも違うのに、三兄弟が会うと「自分の家が一番いい」と言い合うと聞かされるんです。

てれくさいんですけれども、それは住み手が参加し、共同作業をしているんだから当たり前で、彼らが住むためにつくっているんですから、私のクライアントは、私がどんなに自分のテーマを引っさげていってねじ込もうとしても、そう簡単には引き受けてくれるわ

左：〈柿生の住宅〉
右：〈鴨居の住宅〉

けはないのです。

　そんなことで住宅をつくってきておりますから、やはり公共建築であっても市民であろうとも参加できる人には参加してもらって、その地域に根差したものにしたい。あるいは自分たちも設計に参加したんだとか、この建築はこういうテーマでできているということを一言でも聞いていただいたほうがいいと思います。

　公共施設であろうと、でき上がったときにいつまでも「これは長谷川逸子の作品だ」というような作品性を残すよりも、市民の人たちが、自分たちが参加したから、みんなが認めたからできたんだというようにみんなのものになって、表面的には長谷川逸子という作者性が無名になることが、私のねらいです。

　住宅設計の延長線上で考えたいと思った〈湘南台文化センター〉にあっても、この共同作業を何とかしてみたいと思いました。住民との話し合いを通して、一つの地下の空間のために大きなモデルをつくったり、あるいはそれに近い空間があると出掛けていって写真を撮ったり、さらに心配している人にはご同行いただいたり、一年間そういう仕事をしていて、私はついに設計図を一枚も書きませんでした。それまでは、七人ぐらいしかいない事務所ですから平面とか立面は私が書く役目でしたけれども、去年から、私はついに図面を書かない人になってしまいました。私は市民との打ち合わせ係です。そしてその打ち合わせした結果を事務所に持って帰っては、エスキースのモデルをみんなにつくってもらい、また出掛けていってはほかの意見を聞いてきて、それを反映する。そういうことを繰り返していたわけですけれども、その結果できたのが、あとでお見せする模型です。

　そういう集会に行くことを、私は建築家の友人たちからすごく反対を受けました。しろうとの意見を聞くことについて「この作品は結局壊されてできなくなるよ」「できるん

〈徳丸小児科〉

だったらそんなことは前からやっていた」「プロフェッショナルを通すためにそういう集会は開くな」と。公共建築をやった経験のある私のまわりの先輩は、そう言いました。にもかかわらず、私は断念するわけにいかずに続けました。

まさに住宅設計のやり方を強行したわけで、これからもこんなことをくり返せるかわからないですけれども、とにかく住宅のやり方を延長してやったわけです。そして地鎮祭の日、思いがけなく集会で私をいじめた市民の人が大勢やってきてくれました。その日、この一年でたくさんの理解を得られたことを知り、感激しました。

いま日本の都市は、東京と同質化していくという方向を避けるために改めて何かに取り組まなければいけないということで、「新しい自然を求めて」というテーマは、多分市民が同意できるものだったんだろうと思います。市民集会を通して、公共建築こそきちっと考えたコンセプトを引っさげていかなければ、本当に強い力で壊されてしまうということをつくづく感じました。

そして、市民の人たちは住宅を考えるのと一緒で、何でも受け入れてもらえるだろうと勝手に予測します。住宅をやっているときにも、クライアントはそのとき思いつくことを山ほど並べていってきます。私が初期の七〇年代にやった予算的にも厳しい住宅のようなものは、もう自分の住宅が二度と手に入らないと思って、厳しければ厳しいほどたくさんの要求を持ってきます。その要望を全部引き受けたからって、住宅というのはでき上がるものではないんですね。

〈湘南台文化センター〉でも、そういうことをつくづく感じました。二百人いたら二百人がそれぞれ、違うことをいうわけです。全部を引き受けることはできないのですが、住宅をやっているときにも、こういう部屋がいい、ああいう部屋がいいと、間取り戦争みたいなことを施主がやりだすわけです。私はそれを見て、これはやっぱり何もつくらないほうがいいと思って、すごく積極的な意味で「インテリアはガランドウ」だという提案をしたことがあるんです。

つまり私が小住宅をやっていた七〇年ぐらいの状況は、住宅産業がいろいろ動き出していて、次々に新しいことが古くなっていく。住まい方の提案でさえも「都市住宅」から「ニューファミリー」とか、たくさんの言葉が出てくる。でもすぐ古びてしまうというような状況で、インテリアをつくり上げてもこういうスピードのある時代にはだめなんではないかという感じがしていました。ですから、住宅では予算がなくて壁とか天井とかは安物でしたが、床だけはいつも高級なフローリングを張りました。はいはいをするような子どもがいて家をつくりたいということが多かったので、床は家具のかわりだという感じで、女も子どももそこにすぐ座ったりするのを見ていて、座としての床だけはつくりました。あとはできるだけガランドウでいい。「これが、いま私の提案できる積極的なものだ。その床に自由にインテリアをおつくりください」。そう私は小住宅のクライアントに言い続けたんです。快適という言葉であるものを全部埋めていくと、結果的にはそれは快適ではなくなるという感じがします。

私たちは、小さいときにはお正月のおせち料理を、本当に一年に一度食べるごちそうとしておいしかったのですけれども、いまではいつでもいろんなものを食べられる。毎日お正月をやっているようなもので、もはやお茶漬けがいちばんという男性もいらっしゃるでしょう。マイナスのなかにプラスが一個、二個あるときプラスであって、全部プラスに置き換えたら、これはプラスではなくてナッシングなわけですね。どうもハレのものだけしつらえると、もはやハレではなくなってしまう。ケの空間とハレの空間があってバランスをとっているわけで、私は建築にはどこかで完成している部分と未完成の部分がなければいけないと前から思っています。また、公共建築は目的完結型で、実際に目的があってやってくる市民のための閉鎖空間であるのではなく、目的もなくブラッとやってきても参加させてくれる空間でなければならないと考えています。

当初コンペに入賞したときの理由に、「長谷川逸子のインテリアにはフレキシビリティがあるから」と、審査員の言葉に書かれていましたが、それも私のひとつのテーマです。いつも住宅でそういうことをテーマとして考えていたのですけれども、今度〈湘南台文化センター〉をやって、まさに多くの人が満足するということはあり得ないと実感しています。百人いたら百人の異なるセンスの集合が必要です。住宅というのも人生の出来事を引き入れる空間をつくることですが、公共建築も不特定多数の人を引き受ける大空間なわけです。

この間私はあるシンポジウムで〈湘南台文化センター〉の話をしたんです。そしたらまったく違う分野の人から、「この建物はナメクジと鳥の構造を持っている。家のなかをナメクジのようにはいずり回って、人びとが求めているものを満足させてあげようと思っているかと思うと、鳥のようにうえのほうから眺めている」と言われましたが、自分のやっていることはそんなことだろうといまも感じています。

私は、いまできるだけ自分のやり方をしようとすると、どうしても女性的な発想といわれるわけですが、それだけではなくて、自分のなかでずうっとつながってきた建築のあり方というものも意識しています。

私の母は、植物が好きで野の花をよくスケッチする人でした。一ヶ月に一度お墓参りとかにかこつけて、山と海のある町でしたから、山のほうへ出掛けるんです。私たちも小さいながらついていくと、私はいつも自分の部屋から見えるその大きい山が本当に小さいディテールでできているということを、一ヶ月に一度確かめさせられているような感じがしていました。

もう一つ、私の町には海があって、「どこの町の港よりもいちばんすばらしい」と平気でいってしまうのは、そんな印象が私にあるからで、太平洋を臨む駿河湾の小さな港ですけど、そこのところで大きな空間というのをいつも遠くに眺めていたような気がするのです。

私はそういうナメクジと鳥を小さなときからやっていたみたいで、いまでも建築というのはいろいろなことが複雑にからみ合って、小さなことだけでもできないし、大きな問題もあるし、非常に男性的なるものも女性的なるものも必要で、どうもそんなことが一元的にはできない仕事だと思っているわけです。

そんななかで、私は自分なりの方法で〈湘南台文化センター〉ができ上がればいいと思って努力しているところですが、少し規模が大きくて、施工するという問題が今後に残されているわけです。どうもそこの部分でも、設計事務所のボスが女であるということはまず異物であって、私のスタッフは二十代で、公共建築は初めてという新米どもだという異物だし、現場の所長さんが地鎮祭のときにいみじくも「どうも建築ではない建築をつくらされているようだ」とあいさつをされましたが、みんなそう思って異物扱いされながら工事が始まっています。

東京みたいな都市がずんずん藤沢のほうまで広がっているのですが、そういう近代建築の硬質な空間をもはやひとつの古い地形と見なして、いま〈湘南台文化センター〉をあの都市に埋め込む。そしてそのことによって、多分まわりに及ぼす影響というのはすごいだろうと思う。小さな住宅を一個つくっても、その周辺に非常に大きな影響を及ぼすのだから。建築は建築の問題ではなくて大きな環境の問題になってきていると思うんです。そういう新しい都市感覚をたずさえた建築に積極的に取り組んでいるんだという意識のなかで、私は〈湘南台文化センター〉をつくり上げたいと思っているところです。

（二〇一八年）

生活を楽しむ都市

八〇年代の後半、東京のまちがハイテクとよばれる技術革新と多様な情報であふれ、賑やかに変わっていくかのようでした。そうした時代の変化のなかで、住まいも高度に工業化され、消費され、それによってますます人びとを閉鎖的な空間に追い込んでいる。情報にあふれているようで、まちは本来の意味での活気を失い、貧しくなっているのではないかと感じていました。

戦後、土木や建築は工学として偏って発展し東京のまちをこのような貧しい環境につくり上げて来たのですが、私は第一次産業である農業や漁業などを改めて中心的なテーマにして、都市づくりに関わりたいと考えていました。藤沢のような地方都市にはこうした地についた豊かさ・アマチュアリズムが未だ十分に残っていて、人びとが本当に生活を楽しんでいる。こうした環境を再認識して、楽しい生活をするための公共の場をつくりたいと思っていたのです。

・・・開かれた建築

この五月、ＲＩＢＡ[1]の全国大会と同時に聞かれたワークショップ「Designs on the Clyde」に講師として招かれ、グラスゴーの街を訪れた。四世紀に及ぶ近代工業の発展を支えてきたこの街を象徴するかのように、クライド河畔には錆びついた巨大なクレーンが立っていた。造船をはじめとする第二次産業の斜陽の流れのなかで、川の両岸に拡がるドック群が廃墟と化しているのだ。繁栄の時代にはマッキントッシュに代表される人びとが活躍して、家具やガラス工芸、テキスタイル、ジュエリーなどの生活用品がアートのレベルにまで高められて、グラスゴースタイルと呼ばれるものが、かつてこの街で生み出されたこともあった。いまでも昔ながらのビクトリア調の建物群が、石炭の煤煙で灰色に黒ずんだ砂岩の外壁を見せながら市内を埋めている。最近では市の政策で建物の外壁表面を削り、元のピンク色の砂岩の建物に戻す復元をするなど、この町の復興の問題が考えられている。この復興と連動したワークショップの課題に対して、私は学生たちと共に〈Ship Factoryから Art Factory へ〉というテーマを掲げて、現代という時代と社会に開かれた新しい生活の場を提案した。

日本もはじめは船舶や機関車、自動織機など工業全般をこの町に学んだのだが、その後の機械テクノロジーから電子テクノロジーへの移行に敏感に対応することによって、今日の繁栄がもたらされたといえる。大量生産化の後のコンピュータ社会のなかで、私たちの

「建築文化」一九八八年九月号

▼1…Royal Institute of British Architects（王立英国建築家協会）

周りでは商品の表現の差異化が進み、ＤＣブランドに代表される個性化と均質化が際限なく近づく状態が定着した。さらに斜陽産業に代わって電子工学やバイオテクノロジー、魚の養殖からレストランやファッションまでの分野が大きく展開して、生活者の日常品や生活空間のデザイン化が進んできている。

また、住宅設備はマイコン内蔵型になって自動制御化されてきているが、それは地価の上昇に伴う高密度化から居住空間が閉鎖的になっていることと並行している。その先には、完全に制御された衛生的で快適な温度と湿度の環境が保たれ、パソコンやテレビ電話によって外部との濃密な会話が行われるような、カプセル空間でのミクロ的な生活が目前に迫っているように思われる。

このような生活のデザイン化とミクロ化は、かつてのグラスゴーにも似た今日の日本の繁栄の結果であるが、その閉鎖的で独立した住空間が廃墟となってしまう前に、私は開かれた建築へ向かう意味を問い始めなければならないと思う。近代の合理主義が切り捨ててきた豊かな半透明の情感の世界を包み込み、宇宙の不可思議さと交感するための装置として建築をつくりたい。

自然と人工の融合

〈自由ヶ丘の住宅〉の外壁、内と外の縁甲板を、そして板塀や木製の窓枠などもシルバーやグレーに塗った。建築素材はセメント類をはじめ石や金属もそのような色をしていて、私はシルバーやグレーに塗ることは人工的な材料の自然さを表現していると考えている。以前に地方の農村で茅葺き屋根を張り替えるのに、赤や青ではなくシルバーのトタン屋根に葺き直した集落を見た。それが思いがけず周囲の深い緑に合っていて、ようやく自然の

〈自由ヶ丘の住宅〉
左：テラスと庭
右：リビングから庭を見る

風景に融合する素材を発見したように思えた。私がつくったアルミパンチングメタルで外周をパッケージした建物も、植物に取り囲まれると柔らかくしなやかに見えてくることは、経験ずみだ。自然観というものは、常に人間がつくり上げてきたものであるが、建築を建てるということは、そのような自然との関係を構築することでもある。

最近ではアートにあっても植物とビデオを合体させるなど、自然と人工の新しい関係をテーマにしたものが多く見られる。特にポストモダンムーブメントの状況のなかでは、人びとの精神活動が見直されて、その繊細さや自然との交感が取り上げられている。そして状況は自然が人工化し、人工物が自然さを装って融合しつつある。随分前に、私は細い銀の鎖を編んだ肌ざわりの良い袋を手にしたことがあるが、さまざまな種類の金属を観察すると、建築に用いられる堅固な素材としての金属とはほど遠い扱い方をしているものが多い。

パンチングメタルもメッシュも、私はもともと内部のガランドウ空間を軽く仕切ることに使っていたが、次第に内と外を隔てる外壁に使うようになった。パンチングのような光の変化をつくるもの、メッシュのような細い繊維を編んだもの、そして次の建築ではアルミのパウダーを溶射したものや、さらにFRPのスクリーンを加えた。このスクリーンは、繊維の不均一さのために布のような柔らかい被膜となり、外部の風景が透過することで淡い虹色を帯びる。このFRPを含め、アルミやチタンのように反射力より吸収力があり、周辺の空気の色に染まり込むようなものを選び、環境に柔らかく溶け込む建築をつくりたいと思う。パンチングからの木洩れ日、メッシュのゆらぎ、パウダーの細かい輝きなどによって、新しい第2の自然を表現したいと考えている。

数年前、今西錦司と吉本隆明による『ダーウィンを超えて』[2]を読んで、自分が生物や自然、そして宇宙について随分と固定観念を持ってしまっていることや、時代が線形的なものも非線形的なものも、同時に一つの視野のなかに存在させる秩序が展開し始めていることを知らされた。電脳化社会を迎え、月着陸船やランドサットなどの宇宙開発によって地球物理学や宇宙物理学が急速に進み、NHKの「地球大紀行」に見られるように「宇宙が開かれてきた」のも、ここ十年や二十年のことだということも最近聞いた。このように開かれゆく地球のなかで、私たちの世代はまさに価値の転換が進みつつある時代を受けて、建築というひとつの課題と向かい合ってきたのだということを、改めて考えさせられる。

自分の設計したものを見直してみると、それらは時代のめまぐるしい変化と決して無関係ではなく、言葉にすることなど到底できない多様なもののざわめきを感知しながら、現実に開かれて完結しない試みを続けてきたように思う。実際、住宅を設計するということは、その都度改めて生活のことを語り合う作業であって、形や素材のことだけを語っていてもできない。食事をすることや眠ること、ファッションのこと、入浴の方法について、育児について、明かりや通風について、機械化について、音楽について、そしてにおいについてなどと、数えきれないほどの具体的な行為や事物について、コミュニケーションをすることなのだ。そしてそれは、時代の感覚と切り離されるものではない。特に高密度化する都市にあっては、都市感覚とでもいえるものに満たされた、いままで以上に解放された世界が拡がりつつある。男たちも女たちも独立した生活者になっていく過程が展開していくなかで、核家族のあり方とともに住宅のあり方を考えていくように、社会的あるいは文明的な大きな変化と関わらざるをえない。

▼2…朝日出版社、一九七八年

そのような視野のなかで、生活者はこの変化をいち早く感じ取って行動し始めて、より自由で活発な世界の実現に向かっていると思われるが、その一方で建築的なるものは固く閉ざし、またそれがもつ意味も稀薄になりつつあるように見える。建築を建築によって語ることができない地平が進行しているということである。まず建築があっても開かれない。人間の具体的な行為がはじめにあって、建築は開かれてくる。建築は的確に言葉にすることができない現実のざわめきのなかから、生成することができるのだ。それゆえ建築を言葉の力によって展開するのではなく、建築を通して、無意識のなかにこそある言葉を超えた秩序に呼応したいと考えている。

第六章

・・・

「アジアの風土と建築」

第六章には日本やアジアの生活・文化への関心が現れているテキストを収録した。〈湘南台文化センター〉を契機として講演やコンペ、展覧会などでアメリカ・ヨーロッパに招待される機会が増え、そのためにむしろ日本の風土や生活文化への眼差しが深まり、アジアのそれとの共通点や、欧米諸国のそれとの差異が強く意識されるようになったように見える。一九八〇年代の後半は円高とアジア諸国の成長を背景に、『地球の歩き方』を片手に旅するバックパッカースタイルの若者が増え、世界的にも「ワールドミュージック」が流行するなど、一種のアジアブームが興った時期でもある。中沢新一『チベットのモーツァルト』が出版され、注目を集めたのは一九八三年であった。

「家の記憶を内包する海の病棟」（一九九〇年）は、長谷川自ら「アジアの水上集落のようだ」という〈不知火ストレスケアセンター〉の作品解説。医療施設や福祉施設を含む長谷川の作品のなかでも〈不知火〉（一九九二年病院建築賞受賞）は特別な位置を占めている。治療の空間にきめ細かく自然環境を導入していくことによって、建築空間の質そのものが治療効果を持つという病棟のあり方を示している、精神科病棟を超えて一般の居住空間や福祉施設などにも応用可能な、建築空間のモデルである。「良い医師とともにつくる医療空間のあり方」（一九九八年）は、医療分野の雑誌「ヒポクラテス」に掲載された談話である。今日読み返すにはやや説明不足な箇所があるため、全体にわたって加筆修正を行い、第一節の後半は省くなど大きく改稿している。〈不知火ストレスケアセンター〉の建設の経緯、竣工後の病院の運営や患者の様子が伺える。

「新たなる都市建築の時代に向けて」（一九九〇年）は兵庫県尼崎市、山陽新幹線の南に建つ二百五十九戸の集合住宅〈コナヴィレッジ〉の作品解説である。高圧線が敷地上部を通り、複雑な建築制限をくぐり抜けるように建つため、屋根形状が丘のような起伏をもち、曲面を描く屋根の重なりがどこかアジア的な表情を見せている。民間ディベロッパーに設計を依頼されたとき、長谷川は管理に責任を持つ賃貸とすることを条件に引き受けたという。

「柔らかな思想、柔らかな建築」（一九八七年）は約一ヶ月に渡って、ヨーロッパ各地を講演で歴訪した感想を聞くインタビュー。「第2の自然」というテーマがそれぞれの講演先でどのように受け止められたか、その建築観や建築家のあり方の違い、長谷川自身がヨーロッパでも特に北欧とイギリスに共感をもつ様子、ピーター・クックらとの交流も伺えて興味深い。

「亜熱帯で四季のあるこの国の気象、風、光、そして建築」（一九九一年）は〈湘南台〉に関するインタビュー。日本の気候風土と文化に適した建築のありかたについても語っている。

・・・家の記憶を内包する海の病棟

不知火病院ストレスケアセンター

原題「不知火病院〝海の病棟〟」「建築文化」一九九〇年四月号

不知火病院「海の病棟」は、精神科のストレス疾患専用の治療病棟で、別名をストレスケアセンターという。広い敷地のなかで堂面川のエッジのエリアは、海と距離をもたせんとばかりに深い野バラのなかに埋もれていた。建物はそのエッジに水面と一体化を図るべく、川に沿って細長く建てる位置を選択した。この川は埋め立てによってできた川で、以前は有明海の一部であったため、潮の満ち干は激しく四、五メートルの水位の変化がある。その海のゆらぎを何処にいても感じ、自然の変化がもつリズムとともにある環境をもち込み、快適な治療空間をつくり上げたいと考えた。海の輝きやゆらぎ、そして広がりが、心をなごませてくれることを、かつて海辺で育ちヨットに乗ることも体験してきた私の、積極的な提案でもあった。

病室は川の流れに沿って並び、バルコニーに立つと船上にいる気分がある。晴天の日には、変形ヴォールトの天井に波のきらめきが映り、揺れ動く光の網が柔らかく室内と包み込む。北側の個室は海は見えず、病室とは明るさも異なるが、それでも病室と病室の隙間やたくさん配した小窓から流れ来る空気で、海が広がっていることや、有明海に棲むいろいろな生き物のことを思い浮かべることができればと考えていた。

建物の外壁面はいろいろな方向へ振られ、太陽の位置の変化が刻々と感じられる光の箱としてつくられている。特に川側に面して病室が並んだ関係で、川に対しては反復する外

〈不知火病院ストレスケアセンター〉
FRPのバルコニー手摺り

観となっている。病室の手摺は、直接的な川の風景とスクリーンを通過した風景や反射光とを接合し、刻々と変化するリフレクターとなっている。川には有明海でのりをつくる舟が並んでいて、川の向こう岸から見る人のなかには、フィッシャーマンズ・ワーフができたと思っている人もいる。

内部は中心に配した一階のスタッフルーム、二階のナース・ステーションから何げなくやさしい視線で、全体が見渡せることを配慮し、徘徊空間でもある通路はテラスやさまざまなコーナーなどをもち、さらにトップライトや窓などからの光や淡いたくさんの色彩を加え、変化に富んだものにした。四人用病室も間仕切りを兼ねた収納・本箱・机を用意し、病状に応じて棲み変えられるよう、その高さで一人の空間を閉じたり開いたり、中間の状態をつくったりできる。さらに個室性をもたせるときのため、ドアを三ヶ所用意した。一室一室を独立した家、あるいは集落のような質を内包させたいと考えたからである。

外観は二階の面積がどうしても過剰になることを利用して、一階に小さなピロティ部分をあちこちにつくったので、どこかアジアの別の所にある家の記憶が流れついて、この土地の風景に重ねたような不思議な住居群のようでもある。

〈不知火病院ストレスケアセンター〉
入江をのぞむ4人室

〈不知火病院ストレスケアセンター〉入江に面して建つ

良い医師とともにつくる医療空間のあり方

患者主体の病院が少ない

これまでに小児科をはじめ、民間のクリニックから病院まで設計してきました。そのために精神病院も含めて、いろいろな病院をずいぶん見学したんですけれど、それで思ったのは、この国の病院設計は、外国で見るものより特に病室やバックスペースなどが非常に貧しいということです。厚生省（厚生労働省）が基準を設けているんですが、効率・経済性を第一に考えるから、一人のベッド面積など大変狭い。精神病院では長期療養で長く滞在することになれば、狭いスペースに閉じ込められて生活しているようなものです。それでは、精神的にはもっと悪くなるはずですよね。効率・経済性を優先する厚生省の基準は患者の立場にたってつくっているとはいえないのではないでしょうか。

実験的な性格が強かった〈不知火病院〉

大牟田市に不知火病院という精神病院があります。八年ほど前に、そこに新しい病棟「ストレスケアセンター」を設計しました。依頼者（徳永雄一郎医師）は、現在はここの院長先生ですが、当時はまだ九州大学に在籍している若い方でした。代々精神病院で、いずれ病院を引き継いで、自分が院長になるからには、新しい運営を試みたいという考えを持っていました。

「ヒポクラテス」一九九八年五月号。途中段落を削除するなど大きく改稿している

〈不知火病院ストレスケアセンター〉
バルコニーから入江を見る

最初、徳永先生は、私が設計した熊本の皮膚科の女医さんの住宅〈熊本の住宅〉を見て、住宅の設計を依頼してこられた。私は住宅を設計するにはたくさんのコミュニケーションが必要ですとお話ししたんですが、徳永先生はとてもお忙しそうで、どこかで建築家に任せっきりにしたいような感じがありました。そこで、そういうつくり方は私はできないんです、と申し上げました。そうしたら、実はいまは病院のことで頭がいっぱいで、長谷川のつくる住宅は自分のめざす病院のイメージに近いと思う、「住宅はいいから病院をつくってくれ」という話になりました。当初、病院については、お金がないから大工さんに直接頼んでと考えていたそうですが、自分のめざす空間をつくりたい、対話をする相手がほしい、という思いがあった。対話をとおして建築をつくり上げていく建築家なら、病院の設計を頼みたいと徳永先生はおっしゃった。

私は、日本人は自然の空気の良さや光の美しさをいちばん気持ち良いと考えて、それを住空間に取り入れて快適な生活をしてきた歴史があると思う。ですから、自然を取り入れた住空間をつくるのと同じような、自然のもっている気持ち良さや美しさを取り入れた病院は、治療にも大いに効果的ではないかと提案したんです。

最初は既存の病棟に増築してつくるようにいわれていました。古い病棟は患者さんたちが、逃げて身投げしたりしたそうで、海からはずっと離れて奥の方に建ててあるんです。実際に敷地を見に行って病棟の屋上に上がると、大きな干潟が見える。そして、病院そのものも埋立地だということがよくわかる。反対側は入り江になっていて、漁港も見えるし、素晴らしい光景でした。そこで、私はなんとかして干潟に沿って弓形に建てたいと頼みました。

当時の院長先生（徳永先生のお父さま）は患者が自殺を図るのではないかと反対でした。そ

〈不知火病院ストレスケアセンター〉
入江に面するファサード

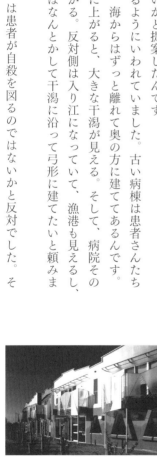

れでも、潮の満ち引きや、水面がキラキラしていたり、蒼かったりくすんでいたりする海の変化を眺めていると和むし、それ自身が治療の空間になるのではないかと主張して、海の近くに建てさせてもらうことになったんです、新しい病棟は実験という側面もあったので。半信半疑でいらしたとは思いますが。

弓形の平面は、ナース・ステーションから全体が見えるから監視するという観点からは優れています。しかし、私は「すべてを監視してはいけない」という立場なんです。長く滞在する場合、子どもといっしょで、隠れ家とか逃げ場がなかったら居られないじゃないですか。いつもナース・ステーションから見られていてはだめなので、弓形だけどちょっと見えないところもつくろうという提案もしました。幼稚園や小学校もそうなんですが、運営者であるクライアントはとにかく監視できるかどうかを気にするわけです。でも、監視されていることとくらい人間にとって辛いことはないわけです。そういう微妙な問題についてもコミュニケーションしながら、新しい病棟の設計を進めていきました。

海の病棟ができてから

でき上がった病棟は、まるで海辺に建つ保養所のようでした。鉄格子のない病棟でしたから新しい試みとして新聞などが取り上げてくれました。それで、これまでの患者さんたちだけではなく、都市部で普通に毎日働いている人たちで、ストレスを感じている人たちまで、こういう病院なら入れると思ってくるようになったということでした。霞が関で働いている人が新聞を見て、この海の病棟に何ヶ月か滞在してリフレッシュして帰っていったとか、長年古い病棟にいた患者さんがこの病棟に移って、屋根を叩く雨音をきっかけにかつての自宅を思い出して病状が好転して自宅に帰れるようになったとか、病棟全体で薬

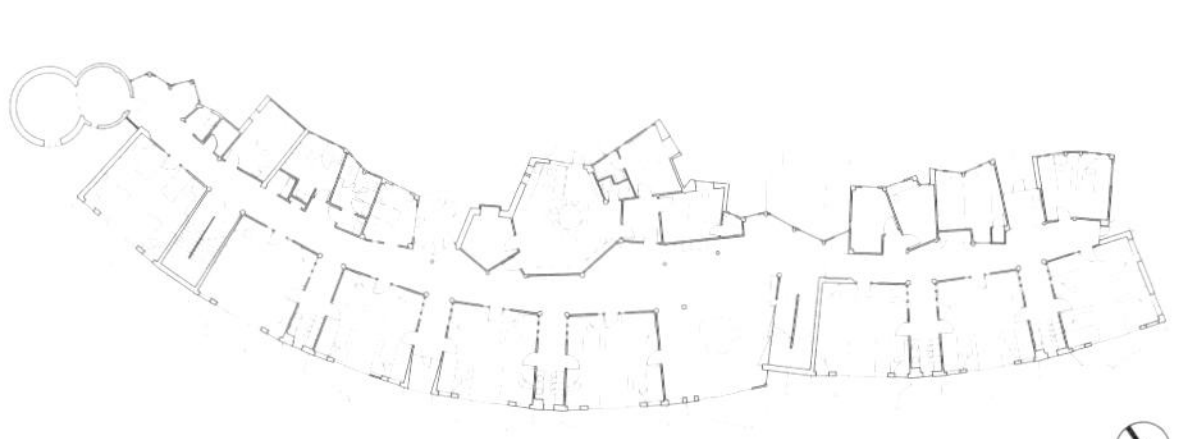

〈不知火ストレスケアセンター〉
1階プラン。弓形の平面。南(図面下方)が入江

の使用量がぐっと減ったとか、ノイローゼくらいなら薬を使わない自然療法がとても進んだというお話を徳永先生から伺っています。患者さんたちと釣りをしたりバーベキューをしたり、一緒に小さな舟で海に出て遊んだり、先生たちもいろんな工夫をされているようでした。

軽いノイローゼの人も分裂症の人もいっしょに入れてしまう病院が多いようですけれども、ここでは徳永先生がよく見極めて、格子の入った昔ながらの精神病院の建築といった旧病棟には、薬などさまざまな治療を必要とする患者さん、新しい病棟にはノイローゼ気味であるとか、過剰なストレスを抱えている人たちと使い分けているそうです。

こうした話を伺って、建築家というのは怖いなと思いました。建築の空間を実験されているのと同じことですから。「自然」をテーマにしてつくっているために、光が反射して明るい保養所のような病棟をつくったわけですが、そのことが効果的かあるいはその逆になるということは、先例がないわけですから、「実験」でした。私たちの神経に光や風や海が、どんなふうに空間を介して作用するかという実験だったんです。でも、人間もまた動物で自然の一部であり、自然の環境に左右されて生きていることがわかり、さらに環境がどんなに大きくストレスを発生させているかということがわかりました。病院の建築は、人間が生きていくための装置のようなものであることもはっきりわかって、病院の設計がまさに効率・経済性だけではないということが見えたように思います。

病院建築を通して見えてくる建築のありかた

建築を心理学的に解いたりすることはこれまであまりなかったんですが、心理学的なことで解けるはずがないほど、複雑ないろいろな要素で私たちの空間はできている。単に窓

〈不知火ストレスケアセンター〉
左：光と風の入る通路
右：通路のアルコーヴ

がどうなって、大きさがどうだから、晴れているからどうかというのではなく、射し込む光の反射ひとつをとっても、刻々と変化していきます。建築というのは、環境とともに変化するんです。だから、「人間の居る場所」をデリケートに考えていけば、これからの病院はもっと違う建築になると思います。厚生省の基準といっしょで、建築の側も安くどうやって効率的につくるかということばかりを考えていて、本当の意味での居心地の良さを考える余裕がないところがあるんです。

本当は、病院というのは、普通の建築よりもっとデリケートにつくるべきだと思うんです。都市にあって人間の精神や身体が傷ついていく。そうだとすると、都市のなかでもっと柔らかくて本当のケア空間としてつくらなければならないはずなのに、そういう配慮が無さ過ぎるんです。ただ単に絨毯を張って、ステンドグラスを入れて高級ホテルのように豪華にすればいいということではないと思う。私たちは生き物ですから、人間の居る場所の原点はもっとナチュラルが良い、愛される建築がいいと思います。そこのところを病院建築で意識的にやっていくと、本当の意味で快適な空間、良い建築が出現してくるのではないでしょうか。

経済効率の追求と対極にあるのが、どうやって気持ちよく病院に来て、過ごして、良い治療をするかということについて、このうえなく良く考えている本当に尊敬すべきお医者さんもいっぱいいます。機会があれば、そういった対話をして、新しい治療の良い方法を目指している運営者とソフトもいっしょに立ちあげていく仕事をしたいと思っています。

これから医者になろうとしている若い人たちへのメッセージ

病院の建築は、お医者さんなどの側の意見でつくられて来た。私がこれまでに手がけて来た公共建築もそうでした。行政つまり運営管理者の意見や建築家の作品性が優先されて来たのではないかと思います。しかし、公共建築でも行政の人の言うなりにつくるだけでは利用者不在になることもある。私は利用者側に立って考え、利用する人とコミュニケーションをとおして市民参加の建築や共有の場を立ち上げていく方法を導入してきました。市民が活動しやすい公共建築をめざしてきたんです。病院も同じだと思います。利用者の側、患者の側に立って考えることが、結果として、運営する側の病院や医師、行政の人たちの利益になることだったんです。人が集まる病院というのは、建築がつくるというより、人、そこにいる運営者がつくるんです。運営者がそこにやってくる人たちのためを考えて生きていれば、自然に人は集まる。そういう方程式が建築にはあるように思います。

・・・

新たなる都市建築の時代に向けて

コナヴィレッジ

「建築文化」一九九〇年六月号

西欧の都市構造が個人、住居・建築、街区そして都市と、明確な入れ子構造を成すよう計画されてきたのに対して、日本では自然と住居を直接対応させることでつくり、その住居が群化して邑となって、さらに巨大化して都市を形成してきたといわれている。西欧の近代主義の都市計画や、その都市概念がつくり上げてきた集合形式のビルディングタイプが、私たちにとって魅力的ではなく、依然として一戸建にこだわっていて、高密度に小住宅が密集する悲惨な風景を生成してしまっている。それは住居の南面性というような具体的組立て方の要因のほかに、日本人の意識構造と関連するのだと思う。

東京や大阪に代表される日本の大都市は長い時間のプロセスを重ねながら、異質なるものを同時に共存させ、多様な断片の無秩序な集積の様相を呈し、西欧的都市概念からはカオスと形容され、この状況に対する論議がさまざまになされている。西欧近代主義の立場からは、もはや人の住める場所ではないと否定的状況に決めつけられる。しかし、この都市に生きているなかで、ここに新しい価値も見いだして、カオスは日本の都市に魅力を与え出していると、感じ始めている多くの人たちもいる。先日、対談で会った西ドイツの映画作家ヴィム・ヴェンダースさんは、パリ、ニューヨーク、ロサンゼルスといろいろ住んでみたが、この東京の密集した空間も狭いホテルの部屋も、自分の知的パフォーマンスを拡大してくれて広くさえ感じることができ、いま、世界の都市のなかでもっとも快適な所であると話していた。[1]しかし一方、国内のあらゆる分野でこの状況を安易に肯定し、カタログの表層を滑るような情報が氾濫し、ファッションとしてカオスを間断なく生み出していく状態が見られる。そこではライフスタイルまでもがカタログの表層を滑りつづけ、真に生きることの問いかけの反復を覆い隠し、それを単なる消費の反復に置き換えていく。そこでは、人間の生が本来求めている呼びかけが、欠如していることは明らかだと思う。

私は日本の都市のカオスのなかに、時に魅力的なものを見いだすのは、時間の蓄積のなかで広義の意味で、現代人の生きる活力をもった自然を見いだすからだと考える。構築物としての都市の最小単位の住居のうちに、さらに住居間の関係のなかにと、その場所の具体的気象を捉えて対応し、日照や通風などを確保しながら、フラクタルに都市全体の自然空間を形成してきたこととも関わる。つまり言い直せば、カオスの発生は日本人の自然観と関係あるのではないか。仏教は日本において「草木国土悉皆成仏」という優しい思想を生み出しているが、建築も単なる物理的物体あるいは道具から草木国土同様、成仏可能な存在とすべきであるという主張であろう。

建築はその成立の過程で放棄し失う地形を、広義の自然としての建築により、より豊かに生成する。新たに生まれ変わる地形は、破壊せざるをえなかった自然を祭る塚であり、自然と交感する装置でもあると考え捉えて表現していく。この点での実践として、私は「第2の自然としての建築」というテーマを挙げて、建築を共生すべき生態系や自然系の様相によって記述され、また読み取りうるようにすることを目指したいと考えてきた。人間も生態系の一部であるという前提に立つとき、独立しうるものではない、あらゆる形式は一つの大きな系の表れと受けとめるから、仮のものである建築形式からもあらゆる様相が読みとれる。自然のプロセスが時間を通じてつくり出してきた複雑さを、建築や都市も

▼1…『コミュニケーションと建築』株式会社タケツー社長室広報課、一九九二年収録

共有する。

その建築や都市の様相の豊饒さは、宇宙の様相とも不二一体であり、あたかもそれは自転車の両輪のように、この自転車と一体となることで楽しく走ることが使命である。このような原理のうえにつくられた都市は、そのうちに非合理の魅力を含む特性ある場である異質なるものも許容し、積極的に楽しむ。この課題は、今世紀の科学認識の見いだした科学神秘とも、同質のものとさえいえるのではないだろうか。

こうした観点でカオスを見つめるなら、今日の都市のカオスを乗り越えて、日本人にふさわしい共同の形式と都市を生成する手がかりを見いだせるのではないかと考えた。また、都市の集合住宅を考えることは、私たちの身体にふさわしい共同と集合の形式を求める作業でもあるが、それも日本人の自然観の拡張と言い換えてもよく、前述した広義の意味での自然と関係する。この設計では、都市概念の階層構造を新たに生まれる地形と捉え、自然と地表の階層として捉えて構築したい。そして、これまでの「第2の自然としての建築」というテーマに、緩やかな階層構造を与え、拡大し、日本人の自然観から緩やかな共同の形式と新たな構造を引き出そうと考えた。小さい庭をもつ伝統的な戸建住宅から、都市という広義の自然が、都市への移行性を秘めたものとすることで、新しい都市建築をつくっていきたい。

この〈コナヴィレッジ〉の敷地は、兵庫県尼崎市の大阪空港にほど近い住宅地にある。周辺は高密度に建つ戸建住宅群が取り巻いていて、上空を見上げると一五万ボルトの高圧線が通る。その真下の部分が田畑として残っていた。その農地を買い足してできたこの敷地は変則な形をしており、斜線と日影の規制は厳しく、高圧線下の規制も周辺環境への配慮も難解なものであった。敷地状況はまさに、カオスに向かいつつある環境であるといえ

〈コナヴィレッジ〉
カオチックな環境

る。この状況を目前にして実際の都市の混沌を初期イメージとして描き、それを固定していくような手法は、あまりの条件の複雑さゆえに不可能なことであった。それだけでなく、実際こうした環境のなかに立たされると、都市の混沌を再現することは、人びとを既存のコンテクストのなかに凝結体として監禁しようとするようなもので、不毛なことに思えた。そうではなく、その惰性化した都市を脱コード化し、より自由で多様な流動する交通を追求し見いだされなければならない。既存のなかに固定しようとする抑制力を解き放ち、建築は軽やかな運動を引き起こす加速器となって、新たなる都市に解き放ちたいと考えた。作業は初期イメージを固めないまま、日影規制と高圧下離隔規制などのもとで建てられる可能性を、コンピュータの画面に何度となく繰り返し描き、部分を取り出しながら集めていくことのなかで進めた。会体の形態を求めるというより、部分のなかに全体を解読し、可能な建築の形式を求めていくような作業であった。

　この集合住宅二百六十戸はすべて賃貸住宅で、全九棟を空中動線のブリッジで結んでいる。斜線でセットバックを強いられるルーフに、避難経路を兼ねたコミュニケーションテラスを設け、同じように各戸にも専用の空中庭園をもたせ、外への生活の延長拡大を図った。高圧線真下の屋根部分はその制限の複雑さに対応させ、最上階の一戸建住宅には一戸ずつ微妙に高さの異なる浅い円弧屋根が、ずれながらいらかの波のように連なっている。階層構造のなかの多くは約四五平方メートルくらいの標準タイプで、それらはワンルーム、1LDK、2DKとフレックスに対応する可動クローク、可動ウォールをオプションとし、さまざまの異なる生活を引き受けられる、新しいプロトタイプとなることを目指してつくられた。その各戸には異なる広いテラスを用意し、剛平な逆梁の採用で垂れ壁を消して、建具を天井まで取ることで外部への開放性と一体感をつくった。それは、階層ごとの

〈コナヴィレッジ〉
左：空中ブリッジ　右：波打つバルコニー

第二の地表面を目指して設計されていることを強調している。このテラスの手摺は、幾つかのパターンと三種類の素材の組合せでできていて、複雑な連なりの立面を形成している。何カ所もある階段はそれぞれ異なるディテールをもたせ、軽やかな運動を引き起こしながら上昇してゆく斜行空間であり、棟と棟をつなぐブリッジも、大地の呪縛から解き放たれた軽やかさを起こす装置としてつくる。そして、一階回りのパティオやせせらぎ、消防活動のための空地などは十分な植栽を施していたが、それだけでなくガラス玉や石や貝がら、さまざまな形の瓦や土管の輪切りなどを持ち込み、私たちの手づくり仕上げとなっている。さらに友人の画家のペインティング、左官職人による壁の仕上げも加わって、デジタルなるもののなかにアンデジタルなものを配置し、全体を多様なる空間としてつくり上げることを目指した。

〈コナヴィレッジ〉
メゾネットタイプの内観

・・・ インタビュー

柔らかな思想、柔らかな建築

ヨーロッパ、アジア、東京、そして女性建築家について

「住宅特集」一九八七年九月号

五月二日から二十六日まで、講演会と展覧会のために北欧を中心に旅行してきました。六ヶ所で行った講演の内容は、アジアの建築そのものといってもいい「自然」というテーマと、自分の建築の原点である「住宅」、もうひとつ「東京の新しい都市感覚」、これら三つのテーマを用意して行きました。Nature / Housing / Tokyo new Spirits という三つのタイトルです。

1. ロンドン

「アンビバレンツ・アーキテクチャー」実現の予感

ロンドンのAAスクールでは、私が小住宅をつくっていた頃の作品のスライドを見せながらハウジングについての考えを述べたのに続けて、最近の東京での仕事を紹介しながら、私がつくっている建築は、東京で私が生きて、生活しているなかでできたものだということを次のように話しました。

……私はいま、新しい自然を求める、ということをテーマにしています。しかし、自然が残っている地方では東京の感覚を持ち込むというよりも、生な自然にどうやったら建築を融合させることができるかを考え、〈菅井内科〉や〈松山・桑原の住宅〉などで、松山

の城山の四季の変化に対応させて外壁にいろんな色のタイルを埋め込んだり、空気の色に染まるアルミパンチングメタルでパッケージしたりしてきました。それに対して東京でつくる建築の場合、既存のごちゃごちゃした建築そのものが私には地形みたいに見えるのです。東京という都市は、人間がつくったざっくばらんな地形でガタピシとしていてドライだから、その地形の連続のなかにもうひとつ自分がさわやかな地形と感じられるものを埋め込もうとすると、それは非常に人工的なものにならざるを得ません。そしてまた、日本では建築を語るときも、人間を語るときも、それが自然と共存していることが重要であり、人びとの生活は繊細でありながら、そのなかに大きな宇宙とつながっているものを感じて生きてきました。キリスト教的な思想のなかで自然と人間を対立するものとしてとらえてきたヨーロッパの自然観とはずいぶん違うのではないかと思います……、と。

次の日にピーター・クックさんに会ったときもその続きを話したら、いつもと同じようにその日もグリーンのシャツにグリーンのメガネで「君がそんなふうに新しい自然というものをテーマにしているなら、ロンドンの美しい緑を見せたい。そうしたら、ぼくが建築からではなくランドスケープから考え、グリーンをテーマにしている根拠も少しはわかってもらえるかもしれない」といって、船でテームズ河の両岸の風景を見ながら、まずキューガーデンにお連れ下さったのです。船上でもガーデンについて、イギリス人にとって緑がどれほど大切なものかずっと話していました。前から見たいと思っていた水晶宮も見ることができました。そのようなガーデンのなかには中国や日本などのアジアの国々の植物もたくさん植えられていて、五月という時節柄美しい花々と樹木に感激しました。彼が住んでいるアパートの前一帯の「プライベート・ガーデン」にも、ちょうど春の花々が咲き乱れていました。そこは外からは大勢の人がその木立を見ることができるのですが、奥行があるそのなかを利用できるのは会員だけで、自分たちで管理し、鍵を持っています。鍵を開けてなかに入ると、大勢の人びとの庭なのに自分の庭のような気がして、なかなか素敵な空間でした。ピーターさんは、ランチ・タイムにそこに友だちを呼んでパーティーをすることもあるようです。「プライベート・ガーデン」というシステムの背景にも自然を大事にしようという精神があると思いました。大きな庭なのにプライベートな感じで利用するという発想は、非常にイギリス的な公園の在り方だと思いました。そのほかにも、ピーターさんは彼独特の考察によるグリーンと建築の関係をロンドンの街のなかでたくさん見せてくれました。彼は、街のコーナーの木の植え方にも建築的な要素を見出すのです。

そうして時を過ごしているうちにピーターさんたちが「アンビバレンツ・アーキテクチャー」といっていたドローイングが現実味を帯びて感じられ、それの持っていたイメージの豊かさが現実化しそうな時代になったような気がしました。キリスト教が確立するまでの間、森の宗教のなかで生きてきた古代のヨーロッパにも自然と共存していた世界があったと考えていますが、このロンドンだけでなく、自然の美しいノルウェーで週末に山や海にうずもれて生活することを楽しみに生きている人を見て、そのような自然と共存する古代の精神が歴史の底辺で綿々と連続してきたのでないかということを強く思いました。

石造建築と同質の〈ロイズ・オブ・ロンドン〉

私はピーター・クックさんと一緒にリチャード・ロジャースの〈ロイズ・オブ・ロンドン〉（一九八六）も見に行ったのですが、そのロジャースさんの建築というのは、ピーターさんや私が共有する自然というものとは無縁のもので、ロンドンにある古い石造の建築と同質なものを感じました。形態的にもクラシシズムの建築に対抗するためにハイテックな印象を持つ工場の形を対比的に置いてはいるけれど、実は同類の、ものすごく強い建築だと思いました。これはアジアの仮設感覚のスチール建築とはほど遠いもので、こういうハイテックさは私の肌にはどうも合わないようでした。また、ディテールを集合させながら大きなテーマを描くフォスターの〈香港上海銀行〉（一九八五）とも質の違うものだと感じました。スチールというのは工場生産品で、組み合わせてつくっていく頼りなさとか、あるいは、組み合わせてできた装置的な感じがありますが、〈ロイズ・オブ・ロンドン〉は塊として見たときに工場生産品的な軽さがなくて、石のようなテクスチャーを持ったひとつの彫刻のように見えたのです。そういう世界は、ピーターさんが思っているような自然な世界や、水晶宮といわれたガラス張りの温室のような建築が持っている質とは非常に対比的です。講演会には、ロン・ヘロンなどアーキグラムのメンバー全員が来ていて、十年か十五年ぶりに全員が集まったといって、興奮していました。みんな、昔雑誌で見た面影をそのまま持っているようでした。まるでビートルズに会うがごとくＡＡスクールの若い人たちがサインをねだって、一時代昔の良き何かを見せつけられたような、そういう雰囲気がありました。あのあたりから「アンビバレンツ・アーキテクチャー」は始まったのだと思うし、私たちの世代にも大きな影響を与えた人たちなので、私もその雰囲気に巻き込まれてサインをもらったり（笑）、一緒に写真を撮ったり、なかなかユーモアのある楽しい人たちで、楽しくディナーを過ごしました。

2. オスロ

裾野がオープンなノルウェーの建築界

今回の主な招待先はノルウェーのオスロで、そこでは展覧会[1]も一緒に行われました。オ

▼1…ギャラリー・ロム（Gallery ROM）での個展

スロでは私が着く前に、一流の新聞で大きく紙面を使ってインゲ・マーガレテ・レンゲさんという女性の評論家がユニークな批評をしてくれていたので、講演会には会場に入れないほどたくさんの人が来てくれました。この評論家は私の事務所のある〈BYハウス〉に興味を示し、彼女は演劇の批評を専門にしているというだけあって、仮設ふうの緑とパンチングメタルの組合せに新しい感覚の、人工の自然を感じたようでした。

オスロの講演では三つのテーマを全部、二時間くらいかけて話しました。オスロ大学で哲学を教える日本人の女性、木村博子さんに通訳をしていただいたのですが、この方は高校を出てすぐにハーバード大学に留学、オックスフォードでドクターを取り、そこで知り合ったオスロの有名なピアニストと結婚して現在はオスロに住んでいて、ちょうど私と同年くらいの人でした。私が「自然」とか「都市感覚」について話すことに非常に興味を持ち、講演の前に私の講演原稿をずいぶん研究して深く理解してくれたらしく、大変立派な通訳をしてくださいました。木村さんから帰国後いただいたお手紙に「あのような講演はちょうどダンスコンクールのようなもので、ピッタリ息の合った感じは聞いていてもすぐわかるそうです。連盟の方から後で花束が送られてきました」と書かれていました。その日は真夜中まで盛り上がって、次の日、展覧会のオープニングにも好評だった講演の余韻が引き続いていました。すばらしい日本人女性に会えて、オスロの講演会と展覧会は大成功でした。

私をオスロに招待してくれたオスロ建築協会（Oslo Arkitektforening, OAF）のチェアマンとして活躍していたのもフレデリカ・ミラーさんという女性でした。オスロの大きな設計事務所の設計室に勤務しているという彼女に、なぜ設計事務所のボスはＯＡＦで活躍しないのかと聞いたところ、「彼らは実務が忙しい。ＯＡＦは、これから社会に出て建築家になるための訓練をしている若い自分たちが中心になって、話を聞きたいと思う外国の建築家を呼ぶなどの、さまざまな活動をしている」ということでした。今回の講演でも、あいさつから紹介まで、彼女がすべてやってくれました。設計事務所のトップの人たちも講演は聞きに来ていて、そして私のために歓迎のパーティを開いてくれたのですが、レクチャーの運営そのほかすべては若い人たちがやっている、そういう楽しさがありました。若い人たちにたくさん会えて、思いがけず活気のある旅になりました。

どこの国でも大きな建築をつくっているのは経験のあるベテランですが、ノルウェーの建築界も同様、先輩の建築家たちは社会的に忙しくて講演会を主宰する余裕はないのですが、遠巻きにちゃんと援護をしていて、本当の意味で開かれている社会だという気がしました。若い人たちを建築の世界にどんどん受け入れていくような雰囲気があり、建築の裾野がオープンなんです。女性を含めた若い人たちを迎え入れる下地ができている社会だなと思いました。日本の建築家の集まりには、若い人や女性が入っていってコミュニケーションができるような雰囲気はないですね。日本は建築の裾野が拡がっていないので、オスロの新聞で私の仕事について書いた批評家のように、異なる分野の人が的確な批評をするということはまだ先のことだと思いました。

3. ヘルシンキ

住居に近い環境をもつ工場

ヘルシンキへは、鉄鋼組合（スチール・コンストラクション・ワーカーズ）の大会で講演[2]をしてほしいという依頼があって行ったのですが、その大会は、これからはスチールの時代だということを象徴するような大会でした。

〈練馬の住宅〉

▼2…「スチール建築の可能性」「鉄構技術」臨時増刊号一九九九年一月、第二部第五章収録

日本にはスチールをうまく使って高層ビルを建てている先輩の建築家がいらっしゃるのにもかかわらず、私が招待されたのは、小さな建築や住宅をスチールでつくろうとする感覚、魅力とはいったい何だろう、という北欧らしい興味からだと思います。ヨーロッパでは、近代建築の初期にはスチールの住宅も数多くつくられていますが、工業化が伴わず高価だったということでそれが持続しなかったようです。しかし、工業化が進んだ今日になって人びとの住宅をスチールを使ってつくっていく可能性と、そのような建築のファンタジーに満ちたイメージを探ろうというのが目的だということでした。ですから、レクチャーのためのパンフレットや記者会見の資料にも〈練馬の住宅〉や〈富ヶ谷のアトリエ〉の外観写真が使われていました。

ヘルシンキでは思いがけず、建築雑誌では見ないようなスチールの工場を見てきました。農家から朝、牛乳を集めてきてそれを製品化する、日本の生協のような乳製品会社です。会社内に設計室があり、乳製品をつくるシステムまでも建築化してとらえ、ハードとソフトを同時にチェックするのです。そうした設計システムが建築にピリッとした影響を及ぼし、建築的にも新しい工場がつくられていました。日本では工場というと機械を置く場所のように考えられていて、既成のメンバーを使って仮設的につくられて安物然としていますが、そこのプラント計画のグループが考えている工場というのは、人間が働く場所であり、そこにある生産するためのシステマティックなオートメーション機構や、また働く人たちの居住性を考えるのも建築家の仕事だという考えの下につくられ、工場といってもすごく質の高いものでした。そして、造形的に新しいと同時に、内部も、日本のオフィスビルよりももっと住居に近い環境を持っていて、自然光がとても美しく、北欧の住宅が持っている温かさが内蔵されていました。働く場所が非常に快適でした。

〈富ヶ谷のアトリエ〉

住宅設計の延長で考えた〈湘南台文化センター〉

日本はコンクリート造をまさに近代建築としてヨーロッパから学んだわけですが、パリでもロンドンでも街を歩いていると本当に古い石の建築ばかりで、日本のようにコンクリートのビル建築は多くないですね。考えてみるに、コルビュジエの論理を実行したのはアメリカやアジアの国であって、西欧では未だに石の建築のなかで生活し、新しい建築はそれほど多いわけではありません。彼らは、今後大変な勢いで建築を変えるものとしてスチールという素材を考えているようです。だから彼らは、最も高い居住性を要求される住宅までも日本ではスチールでつくられていることに興味と可能性を感じるというわけです。

今回、オスロで民家園へも行ったのですが、歴史的な住居というのはみんなログ・キャビンですね。あれは、丸太の厚い壁で遮断し小さな窓を開ける、考えてみれば煉瓦のような組構造です。しかし同じ木造といっても、日本は南方の高温多湿の気候と北の乾燥低温の気候の両方を併せ持つ風土ということで、スレンダーな柱と梁の間を断熱壁や建具で埋めているわけです。開放系の家をつくる構造が、スチールの構造に似ているんです。寒さに対して障子や板戸など建具を何重にも重ねて開口をつくるというシステムがあって、暑さに対しては柱と柱の間を全部開放することもできる。日本では自然と共存する伝統を受け継ぐかたちで小住宅をつくってきましたから、木造をスチールに置き換えることはスレンダーなフレームを組み立てるということで同じだったのですね。だからスムーズに置き換えることができたといえます。

いま私は、オープンコンペで当選した藤沢市の〈湘南台文化センター〉の実施設計が完了したところです。戦後つくられた大規模建築は、特に西欧の理性をその手段としてきた歴史を持つ近代建築として実現されてきました。どんな建造物でもおよそ人間のつくるものは、自然とは完全に馴染み切ることはできない異質性を持ってしまうものだと思いますが、そうした近代建築はまさに自然のプロセスには還元できない質を備えていたと考えています。私は、自然に逆らわずに共存してきた民家のような在り方によって公共建築や大規模建築をつくりたいと以前から考えてきて、そんな考えのうえで〈湘南台文化センター〉を設計したのです。大規模建築をつくる架構やシステムによるのではなく、日本の建築の伝統をつくってきた民家や集落のようなものを建築化することによって、日本の風土と連続させたいと思っています。つまり、七〇年頃からずっとつくっている木造や、最近のスチール造の小住宅の設計を延長したようなレベルにある大規模建築の可能性を見出したいということで、そのことがアジア的な建築の追求でもあるといえると考えています。

4. フランクフルト
ヨーロッパのハイテックに対峙するアジアの建築

オスロのギャラリーROM（ROMは空間の意味）で私と同時に展覧会を開いていた、ようやく三十歳になったばかりくらいの若いフランクフルトの建築家のグループ、Formalhaut（フォルマルハウト）とアジアとヨーロッパについて徹夜で議論をしたのですが、彼らのほうが精神構造としてアジアをめざしていた（笑）。彼らはヨーロッパの建築よりもアジアのバラックみたいな軽い建築のなかに何かを見出そうとしていました。たとえば、彼らはその展覧会でギャラリーROMとして使われているクラシックなヨーロピアン・スタイルの木造の住宅のテラス周りを、自分たちで簡単な木の下地材を組み、そこにプラスチックの半透明な波板を取りつけてその建物全体を覆い、クラシックな外観をアジア的な素材のバラックで囲うように改造をし、それを展示作品としているんです。これは半透明の素材によって、まるでギャラリーの建物が霧に包まれているようで、薄明りの心地よさをみんな味わっていました。彼らの作品はほかにいくつかあるのですが、ヨーロッパ的な理性に対抗するようにしてアジアの精神をぶつけようとばかりにやっていました。建築をバラックだとか、軽い材料とか、仮設的なものに置き換えたいという考えで、半透明のプラスチックの波板でできたパッケージのなかに牛を入れたりするアート的な作品や、あるいはそれを重ねて切り抜いた彫刻のようなものをつくったり、これだけの素材ですべてを表現しようというようなことをやっていました。

フランクフルトの講演会は、ピーター・クックさんが教えているシュテーデル・シューレ[3]で開かれました。そこには建築の関係者だけでなく、絵画や彫刻の人も聞きに来てくれ、また、あとで講演会を聞いた人に、長谷川逸子の神経は完全にアジアだ、ということをいわれました。ロジャースのビルとか、ジャン・ヌーベルの建築が代表的な作品となっている時代のなかで、私がつくっている建築との差を大きく感じるというのです。

たとえば、ヨーロッパではどうしてもディテールが大雑把なものをつくるのに対して〈練馬の住宅〉のデリケートな階段にビックリするというのです。日本にはもっと神経の細かい人がいるわけですが、スライドで紹介したディテールのひとつずつを取り出して説明させられました。そのことは大変印象的でした。そして、「ヨーロッパにはこういうディテールに応えられる技術がない。どうしてこんなふうに細かいことができるんだ」と聞かれて、私は「これは実はハイテックなどではなく、アルミ板をビスで簡単に留めるローテックであって、非常に大雑把で、アジアのバラックや仮設建築に通じる精神でつくっている」というと、繊細さと大雑把さの両面が一対になっていることが面白いといっ

▼3…Städel shule、フランクフルトにある芸術学校、一八一七年創立

〈練馬の住宅〉
階段。パンチングのディテールとパンチングメタル（左ページ）

てましたね。しかしヨーロッパのほうが逆に、見えないところでハイテックなことが確実に進歩しているんですね。彼らはヨーロッパの建築をもってハイテックと考えていますから、それとの比較で、私の建築はどんなにハイテックに見えてもやはりアジアの建築だということになるのです。私の建築は全体が大雑把に見えるとか、荒さと繊細さがミックスしている自然さを感じるといってました。

住宅地のナチュラルな植栽に共感

このフランクフルトでも、ピーター・クックさんは授業の合間にロンドンと同様に街を案内してくれて、ウンガースの建築博物館やマイヤーの美術館はもちろん、学生たちとも一緒に六〇年代のアート展に行ったり、六〇〜七〇年頃にできた郊外の住宅地も見学できました。ピーターさんは古い住居地域をよく歩くんです。住宅地にはいろんな地方の様式が混ざっていたり、あるいは歴史的にもいろんな時代のものが建っていて、スタイルはバラバラです。しかし住宅の足元には、まるで野原の花のように四季の花々をうまくミックスしたとてもナチュラルで開放的な庭園が続いているのです。スイカズラの生垣やコデマリ、ライラック、キンシバイのような花など、日本の春の花々と同じものもたくさん合まれていて、親しみのある庭でした。フランスの幾何学的な植栽と違い、あるがままに近い植栽の仕方でした。それは、松山で自然農法を研究する福岡正信氏に相談に行くなどして、〈湘南台文化センター〉の緑化計画を考えてきた私にはとても共感するものがあり、大変いい印象を受けました。ピーターさんも庭のつくり方がうまいだろうといっていましたが、私も地形としての建築——ランドスケープ建築をめざすにはもっともっと植栽を身近にしたいとつくづく思いました。ウンガースによって古い石造の建築を単にコンクリートに

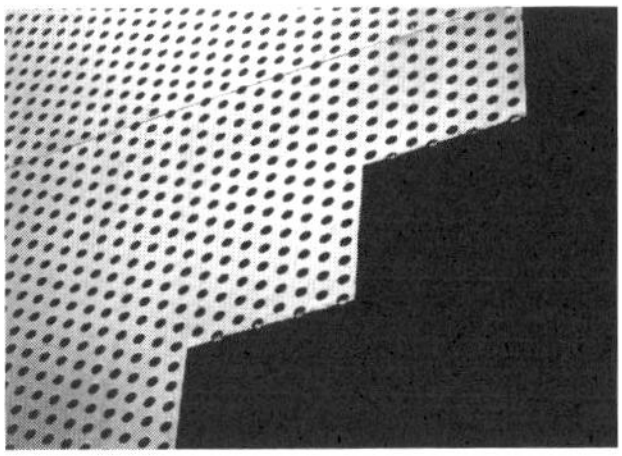

置き換えたような大きな建築が工事中だったり、まちも近代的なビルが建ち並んで雑然とした都市でしたが、ピーターさんの案内のおかげでまたもや有意義な日々を過ごすことができ、感激しました。

5.パリ

アート的であることが建築を狭くする

そのあと、フランスの建築家が何人かちょうど日本に来ているとき、休暇を取るためにパリへ行って話題の新しい建築を見てきました。ジャン・ヌーベルの〈アラブ世界研究所〉(一九八七)は、私のめざすスチールの建築とはほど遠く、彼の作品はだいぶ変わってきたように見えました。アルミ製の絞り装置の付いた面はとても大きいので、一見するとイスラム建築などのタイル貼りの建物のようで、大きなアートに思えました。以前AA〔AA Files〕の編集をしていたグレさんと夕食をしたとき、彼が編集したジャン・ヌーベルの作品集をいただき、改めて見直してみて、彼がもともとアーチスト的だったと知りました。それにしても〈レ・ゴテ・クラブハウス〉(一九八四)など複合的な作品を評価していた私はこの建物を見て、大きな建築の難しさと、アート的であることは建築を拡げ自由にするよりも、逆に狭くしていくようなこともあるということを感じました。私が建築をつくる場合、自然環境に基づいてどうやって環境に融合させようかとディテールを考えたり、そして新しい爽やかさをどうやってつくり出せるかをいろいろと考えています。でも、アートはあまりにも人工的、カルチャー的すぎて、私たちの住んでいる空間の質と差ができすぎるんです。だから、こういうアートっぽい建築を見ると、ヨーロッパの装飾的な石の建築とダブッて見えます。私はアジアで建築をつくる以上、アートではなく環境的な建築をめざしたいと思っています。

それに対して、女流建築家、ガエ・アウレンティさんの〈オルセー美術館〉は再生工事（一九八〇－八六）としてはよかったですね。クラシックな雰囲気を持つ駅舎を軽く見せる装置がたくさんある美術館になっていました。大事な美術品が軽薄に見えるといって、怒っている人もいるでしょうね（笑）。いまという時代を表現することによって古いものが引き立つということをやっているわけですが、改造された空間が持っている質が、重さと軽さなどのいろいろな感覚がミックスしていて、このインテリア改造の仕方には感心しました。

いま、フランスでは建築家が腕をふるって新しいアパートメントをたくさんつくっていますが、私は〈ナンテレー・B1・スッド〉（エミール・アヨー、一九七二－七九）を雑誌で見て、タイルの貼り方も含めて興味を持っていたので、見に行きました。あの外壁はものすごく高級なガラスタイルが貼り詰めてあってきらきらして美しく、開口部はフレームレスの涙形の窓がピッと開いていて本当に涙のように見えて、リッチな感じがするものでした。しかし、なかに入った途端にビックリしましたね。まさにヨーロッパのいやなところを見たような気がしました。低所得者向けの集合住宅だけれど、日本の公共建築では考えられないくらい外は高級なタイルとガラスを使ってつくってあるのですが、なかに入るとエレベータ室に窓がなく、エレベータに乗ると真っ暗で、あわてて照明スイッチを入れたのですが、そうすると落書きがしてあって汚く、不気味で怖かったですよ。その内と外の差には驚いてしまいました。テラスもなく、屋上にも出られず、外側だけあんなリッチさを持つ集合住宅に比べれば、日本のあの公団住宅のほうが、当り前のことをきちんとやっている（笑）。改めて身体や意識の快適さの違いを見た思いがしました。

6. そして

女性と社会について

地球の気候には、区分すれば何種類もあり、それぞれの自然環境を形成し、民家や人びとの歴史を残してきました。いまでも連綿とそれぞれの生活感覚・都市感覚がつくられています。私の建築が、その地球上の一点、東京で生活し発想した建築であるということを理解してもらうために、デンマークとフランクフルトの学校での講演のときには、特に東京をいろいろな角度から見て撮ったスライドを映し、それから自分の仕事のスライドを見てもらうという方法を取りました。

世界中のその場所場所に建築家がいて、それぞれが持っている問題を話すことによってそれがインターナショナルな問題となり、メタ・ロジカルな世界を見ることができればいいと考えています。行く先々で、海外の建築家はいま東京の様子に魅力を感じているらしく、東京のことをいろいろ質問されました。

スチール協会のフェスティバルにも、またそのあと行ったデンマークの大学の講演会にも若い女性がたくさん聞きに来てくれました。北欧は男女平等化がすすんでいて、働く女性の多い地域のようでした。質問したら「共に働くほうが生活が豊かになるからね」と答えていました。いままで講演に行ったロサンゼルス、オーストラリア、オランダなどでは女性が建築家になかなかなれない問題を私にぶつけてきましたが、北欧にはそういう感じはありませんでした。北欧は経済的な効率より人間の生活の豊かさそのものをベースに考える社会なのでしょうか、女性的な考えがごく普通に通じる社会のように感じました。建築を考えるうえでもベースが生活だから、女性も入りやすいのでしょうね。

ノルウェーのベルゲンというフィヨルドのあるお伽の国のような楽しい街でも、若い建築家のグループに招待されて講演をしたのですが、私の講演を聞きに来た人の半分は女性でしたし、講演会の世話をしてくれたのも全部女性でした。ヒューマンなスケールで伝統的な家が並んでいる小さな街の空港近くに新しい工業団地がどんどんでき、その地区だけ最先端の建物がスチールでつくられていて、それが少しずつ街に影響を及ぼしてきている問題とか、ハイテックな工場がどんどんできて、それが生活を変えそうな状況のなかで、女性の建築家が住居の設計を積極的にやっている様子を彼女たちは話してくれました。彼女たちは生活レベルで物事をとらえ、生活の延長に社会があると考えているし、生活を脅かされることについて率直に疑問を投げ掛けていました。

私はそのとき、「日本も急に働く女性が増え、女性建築家も多くなりました。しかし同じ頃から商品化住宅が展示場に並び出し、前ほど真剣に住むことを問うクライアントが減りました。それは情報の騒音のなかでどう生きていったらよいか、つかみかねている状態の表われのように思えます」と日本の現実を話しました。

ヨーロッパにあっても、ギリシャ以来、建築の思想の根元にはもとより男性原理があり、それに則って進んできた歴史は重く、なかなか崩れないですね。ですから、女性が建築をやっていく大変さを話す人が多いのも、近代化を超えていくのにもうひとつの原理、「女性原理」が必要なのがわかっていながら、それが受け入れられない環境にある地域が多いからだと思います。ウーマン・リヴが逸早く行われたアメリカの女性建築家でさえ話題にするように、女性たちは奇妙に思えるほど、このことに触れます。

建築というのは、どんな小さな物をつくるのも共同作業です。ひとつの計画に関わる大勢の人たちが真の実力を出し合い、コミュニケーションしてつくることのなかに意義と面白さがあるのだと私は以前から考えてきました。本来、それぞれが建築に対するコンセプトをきちんと持ち、そのうえで共同作業をしなければならないのです。ところが社会に疎遠であり、保護されてきた女性には社会的倫理観が足りないことがありがちなために、共同作業に至る前の段階や状態が大変なんですね。よく外国の人にまで、あなたは結婚していないからここまでできたんだといわれるのです。あるいは、私は子どもの面倒を見ながら家で仕事をしているので、こんな小さな仕事しかできないとか、収入が少ないのでスタッフやアトリエを持つことが難しいとか、まず女性は自分の作品を見せてくれる前に、いつも前提が大切になってしまうんですね。男性はそんなことを問題にしていてもしょうがないから、自分の作品を見せてくれます。生活と自分の仕事と、全部を見せないと成り立たないのが女性なんですね。自分の大前提を私に述べて私の大前提も詮索しようというのが、日本の女性も含め共通するところですね。しかし、オスロの木村さん、少女のような目を輝かせていた女性評論家のレンデさん、ＯＡＦのミラーさんたちにはそういうところはなく、女性らしく、生き生きした素晴らしい人たちだと思いました。

主張を持ち、生活をベースに

女性は、ひとりでいると男性と同じように能力があっても、集団になるとたんにその大前提が問題になってしまう人が多い。しかしこのモラリティ（社会性）の欠如も、男性を見ていると欠点ともいい切れないと思います。多くの場合男性は住宅規模のものから大規模建築に向かうなり、名誉やら利益やらのためのさまざまな戦略に直面することになります。そして次第に建築家としての本来のあり方を見失って、豊かなイマジネーションも自由さも自然さも、若ささえ封じ込め押し潰してしまう。このような男性的なるものも問題だと思うのです。

私は〈湘南台文化センター〉を何とか小住宅を設計してきた姿勢でやり通そうと思い、やっています。小住宅は一家族のクライアントと私の戦いでありまた同時に共同作業ですが、〈湘南台〉では市民という大多数の人たちとの共同作業がありました。こういう設計作業に向かうには、まず自分の考えを持ち、コミュニケーションできなければ真の共同作業にならないとつくづく知りました。そういう意味では〈湘南台〉はコンペということで、初めからコンセプトがはっきりした提案であったことは幸いでした。

いま、男性的なるものがいきづまり、それに替わって異なる原理として女性的なるものの必要性が現れてきていると思いますが、それは女性であればよいということではまったくありません。それは、抽象的すぎる人格をテーマとすることに替えて、具体的な生活に立脚して大きな世界を描くことであり、硬質なものを柔軟なものに置き換えようとすることです。さらには、地球の素晴らしさをデリケートに感じとる方法を得ることでもあり、人びとの繊細なるひだの微妙さも聴き取ることなのです。そして本来の女性的なるものを貯え、この騒々しい現実の世界に向けて、さわやかな音を響かせることを考えなければならないのだと思っています。

アジアの建築、日本の建築

〈湘南台文化センター〉のコンペで選ばれ、実施設計が完了した後、外務省から頼まれていたノルウェー、ヘルシンキへ展覧会と講演会をための旅行をしました。その後、展覧会場をつくってくれたフランクフルトへ行き、大学で講演を行い、春のフランクフルトの生活を楽しんだり、パリに出かけてさまざまな人と交友する日々を過ごしました。湘南台のコンペ案は外国の建築家たちの間でも驚きをもって受けとられたようで、その後に展覧会や講演会の依頼が多くありました。

しばらく海外で生活していると、いつものことですが、アジアの建築と日本の建築をもっと深く考えてゆかなければという思いに駆られて帰国したことを覚えています。

（二〇一八年）

・・・　インタビュー

亜熱帯で四季のあるこの国の気象、風、光、そして建築

「東陶通信」一九九一年十二月

——長谷川さんの建築は、一見とてもメタリックでモダンな印象ですが、同時に自然の息づきのようなものを感じさせますね。

私はスタートから自然、あるいは「第2の自然」というテーマを掲げて建築の設計を続けてきました。近代建築はブリーズ・ソレイユに代表されるように、都市と建築における光と影が大きな課題でした。学生の頃は、コルビュジエの数冊の作品集を手に、光輝く白い建築が魅力的で読みふけっていました。七〇年代になって自分で建築を設計するようになって、人間という存在は自然の一部であるという東洋的思想の延長にあるような建物をつくりたいと考えてやってきた気がします。この国は、湿度も高く、季節の変化に富んでいます。そうした「気象や地形」がつくり出す空気や光の質をとらえることから、建築そのものもそこに根っこがあるようなものとしてつくりたいと考えてきました。

——具体的に、例えば〈湘南台文化センター〉などの場合、それをどう具現化されましたか?

〈湘南台文化センター〉には、工場生産されたアルミの小屋根や四つの球儀があります。床面積でいえば七〇%くらい地下に埋まっていますが、そこで出た土を壁に塗り、コンクリートにはバイエルの黄土の色を混ぜ、床を瓦にするなど、伝統的な土造りをもち込んでいます。このように、デジタルなものと反デジタルなものがミックスして全体ができているのですが、どちらにしろ素材には、変化する自然の光や空気の色を受けて、建築それ自

体変化するものであることを、意図的に計画しているのです。
例えばアルミは、ステンレスやスチールのような反射体ではなく吸収体なので、夕陽があたれば本当にピンク色の光景になるし、朝方はバイオレットに、青空の日は青に染まります。まわりの風景を吸収して存在し、また違った風景を生むんですね。まあ、曇った日は憂鬱な鉛色になって、やりきれない日もありますが（笑）。土壁と瓦の床はしっとりとしていてとてもいいものです。そして土や瓦は、太陽の光の当たり方や、乾いているか湿っているかによって、まったく雰囲気が違います。ですから、〈湘南台文化センター〉は、訪れた日によってみんな印象が違うらしいですよ。

——自然の変化を楽しめる建物なんですね。

そう思います。また変化といえば、日本は南北に長い島国ですから、風も場所によってとても違っています。風って気圧がつくるもので、山や海からの距離、あるいは高い建造物があることなどで気圧は変わり、それが風向きをつくっている。私は知らないところで建物をつくるときには風向きを調べます。どんな季節にどんな風が吹くか、夏の夕刻に涼しい風を取り入れる窓をどこにつくったらいいかなどを計画するのです。同じように光も、特別に演出した光より、ナチュラルに光を取り入れようとしますね。

——素材を選ぶときの基準も、そのへんにあるのでしょうか？

自分が想像する光と空間を、うまく実現してくれそうな素材を選ぶということですね。例えば、私が良く使うパンチングメタルは、光をとらえる自分の感覚にとても合うんです。初期の頃は小住宅を設計していましたが、日本の住宅史を振り返るとき、生活のあり方まで変えてしまう社会を生きてきたという認識から、住宅の内部は積極的にガランドウ空間としてつくり、仮設的に間仕切るためにヨットのセールに近いテント布の壁、クロスワイ

〈湘南台文化センター〉
左：地球儀　右：夕方

ヤー、ステンレスメッシュ、FRP、パンチングメタルなど、シースルーあるいは半透明の素材を使ってきました。それを外壁にも使うようになったのですが、夏のとても強い光が差し込むときなど、壁も床も、人間の体も全部粒々になる。光の芸術ができあがるんです。また、パンチングメタルは昔の格子戸のように、明るい昼間にはよく視線を遮ってくれます。逆に夜は消えてしまったように、なかが透けて見えるのです。パーティなどを開くと大変おもしろいのですが、夜の視線を遮るのにブラインドや障子を入れたりします。

私は重ね着ルックといいながら、外壁に何重にも建具を入れ、光の変化を楽しんできました。ときには縁側のような空間をつくったりして、外との関係に奥行があるような方法をとっているのです。それは内と外との境界をどうつくるかで、建築の質は決まると考えているからです。

——長谷川さんは、パンチングメタルをかなり早くから使われていますね。

そうですね。比較的早くから使ってきました。〈松山・桑原の住宅〉のとき、クライアントが金属素材の建材業をなさっていたので、そのとき、異なる穴の大きさ、その角度、開口部のパーセントなど、どうしたら光を一番きれいに取り込むか研究したことがあります。そして独自のものをつくって使っていましたが、穴の様子で光の様相が違うということがわかりました。

これに限らず、自然をうまく取り込むことのできる素材なら、割とこだわらずに何でも使いますね。布も紙も好きですし、FRPやプラスチックも使います。新しい素材を一生懸命探すのはとてもおもしろいですしね。私は新しい素材を使う建築家じゃないかな。

——インテリアの照明についてはどのようにお考えですか?

空間が立ち上がっていれば、家具を持ち込みインテリアをつくることは、住み手が自由

左：〈桑原の住宅〉　右：〈練馬の住宅〉、それぞれのパンチングメタル

に演出すればいいと思います。建築の本体さえきちんとつくられていれば、インテリアは未完成なくらいがいい。つくり続けるのがいいという考えからいくと、建築完成時に照明器具があまり目立つように設計できないですね。結局は光源そのものの問題でしかとらえていないから、スポットライトとかダウンライトを使い、あとは可動スタンドを持ち込みます。ただ、単なるスポットや裸電球でも、そのディテールってとても大切なんです。こうしたものにあまりいいデザインがないので困っています。

〈湘南台文化センター〉のプラザは、みんながびっくりするくらい昔の街の照明です。真ん中にトップライトをカバーするようにアルミの木が立っているのですが、そのなかに仕込んだ照明は普通の白熱灯の色です。だいたい建物全体がとても懐かしい雰囲気の照明で、夕涼みなどしたくなる。ギラギラした光じゃない。それは意識的にそうしています。いま、都市のなかの光があまりにも異様すぎますから。

――〈湘南台文化センター〉には、シアターもありますね。ここではどんな照明を?

もともとそこは、二十年くらい前まではらっぱだったのです。アジア全体がそうですが、天空の下で行うお祭りなどから延長してきたものってまさに演劇の始源的空間でしょう?または野外テントの仮設的空間に近いものにしたいと考えました。そういう考えから、始源的演劇空間と現代のテクノロジーが融合した、球儀のシアターが生まれたのです。

実際にできあがってみると、直径三三メートル、天井の高さが二四・五メートルの空間の空気のヴォリュームはすごいです。暗闇のなかに点々とした照明などをつけると、まるで星空の下で演劇を観ているような感覚にとらわれるし、舞台だけに光をあてると、屋外の暗闇のなかで観ているかのような感じがする。さらに、照明器具やエアコンなどの機械はすべてむき出しのままなので、その部分に光をあてると、宇宙を飛んでいる宇宙船や

左:〈熊本の住宅〉格子戸
右:〈不知火ストレスケアセンター〉FRP

UFOの内部に入るようですしね。
こういう空間は、演劇もスケールの大きなものでないと空間の質に負けてしまいます。演劇者の数には関係ありません。不思議とひとりで演技するほうが大きな世界になったりします。オープニング企画のなかの、勅使河原三郎[1]さんのダンスがとても素晴らしかった。

——勅使河原さんは、実際にどんな舞台をおやりになったんですが?

宮沢賢治の「原体剣舞連」という詩の一節からとられている「DAH-DAH-SKO-DAH-DAH」の初演です。球形の劇場のなかにくっきりと現れたひと巾の光、それはまるでマンハッタンのビルの隙間に朝な夕なに現れる垂直な太陽光のようだった。その光と、街や工事現場の騒音をアレンジした都市音が、ひとりのしなやかな男の身体にぶつかる。人間と都市空間のダイナミックな交感劇でした。

——プラザに面した小屋根にはガラスの小箱のような小屋根がついていますね。これは昼の光の取り入れ口にもなり、夜は幻想的な夜景を演出するようですが、長谷川さんの建築にはメルヘンがありますね。

小屋根は風や光を取り込むパッシブソーラー装置で、チューリップ型に開きます。こういう小屋根群を見て、形態を問題にしている建築家のように思われているようですが、そこから入っていくことはありません。なぜいま、ここにこれをつくらなければならないかと、またどのように運営するかといったプログラミングを決めていくことに重きを置いているのです。そのプログラムを建築として立ち上げる。ですから、光の装置も機能上から考えていくのです。そうすると、形というのは割合に落ち着きます。結局、機械や装置というのは、もともと人間が生きるものであるために必要なものですから、それをつくるときに人間の手の伸びた先でできるスケールになり、ディテールになっていく。

▼1…（一九五三─）ダンサー、コリオグラファー

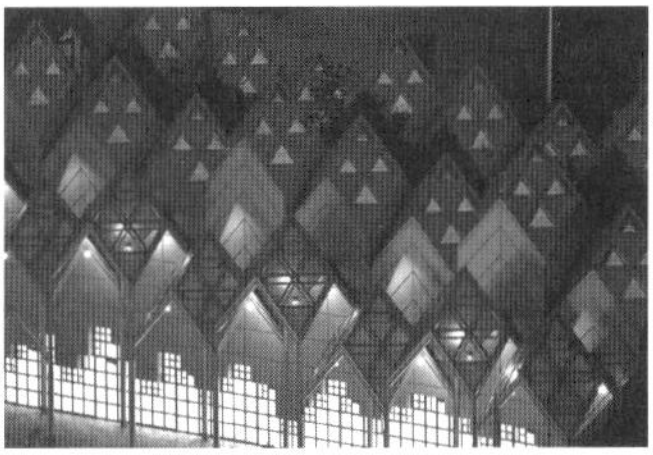
〈湘南台文化センター〉夜景

結果として、鉛筆型の小屋根が集合したような形ができたりしますが、それを見ると人はイメージをくすぐられるらしく、「民家の集落のようだ」といったり、「小屋根は森で、球儀が山々で、プラザが大地で、川が流れている」など、いろいろおっしゃいます。かつての原始風景と見る人もいれば、大変ハイテックな装置のシーンと見る人もいて、ポエティックにいろいろな読み方をされているようです。それだけ身近に感じ取る建築であるということでしょう。

建築って、「ポエティックマシン」みたいなところがあると私は思っています。人に訴えたり、呼び掛けたり、交感が行われる。また、いろいろな出来事が起きたり、人びとの生き甲斐とすごく関わりをもっているわけでしょう。そういう「場所の提案」なんですね。〈湘南台文化センター〉も、建築をつくるというより、場所をつくってきたというほうがいいでしょう。新しい時代に向かって生きていく市民が参加してつくりあげていく文化活動の場づくりだったと考えています。

第七章

「五感に働きかける建築」

第七章には「匂い」や「音」をテーマにしたエッセイと旅行記を置いた。いずれも雑誌の企画に合わせて寄稿したり書き下ろしたりされたエッセイである。これらのエッセイを収録したのは、長谷川の建築では、風の通り抜ける心地よさや木漏れ日の美しさ、音の響き、草や土の香りなど、視覚だけではなく、皮膚感覚や聴覚など五感で捉える居心地の良さや楽しさが大きなウェイトを占めているからである。ガラスの大きな開口部があっても、それだけでは開かれた建築にはならない。視線が通るだけではなく、風が通り、音が通り、人びとの活気が伝わって、はじめて快適な空間になる。

長谷川は大学時代、ヨットで国体に二回出場した経歴を持つが、そのとき、風を読むのに敏感で、二位に入ったという。船の模型をつくったり、ヨットの帆を縫ったりした経験が、当時珍しかったバルサの住宅模型となり、〈焼津の文房具屋〉の大きな弧を描くカーテン状の幔幕になっていく。〈湘南台〉市民シアターでは球体の頂上が開いて屋外の空間が生まれる。〈桑原の住宅〉でみいだされたパンチングメタルの光の粒は、静かに凪いだ焼津沖の太平洋に太陽光が落ちてキラキラするさまにつながっている。〈不知火病院ストレスケアセンター〉は、入江のほとりに病棟を立て、満ち干する波の音や光を室内に導く。一つずつが一つの家であるような四人部屋の間には海までのびる通路が設けられ、海風や光や音が入ってくる多孔体のような建築になっている。

住宅でも公共建築でも半屋外床や土間には、洗い出しの小石やビー玉、貝殻などが埋まり、砂浜や野山の小道を歩いているような柔らかな感触を与える。〈山梨フルーツミュージアム〉では、一番平たくて大きなガラスドーム「くだもの広場」の屋根全体に住宅用のブラインドのような細かなスケールの日よけを入れてセンサーで制御し、その時々の室温が外気温に反応して、天井の日よけ全体と地上に接する高さで建物を取り巻く掃き出し窓が開閉し、快適な温度を維持するようになっている。〈湘南台〉の現場では、地下のコンクリート床を敷いたときに、その床がわずかに傾き「ふわふわ」していることに最初に長谷川が気づいたという。調べてみると予想外の地下水が地下構造物全体を持ち上げていることがわかった。〈新潟〉でも、白山公園との間の県道を地下化する途中、新しい擁壁の壁が少しずつ傾いていくことに長谷川が最初に気づき、調べてみると、軟弱地盤で杭を打たない道路工事の影響で擁壁が傾いていっていることがわかったという。

こうした小さな一つ一つのディテールやエピソードが集積していくと、それぞれが長谷川の建築観の基底につながっているように思える。

・・・ニオイと建築

石の城

昨年〔一九八七年〕の春、イギリスのグラスゴーに学生たちのワークショップの指導をするため、十日程滞在した。その後北部を旅行して、中世の石の城の廃墟をたくさんみた。イングランド北部の山は牧場地で牧草と石の山である。廃墟の石はその石の山に還ってゆくように、くずれかけていた。それは日本の伝統的建物の土壁や瓦などが土に還るのと同じだった。その土地にある自然素材を組み立ててつくられた建築は、そこでの生態系の一部ともいえるものになっていて、連続していて地つながりである。その土地の歴史や風土や時間、もちろんニオイも吸収している。かつて貪欲な人間たちがつくりだしていた排物のニオイや体臭がこの石にしみ込んでいたにちがいないと考えつつ、その乾いてニオイも蒸発してしまったただの石を通して、その時代を想像した。

十七世紀のヨーロッパは史上最悪の悪天候にみまわれ、飢餓とペストが大流行し、戦火や魔女狩りの流血もあるなかで、自らのつくった文明をも乗り超えて、人間であれば誰もが認めざるを得ない共存の形式ともいえる普通的形式としての近代の原理は生み出された。そして人びとが土離れを計り、都市の人になるにつれて、石の城も崩壊に向かったのだと思う。そして人間も生態系の一部であるとする地つながりの空間も、自由な世界観に支えられていた非合理なる情感の世界も切り捨てられ、合理主義精神の追求のみに向かった。

原題「ニオイと建築　空中庭園」「is」四四号、一九八九年夏

この近代精神は、特に日本ではキリスト教文明と切り離され、科学技術として輸入された。そして生産性向上の精神に結びつき、物質文明をつくり、日本のすみずみまで浸透した。建築はあらゆるものをインクルードして、本来多様なるものを包容して成立していたものなのに、工業化に向かうなかで次々に多様さを排除し削ぎ落としてしまった。ビルや住宅から植栽まで、どこの地域でも特色が薄れ同質化してしまった。まちのニオイも建築のニオイも同じように時代のニオイに置き変わった。

エアコントロール

私はこれまで二十年近く、毎年一軒ぐらいの割合で小住宅の設計を続けてきた。それらの住宅を見直してみても、時代のめまぐるしい変化と決して無関係ではなかった。言葉にすることなど到底できなかった多様なもののざわめきを感知しながら、私は開かれて完結しない試みを続けてきたと思う。実際、住宅を設計することは、その都度改めて生活について語り合う作業であって、建築の形や材料のことを語っていてもできない。数えきれないほど具体的な行為や事物についてコミュニケーションをすることになる。そして、これほど異質なる人格が共存しているということを改めて確認させられ、共感なき共存としての近代合理主義精神があることを改めて知るのだ。一方でこのコミュニケーションはその時代の感性と切り離されるものではないことも知る。特に高密度化する東京にあっては、いままで以上に社会的あるいは文明的な大きな変化といかに関わって生きているかを、クライアント側の要望のなかに読み取ることができる。

七〇年代には、それほど大金持ちの家でなくてもエアコンディションのための機械等を持ち、掃除会社に来てもらわないと拭けない、嵌め殺しのガラスを入れている住宅を建築雑誌でたくさん見かけた。私の小住宅のクライアントにも空調のため、採光量を最小限におさえることを要望して無理をいった人がいた。浴室や便所や台所のニオイを強力に排気することを望む人が多かった。八〇年代になると電脳化社会といわれるなかで徹底的に環境の人工化をめざす都市住宅がつくられる一方、一戸建住宅ではもっと自然の気候のなかで健康な生活をと望む人もあらわれ、通風、採光を十分に取りこみ、パッシブソーラーが見直されるようになるし、ニオイも食事には大切なものとして見直されたりしてきた。

家にはそれぞれ独特のニオイがあるが、建築は人が住み始めるとすぐさまニオイに包まれる。ニオイは目に見えない生活をも読み取らせてくれる。先日、淡路島に山桜を見に行ったとき、新築早々の国民宿舎に泊まることになり、行ったものの、玄関から部屋にたどり着くまでに新建材の接着剤のニオイで目も鼻も刺激を受け、涙ポロポロになってうすら寒い夜中のまちに飛び出した。

通風の悪いコンクリート打放しの部屋は異様なニオイがする。人間の出す炭酸ガスによって表面の中性化を進めると聞くが、そのこともあってか、あるいは気泡がいろいろなニオイを吸収し溜め込むためかよくわからないが。ニオイは時代の産物といえるが、人びとが身体の快適さに相当に敏感になっているだけに、この工業化社会のつくる臭気はなじめないものになっている。いまではそうした空気に混ぜて芳香を放つ方法をとりはじめている。そして、きんもくせいは芳香植物として親しまれ庭木としてよく植栽されているのに、子どもたちはトイレのニオイの木だと言う時代だ。古いカフェを再現するためわざわざ名人にタバコ色で室内を塗装してもらい、タバコのニオイを染み込ませたカフェを新しくつくったり。いま、改めて身体的快適さや心地良さに一段と敏感になってきている時代に合わせた新しい芳香の時代がスタートし始めているといえよう。

空中庭園

世界の集落をみると土でつくられているものが多い。その土壁も東南アジアのように湿度の高いところと、西アジアの乾燥地帯のものとでは随分と違う表情をしている。奈良の土壁の集落を雨の季節に歩くと土が生きていて草が生えてきそうな感じがしてくる。壁も瓦屋根も土があれば草が生える。台北のまちの商店街の列柱に草が生き生きとのびているのを見たとき、そのまち全体がとてもやさしく感じられたのを思い出す。私はいま、「第2の自然としての建築」というテーマを掲げているが、それは他の物質の存在様式から峻別されたものとしての建築を考えることから離脱し、共生すべき新たなる自然系によって記述され、読み取り得るようにすることで建築をつくることである。「草木国土悉皆成仏」と仏教では草木も地形もすべてみな成仏するという親しみのある思想を生み出しているが、建築も単なる道具から草木国土と同様、成仏可能な存在にしたいのだという考えである。

このごろ竣工間近の藤沢市の〈湘南台文化センター〉も、そして名古屋で行われる世界デザイン博のパビリオンである〈インテリア館〉も空中庭園をもつ建築で、庭園をテーマにした建築である。庭園をつくるということは古くから先端の工学を導入して新しい自然をつくり上げようとすることで、人工と自然そして地域性や歴史性に関わることであった。そこでは合理性と非合理性が、地域性と国際性が共存しうるものでなければならなかった。

〈湘南台文化センター〉は全体ヴォリュームの三分の二を近代建築の箱型として地下に埋設し、地上には四つの球儀や小屋根群、せせらぎや池のある空中庭園があり、全体は小宇宙を乗せた船というイメージでき上がっている。インテリア館は遠方から眺めると霞に覆われたような外観を持ち、地上は水と緑のオアシス空間で、アルミパンチングメタルの樹木や雲に覆われ乳白色の薄い布で覆れた休憩所（チャドルと名付けてある）などがある空中庭

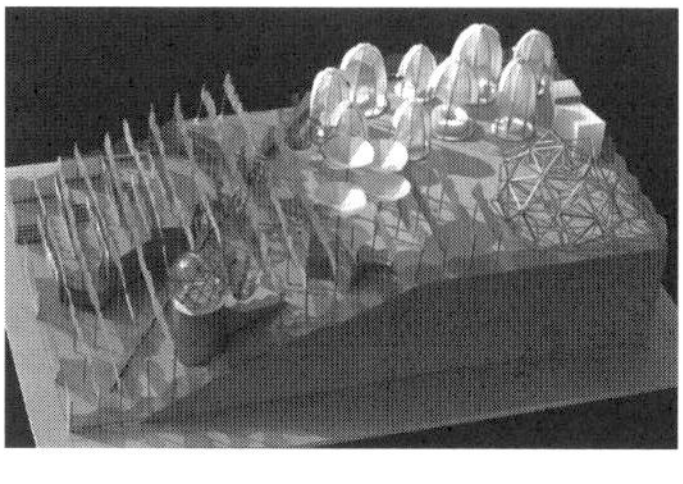

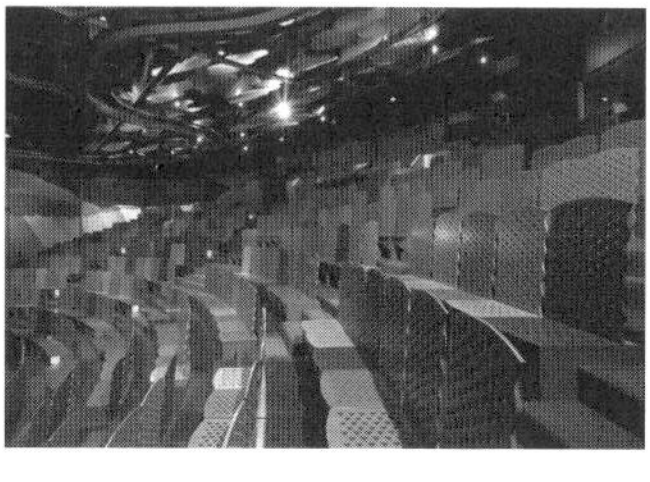

〈名古屋世界デザイン博インテリア館〉左：模型　右：ホール内観

園である。この下部は洞穴のような地下的空間になっていて、メイン・ショーホールである。ここでも合理主義精神により切り捨てられてきた、豊かであるが半透明の情感の世界や自然が持つしなやかでひろやかなる快適空間、さらに宇宙の不可思議な調べを聞くための装置を付加したり取り込むことで、新しい自然をつくり上げたいと考えた。

庭園の思想には歴史や風土、天文、時間、色彩、音、香と多元的に交替している。特に四季の変化をもつ日本では華道や茶道、香道という作法をつくってきた。西欧でも聖書を通じて芳香を放つ花卉灌木の記述が多いのに驚くが、古くから芳香は庭園の大きな悦楽で好んで植栽されてきたといわれる。

いま、感性の高い時代といわれるが、現実の自分の置かれている空間の貧しさを私たちは感じている。嗅覚も聴覚や視覚と同様に創造力を刺激しかき立てるものだ。そうした多様なるものをインクルードした本来の建築のあり方を取り戻したい。そして都市の様相の豊饒さは宇宙の様相のそれと不二一元である方向に向けてゆくことが、いまものをつくる人間の使命のように思えている。

湿度

東京の古い打放しコンクリートの壁にこびりつく、あの黒カビを外国で私は見たことがない。黒カビは、湿度だけでなく、汚染された空気が関係して生えるのだと思うが、このカビも新建材のニオイと同じように、私には馴染めないもののひとつだ。私は、ここ十年ほど、よく東南アジアに出かけている。それはオーストラリアに出かけた帰り、バリ島で、雨期のしっとりした草木、身近までやってくる小鳥、青い空と海、やさしい人びとなどに包み込まれて、とても快適に過ごしたのがきっかけではじまった。近頃は、パリやロンド

〈名古屋世界デザイン博インテリア館〉
左：チャドル　右：屋上

ンなどの乾燥した国々に行った帰りには、必ずといっていいほど、アジアの国に寄って帰国する。というのは、アジアの気候が乾ききった身体を潤してくれるからだ。はじめて台北に行ったときは、夏の雨期で、空港におりたときから食べもののニオイで充満したまちのニオイに、胃はむかつき、滞在中ずっと苦しんだ。二度目は、体が慣れたのか、そんなことはまったくなく、食欲旺盛に過ごせたのには、我ながら驚いた。まちに似つかわしくないほどの、モダンなレンガタイルの新築高層アパートのそのベランダは、人が住みだすと、それぞれバラックの一隅をつくるがごとく、勝手に手を加えられる。そのため、外壁が次第に雑然と変わっていく状態をみた。台北のまちのベランダは、思い思いの手摺りがつけられ、そのため、どこかビル建築のもつ硬質さは消えてしまっている。屋上には、かわいく住み心地良さそうなハト小屋や、軽くテントが張られていて、都市の風景は雑然としながらもやさしく、親しみをおぼえるものである。東南アジアのまちのニオイは、この台湾と同じで雑音と温度が混ざり合ってできている。アジアには建築を建築のみによって語ることのできないものがある。建築は的確に言葉にすることができない現実のざわめきのなかから生成することができるのだということを知る。

建築を言葉の力によって展開するのではなく、無意識のなかにある言葉を超えた秩序と呼応しながらつくっていきたいと考えさせられる。

・・・都市の音

「GALLERY ROAD」一九九二年一月号

それぞれの場所にはそれぞれの地形や気象そして人間の歴史が重層して、その地域としての特色をつくってきた。そして重層空間が場所の音となる。だから新しく建築をつくるということは、その場所の都市音と出会い、変更させることでもあるのだ。建築の内にも外にも音がある。どんな都市音を目ざすのかは、建築のあり方と大いに関わりがある。

「都市の音」というテーマを与えられて真っ先に思い出したのは、藤沢市〈湘南台文化センター〉のシビックシアターのオープニングプログラムのひとつとして上演された、勅使川原三郎氏のダンス公演だ。シビックシアターは直径三三メートル、最高天井高二四・五メートルの球形建築である。劇場として舞台の時空と観客の日常的時空の両方を包み込み、総体的差異を克服しつつ一体的対話を可能とするような場をつくりたいと考えてきた。パフォーミングアーツの出発点である野外での初原的な芸能の場や、現代の野外テントでの演劇に見られる仮設空間に近いものとした。閉じているが開かれた外部空間と同じ程度の容積の空間。開かれていく宇宙時代の時間軸上に生きる人間たちの世界を演じる場所として、天空の下の初原的な演劇空間と現代テクノロジーが融合した球儀を提示し、私たちは別名「宇宙儀」と名づけた。そこで、宮沢賢治の「原体剣舞連」という詩の一節からとられている「ダーダーダースコ・ダーダー」を勅使川原氏は初演された。

球形の劇場のなかにくっきりと現れたひと巾の光と強烈な都市音楽、そしてしなやかな

〈湘南台文化センター〉シビックシアター内観

男の身振り、それはまさに「ノイズオペラ」と名づけても良いものだった。光と音楽がつくり出すその空間は、虚構でありながら現実世界の様相を呈し、ヒューマンスケールを感じさせながら壮大な宇宙スケールとも読みとれた。私はその光景を反射音が響きわたるマンハッタンのビルの隙間に、朝な夕なに現れる太陽光が垂直にパーッと光り出すシーンとオーバーラップさせていた。

街に氾濫する車などの騒音、工場や建築現場の轟音をアレンジして自作の都市音とでもいえるものにつくり上げ、光の束といっしょにダンサーにぶつける。時代のシンボリックな風景の前で人間はしなやかに動き続ける。それは人間と都市空間のダイナミックな交感劇であり、その交感は観客の身体まで共振させ、身震いさせるほどのものであった。

数年前、ロサンゼルスの建築科の学生二人とインディアン集落を訪ねてアリゾナ砂漠をフェニックスの先まで横断ドライブした。砂漠の空間はまったく音の無い完全吸音空間で、車や人が見えてもまったく音が伝わってこない。都会のノイズに慣れっこになり、頭に音が突き抜けたかのように全身を振動させて生きていることを思いきり知らされた。無音の世界に不安を覚えながら、自分が四季の変化のなかで音を聞き分け生活してきた日本人であることを思い知った。

田舎を旅をして、瓦や土壁の伝統的家並みを行くと、吸音状態の静寂さのなかに木々の音、せせらぎの音、鳥や虫の音など森羅万象の音がつくる風景に耳を澄ましてしまう。昔は集落を形成しながら開放的な家屋に住むことで、視覚的広がりを得るだけでなく、自然の音に加え、音霊までも巧みに取り込んで、自然と共生し、神の世界とも交信するような生活があった。静けさを保つ振る舞いのなかで音を聞き分け、闇の世界の音を聞き、音に体の芯まで感じ入って生きる世界が展開していた。近代の合理的精神によって切り捨てしまった豊かさであるが、こうした半透明の情感の世界を取り込んだ新しい空間づくりが切望されている時代である。

私たちはいま、「何処にでも住め何処ででも働ける」ネクスト情報化社会を迎えようとしている。都市性と自然が共存するような場所がもしどこかに出現すれば、その快適な場所に移動を望み東京を離れるだろう。東京がいま以上にカオチックになり猥雑化し住む環境でなくなるなら、都市の終焉を迎えざるを得ないのだ。健康な都市生活者はこのカオスの先にある秩序としての、新しい第2の自然都市を求め出している。

海のきらきらとした輝きやゆらゆらとしたゆらぎのなかにいると、思いきり五感を働かせて全身で自然を感じてしまう。ガイアに充満する空気に包まれ、いつも流れる風に呼吸して生きているのだということが感じられる。多くの人がウォーターフロントに住みたいと願うのは、海の自然のリズムが感じられる空間は心身をなごませてくれるストレスケア空間であり、ゆとりと活力を与えてくれるということを知っているからだろう。都市性と自然性が共存する場所として、例えば横浜の波の音が聞こえるウォーターフロントのポートサイドエリア、その開発には二十一世紀の住まいとして熱い視線がますます注がれることになるだろう。

・・・大地の女神と出会う旅

「ＰＵＲＥ」一九九一年十一月号

いつ頃からか、外国でのレクチャーを頼まれることが多くなり、海外に出かける機会が増えました。そういうときには、仕事の目的地だけでなく二、三日でもいいから足をのばして、地球上のいろんな風景を見るためにあちこちを旅します。

都会的空気を吸うのは嫌いではないのですが、正直なところ喉の弱い私にとって、空気の悪い大都市は居心地のいい場所ではありません。いつも必要最小限の日数しか滞在せずすぐに飛び出してしまいます。それで、よく足を運ぶのがリゾートと呼ばれているところです。例えばロスからコロラド高原やアリゾナ砂漠、ニューヨークからフロリダやカリブの島々へ、ロンドンからネス湖へ、パリからマラケッシュやザゴーラ、フェズなどへ。アジアのリゾート地にも寄りました。乾燥したパリからしっとりしたマレーシアのペナン島、バリ島など、アジアのリゾート地は気候が良く、海と緑のやさしい自然のシーンと、植民地時代に残されたモダンな都市的建築空間が共存していて大変快適です。

情報化社会のなかで生活していると、テレビで地球の風景を見たり、ＣＤで自然の音を聴いただけで、それらを何となく知った気になりますが、現地を訪れてみるとそうした知識や映像的経験とはまったく異なるものを体内に残すことができるのです。マラケッシュからザゴーラまで鮮やかに真っ青な空の下、車を走らせたとき、帰りアトラス山脈を越える辺りでベルベル人の家にひとつひとつホタルのような光が灯り出し、やがて星が降り注ぎ、月がつくるくっきりとした岩々の影を見たとき、車から飛び出してその美しさに身震いしました。旅行中はいつでも光や風や匂いなどに五感を働かせて静かに過ごします。ガイアは、充満する空気に包まれ、流れる風によって呼吸し、生命系の全体と連絡して存在するのだということを全身で実感させられます。

私は小学校まで駿河湾の一番奥の漁村、焼津で育ちました。体が細くて弱い子供だった私は、浜で遊ぶと元気になると思い込んでよく遊びに行きました。中学、高校と静岡の学校に通うようになっても、落ち込んだときには赤灯台の下に座って水平線を眺めながら、駿河湾が太平洋まで広がっていることに思いを巡らすことで気を晴らしたものです。そして、いつしか海の近くで過ごしたくなって、女性ヨット部のある大学の建築科コースを選び、四年間横浜のハーバーに通い国体にも出場したりして、ヨット一筋でした。その頃、ヨットでいろいろな港に出かけると、思い出の焼津港と比べては、「焼津の港はいいよ」と口癖のように言っていました。

建築家になり海外に行くようになってもヨットハーバーを探しては訪れます。しかしこの頃になって、昔と違ってしまった焼津のまちのことを思うと、こうして自分にその地名がつきまとうことに困惑するようになっています。良き時代に田舎で過ごしたことが、良きにつけ悪しきにつけ私のなかに残っています。あまり意識していませんでしたが、いま思うと、厳密なる建築性を求めるというより、私が建築性とは矛盾する自然、あるいは〈第2の自然としての建築〉をテーマにして考えてきたということも、私の経験と関係がありそうです。科学技術やヒューマンエレトロニクスが論じられ、生活のきめ細かさや等身大のサイエンスを論じることに到達した時代を迎えて、〈第2の自然〉としてのシーンが形づくられつつあることにも、多くの人たちが共感し始めています。そうした時代に向かつて何が残せるかを考えながら、これからも旅を続けたいと思います。

・・・庭園いっぱいに花が咲く

ロンドンでの買い物も観劇も、そして午後のティータイムも大好きだ。

十年前、ロンドンのＡＡスクールに招待され、「第２の自然としての建築」というテーマでレクチャーをしたときに、建築家のピーター・クックさんからロンドンの「都市の自然」をぜひ見せたいとお誘いを受け、春のロンドンを案内していただいたことがあった。エリザベス女王を象徴するといわれる公園のスイセンの鮮やかな黄色い花々と、道路沿いやラウンドアバウトのまわりにあるパンジーの花々がつくる独特のシーンを思い出す。ピーターさんのマンションの前面の、鍵を開けて入っていく大きなプライベートガーデンは、春の花でいっぱいだった。さまざまなバラが咲き、花に囲まれ春の日差しのなかで、街で買ったおいしいオープンサンドイッチとワインをいただく。まるで印象派の絵のシーン。郊外の田園は、菜の花が黄色い絨毯のように広がる。訪ねた家のグラスハウスで植物に囲まれて、ティータイムをゆっくりと過ごした。

次の日は、舟でテムズ川を上ってキューガーデンを案内していただいた。次々に現われる橋のデザインを話題にして、温かいコーヒーをすすりながら向かった。そのときおしゃれなピーターさんは、眼鏡のふちもシャツもズボンもみなグリーンでまとめ、春風に包まれているようだった。白い細い鉄でつくられた温室には不思議な時間が漂っていて、その内部の螺旋階段もなまめかしく、オブジェ性から程遠いものとして建築をつくることを

原題「庭園いっぱいに花が咲くロンドンの春を味わう」「ＷＩＮＤＳ」一九九五年五月号

知った。

あれから何となく春はロンドンで過ごしたくて、シンポジウムやワークショップに出席してきた。その後訪れたときのキューガーデンの、睡蓮の池を中心に水辺の花々を集めた円形ドームの温室は、まるで天女が舞う小宇宙といったような美しいもので、何度も通ってしまった。

昨年の春はグラインドボーンでオペラも見せていただいた。この頃は、イギリス国立ウェールズオペラハウスの国際コンペに上位に入り、プレゼンテーションのため続けて出かけた。そのとき、カーディフのパブで街の人たちとよくビールを飲んだ。私たちの作品のドローイングは、パブのマダムによって真ん中の暖炉のうえに掲げられてある。コンペに参加した建築家は皆そう思うものらしいが、私も自分の建築こそカーディフベイのオペラハウスにふさわしく、新しい時代の建築になりうるのに、と思っている。しかし、今後の選定でどうなるのか、わたしにはまったくわからない。

・・・ 透明感あふれる秋の美　ボストン

日本経済新聞夕刊、一九九五年一月二十六日

ハーバード大学建築学科の客員教授としてボストンに通った九三年は、素晴しい年だった。月に十日の講義のためシカゴで国内線に乗り換え、何度もボストンに飛んだ。低空を飛ぶのでイリノイ地方の農耕地の美しさやアメリカ大陸の強烈な地形に改めて地球の様相を見る思いがした。

時にはニューヨークを経由し、何としても見たかった近代美術館のマチス展、グッゲンハイム美術館のロシアン・アバンギャルド展、モダンダンスのマース・カニンガムなどを見ることもできた。

滞在中には建築家ルイス・カーンの作品や北部のニューイングランド様式の住宅の見学ツアーに行ったり、おいしいカキを食べに漁師町までドライブしたり、この地方の四季の美しさに触れる日々を過ごした。

ボストンとケンブリッジの境を流れるチャールズ・リバーの両岸は幅広い緑地帯。水と緑の美しい公園のような景観になっていて、夏にはここでボート大会が開かれる。学生たちと観戦に出かけたり、また冬には学内のハロウィーンパーティで変装をしたことなども印象深い経験だ。

ボストンの美しさは秋に極まる。紅葉の美しさは日本の比ではない。緯度、気温などに関係するのだろうが、赤、茶、黄にも紫も混じる。日本の濃密な紅葉と違って、透明感に

あふれ、太陽光が葉の裏側まで透けて見える美しさは格別だ。

建築学科の教室は階段状の大空間で、すべての学生が自分の製図空間を持ち二十四時間利用できる。ここで何度も夜中まで議論した。彼らは日本の学生のように思考が均質ではない。いろいろな国から来ているのだから当然だともいえるが、多くの価値観に触れ私自身も若返ったような気がした。

私は小学生まで静岡の焼津で育った。月に一度の墓参りで見た一面真っ赤な曼珠沙華の堤、紅葉の高草山。春一番に海辺にピクニックに行った日のはるかに広がる青い海と白い船。いまの子どもたちにはうらやましがられるような、自然に浸った生活がそこにあった。

日本の国土は均一化を目指して整備され、どこも自然と人工の対比があからさまで、美しいランドスケープを創作することも、自然をありのまま保存することもできずにきた。アメリカ大陸の生の風景は日本がとうに失った遠い日の記憶を私に思い出させてくれた。

『長谷川逸子の思考』の構成について

『長谷川逸子の思考』は、最初の作品発表をした一九七二年から二〇一六年までの長谷川の論考や作品解説・講演録・インタビューなどのテキストの選集である。『ガランドウと原っぱの建築』（二〇〇三年）に収録された比嘉武彦との対談をベースとして、関連テキストを集め、二〇〇三年以降のテキストを補った。長谷川逸子・建築計画工房（一九七九年設立）では長谷川のテキストを継続的にファイリングしており、その膨大なファイルに国会図書館や大学図書館などから若干の拾遺を加え、収録すべきテキストを選出した。論考からインタビュー、そして多木浩二をはじめとする他者の批評をも組み込んでいるのは、長谷川自身の希望にもよるが、単なる著作集ではなく、長谷川の思考の軌跡を辿るテキスト集とするためである。

『ガランドウと原っぱのディテール』は、第一章「ガランドウ（初期住宅）」、第二章「第2の自然（湘南台文化センターほか）」、第三章「原っぱ（新潟市民芸術文化会館ほか）」、第四章「つなぐ建築（二〇〇〇年以降）」と年代順に構成されている。これに倣って一九七二年から一九八四年までの初期住宅群に関連するテキストを第四部「ガランドウ・生活の装置」、一九八五年から一九九二年までの〈湘南台文化センター〉（一九九一）を核とする第三部「第2の自然」、一九九三年から二〇一六年までの著作を第一部・第二部として、時代を遡るように構成した。

『ガランドウと原っぱのディテール』から一五年以上のときを経て、すでに歴史的段階に入った一九七〇年代のテキストから始めるより、現在から遡行するほうが若い世代には理解しやすいのではないかと考えたからである。

第一部「アーキペラゴ・システム」は〈新潟市民芸術文化会館〉（一九九八）を核とし、第二部「はらっぱの建築」は〈新潟〉と並走していたプロジェクトを集めた。同時期のテキストを二部に分けた第一の理由は〈新潟〉に関するテキストの物理的な量であるが、〈新潟〉に結実する一九九〇年代の思考のディテールは、むしろ、より小規模な公共建築や経済重視の社会と向き合わざるを得ない集合住宅、七〇年代の思考と繋がっている住宅を語るテキストによく読み取れるからでもある。

各部の序章に『ガランドウと原っぱのディテール』の該当章を配置しているが、今回の出版にあたって、長谷川・比嘉両氏の意向で一部修正補足している。第三章「原っぱ」は、〈新潟〉とその他のプロジェクトで分けて第一部と第二部に分けて収録し、まだ計画段階のプロジェクトを含む第四章「つなぐ建築」は住宅関連だけを残して削除し、新たな論考と置き換えた。…………………（編集：六反田千恵）

初出一覧

比嘉武彦＋長谷川逸子「第2の自然」——『特集長谷川逸子　ガランドウと原っぱのディテール』第二章、「ディテール」二〇〇三年七月別冊

多木浩二＋長谷川逸子「建築のフェミニズム」——「SD」一九八五年四月号

「連続する小屋根群」——「建築文化」一九八五年三月号、原題「連続する屋根」

八束はじめ「テクノロジカルな風景」——「SD」一九八五年四月号

「農家の形式を引き継ぐ三角の大屋根」——「新建築住宅特集」一九八五年秋、初出時無題

「新しい自然を感じさせる半透明の薄膜」——「建築文化」一九八六年十一月号、原題「しなやかで、さわやかで」

「森や山々の影絵のように立っている」——「住宅特集」一九八七年一月号

「海に向かって立っている」——「建築文化」一九八七年一月号、初出時無題

「森に溶け出した建築と人工化した樹木」——「新建築」一九八七年一月号、初出時無題

「アーバンニュースピリット」——「建築文化」一九八七年一月号、原題「URBAN NEW SPIRIT」

多木浩二「長谷川スタイルの魅力」——同右

「おばあさんが語っていた空間」——「建築美　極3」一九八五年十二月

「新しい自然環境をめざして　湘南台文化センターコンペ応募設計主旨」——「新建築」一九八六年四月号

「湘南台文化センター設計競技二次審査提案趣旨」——未発表、第二次審査におけるプレゼンテーション用原稿、長谷川逸子・建築計画工房所蔵

植田実＋長谷川逸子「「住む」建築と都市における自然の構築」——「ぱろす」一九八六年

「住宅設計の延長上にある公共建築」——「新建築」一九八七年九月号、原題「経過報告　湘南台文化センター実施案」

「「第2の自然」としての建築」——「新建築」一九八九年九月号

「「第2の自然」を共有する」——同右

「「私の作品」から「市民の建築」へ」——日経アーキテクチュア編『建築家であること』日経BP社、二〇〇三年

石井和紘「世代的方法の昇華のマイルストーン」——「建築文化」一九八九年九月号

多木浩二＋長谷川逸子「建築の公共性・社会性　湘南台文化センターをめぐって」——「SD」一九九一年一月号

「子どもワークショップ」——静岡新聞夕刊連載「窓辺」二〇〇一年、第二回「ワークショップ」をもとに二〇一八年書き下ろし

「湘南台文化センターの完成を迎えて」——「建築文化」一九九一年一月号

「集団心象としての建築」——「SPACE MODULATOR」一九九一年九月

植田実「まだ体験されていない自然の姿　湘南台文化センター」——同右

「生活を都市のなかで捉えなおす」——東急建設社長室広報部編『女と都市』東急建設・井上書院、一九八八年、原題「生活を都市の中で捉えなおす必要性」

「アーバンスピリット」——『私の建築手法　槇文彦・長谷川逸子・伊東豊雄・石井和紘』東西アスファルト事業協同組合・田島ルーフィング株式会社、一九八七年

「開かれた建築」——「建築文化」一九八八年九月号

「家の記憶を内包する海の病棟」——「建築文化」一九九〇年四月号、原題「不知火病院〝海の病棟〟」

「良い医師とともにつくる医療空間のあり方」——「ヒポクラテス」一九九八年五月号

「新たなる都市建築の時代に向けて」——「建築文化」一九九〇年六月号

「柔らかな思想、柔らかな建築　ヨーロッパ、アジア、東京、そして女性建築家について」——「住宅特集」一九八七年九月号

「亜熱帯で四季のあるこの国の気象、風、光、そして建築」——「東陶通信」一九九一年十二月

「ニオイと建築」——「is」四四号、一九八九年夏、原題「ニオイと建築　空中庭園」

「都市の音」——「GALLERY ROAD」一九九二年一月号

「大地の女神と出会う旅」——「PURE」一九九一年十一月号

「庭園いっぱいに花が咲く」——「WINDS」一九九五年五月号、原題「庭園いっぱいに花が咲くロンドンの春を味わう」

「透明感あふれる秋の美　ボストン」——日本経済新聞夕刊、一九九五年一月二十六日

静岡精華高校眉山ホール

静岡県静岡市鷹匠3-111（現存せず）
1984年9月竣工
敷地面積：1,186㎡，延床面積：932㎡
地上2階
S造

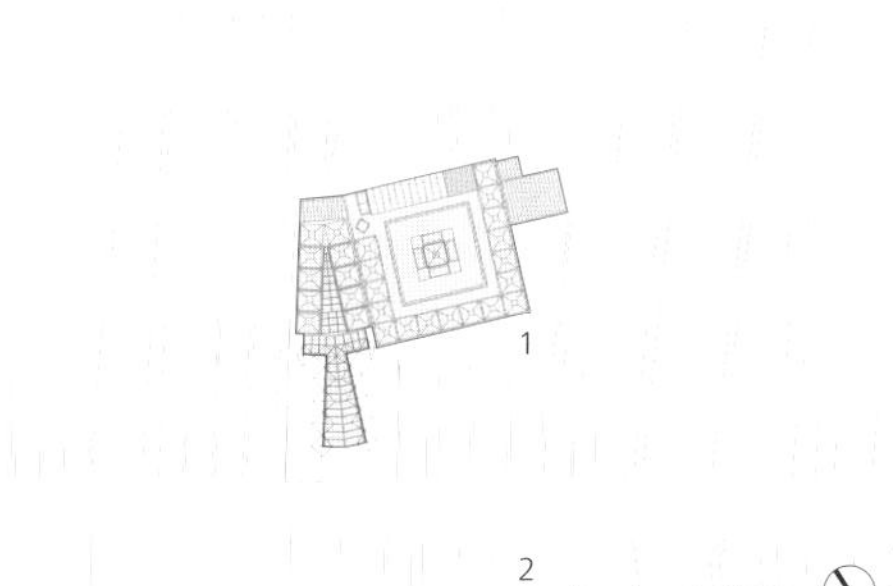

site plan 1:2000

1. 眉山ホール
2. 静岡精華高校

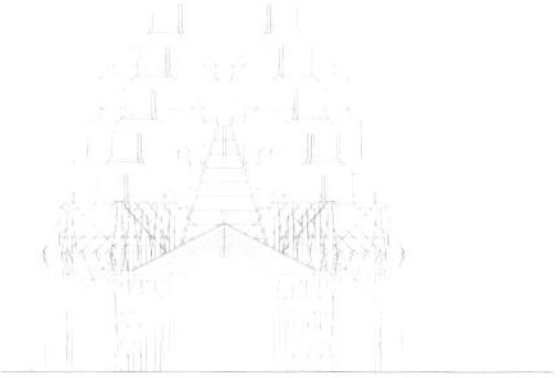

Elevation 1:1000

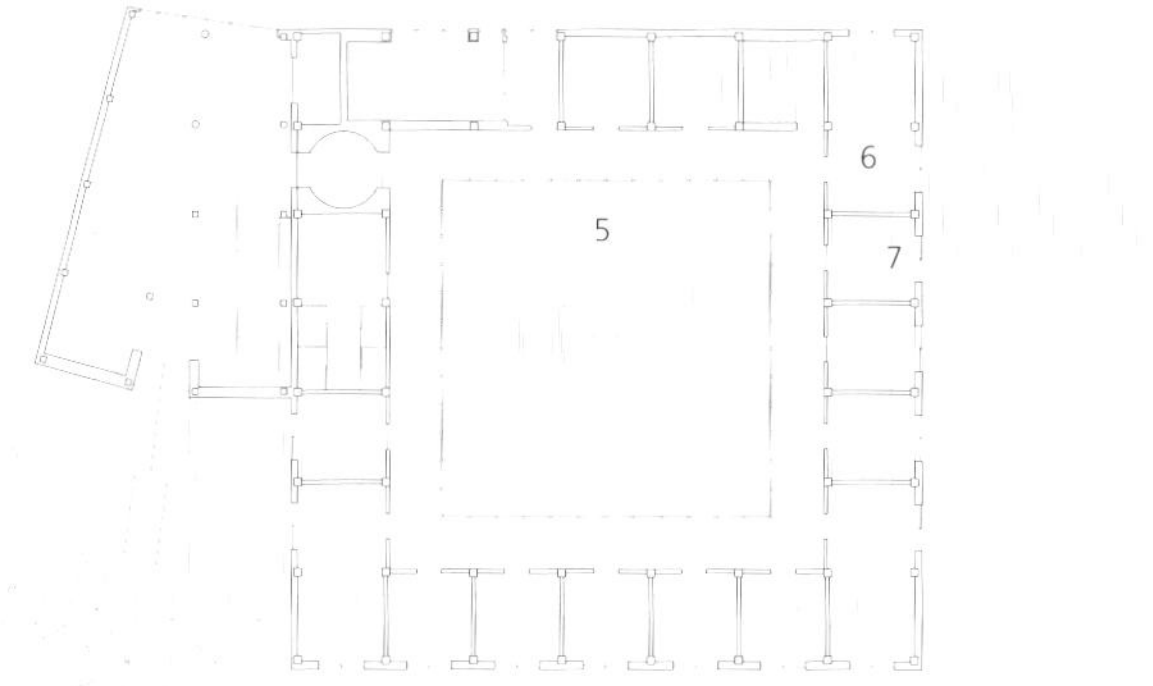

2F Plan

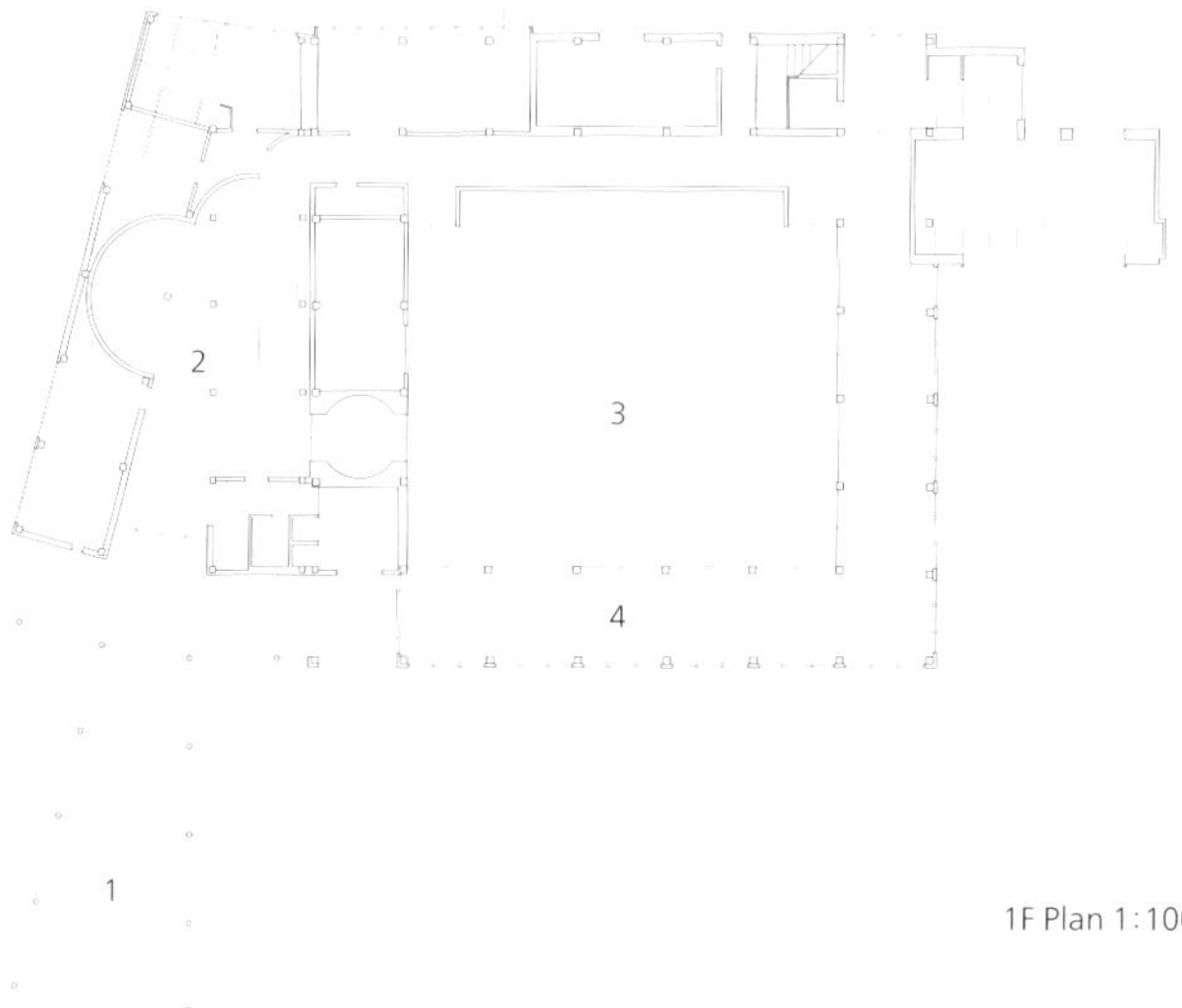

1F Plan 1:1000

1. エントランスデッキ
2. ロビー
3. 大室
4. ギャラリー
5. 中庭
6. 中室
7. 小室

1. 湘南台文化センター
2. 湘南台公園

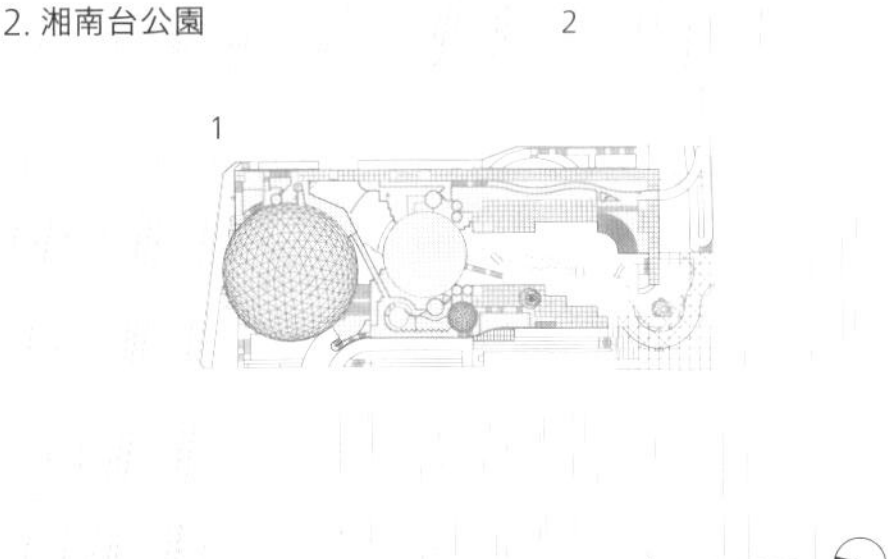

site plan 1:4000

藤沢湘南台文化センター

神奈川県藤沢市湘南台1-81-8
1990年3月竣工
敷地面積：7,970㎡, 延床面積：14,446㎡
地上4階地下2階
RC造, 一部地下SRC造とS造

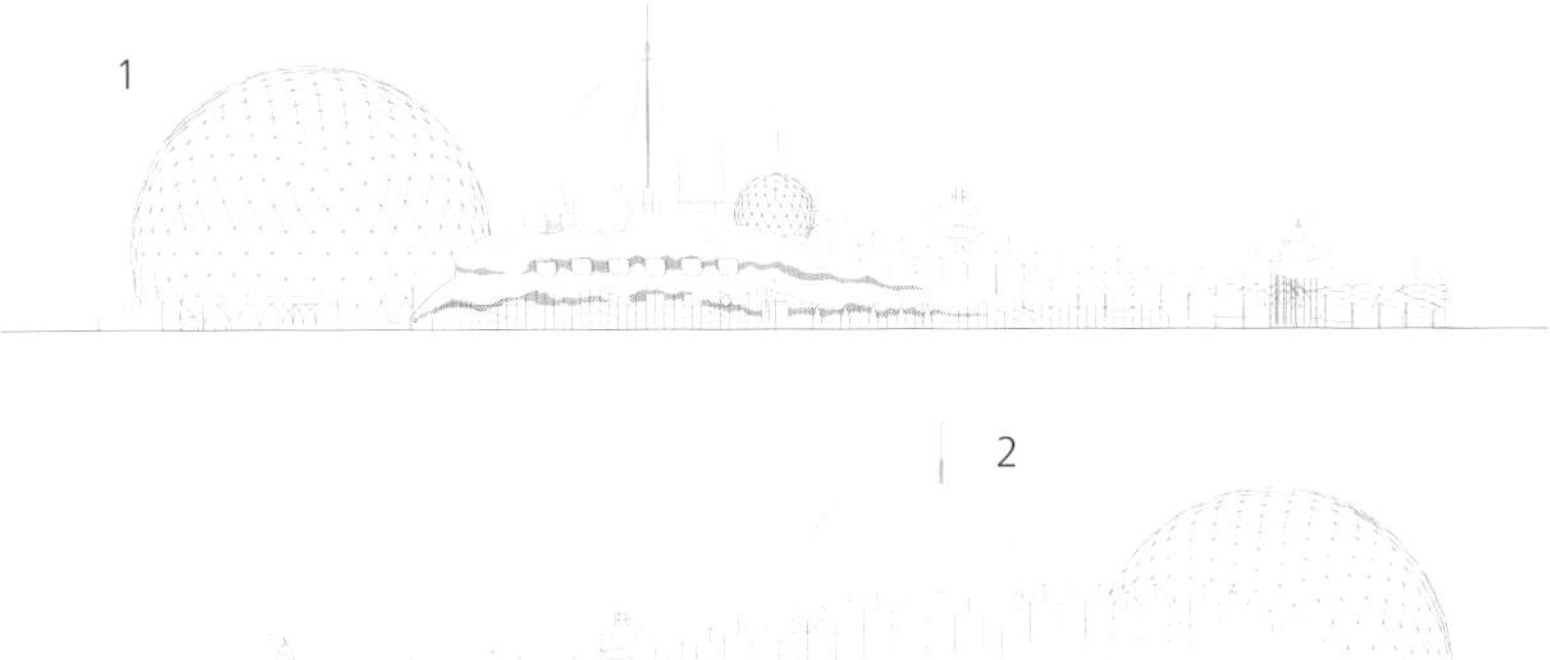

elevation

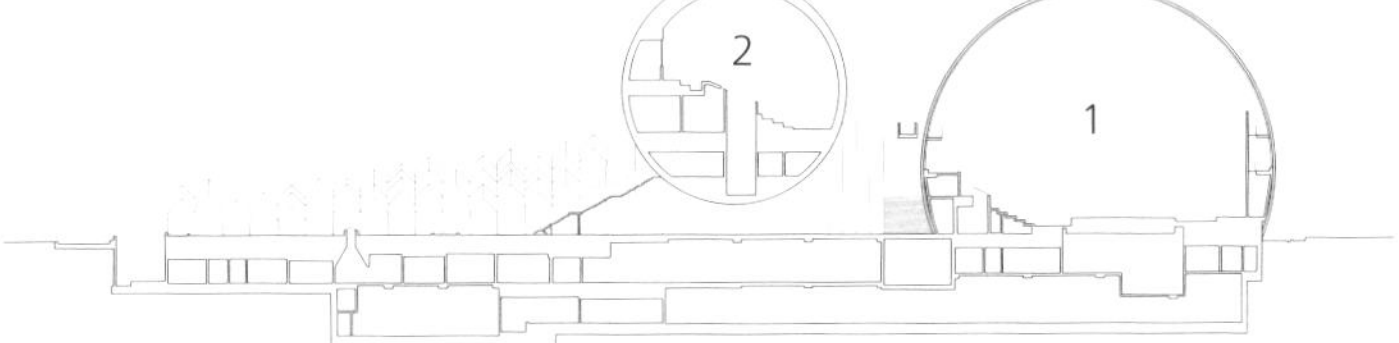

Section 1：1500

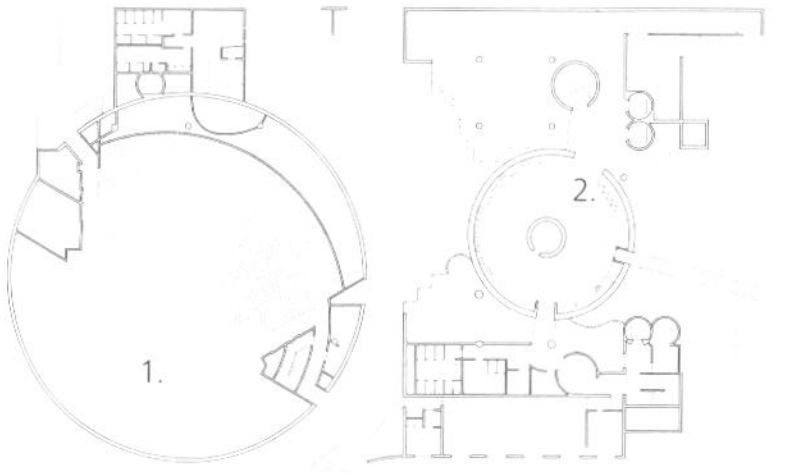

2F plan

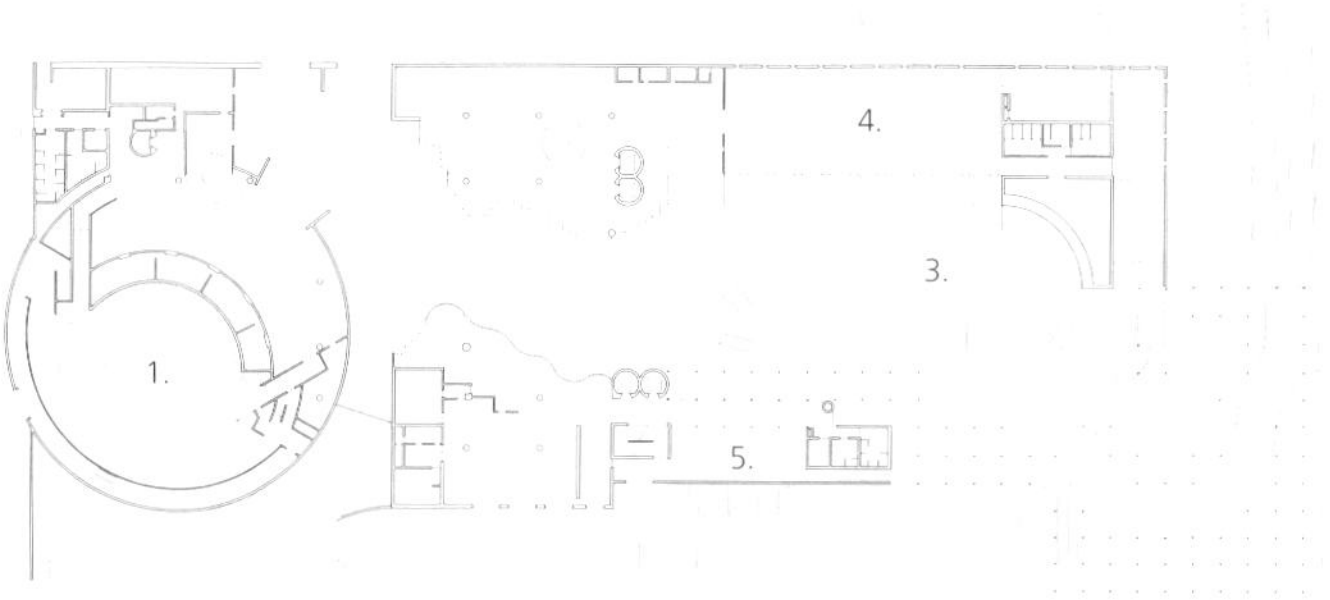

1F plan

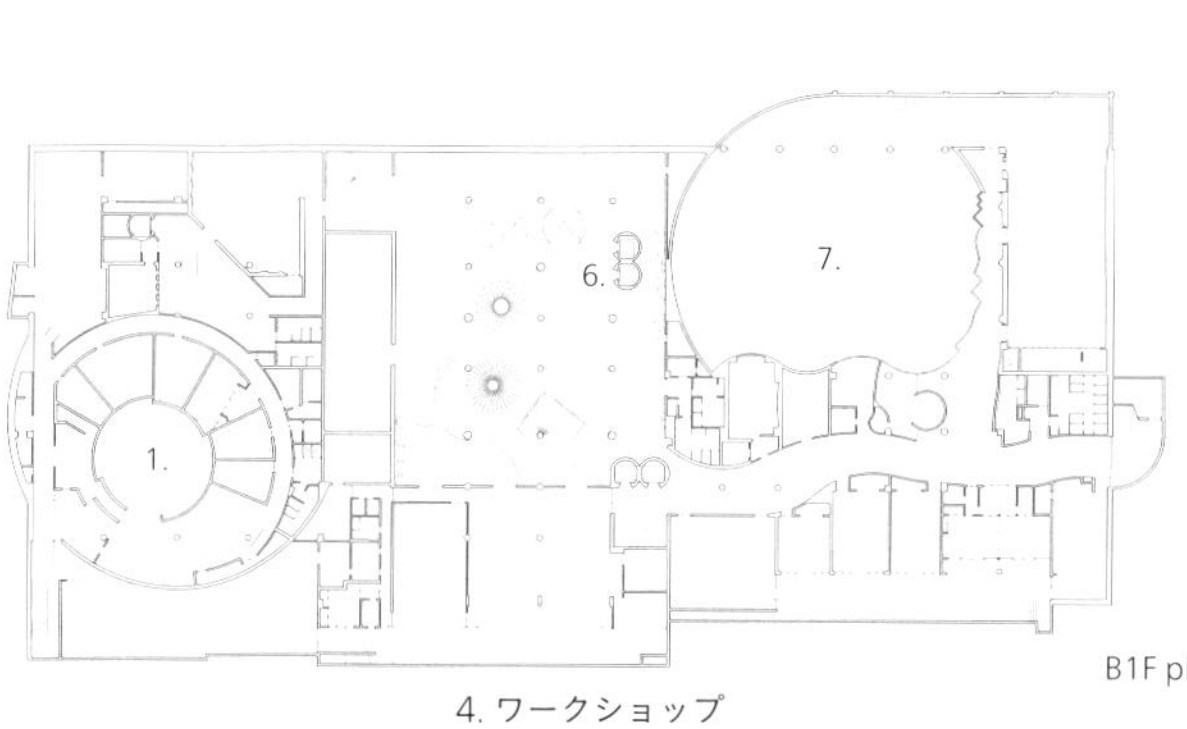

B1F plan 1 : 1500

1. シビックシアター
2. プラネタリウム
3. 広場
4. ワークショップ
5. ギャラリー
6. チルドレン・ミュージアム
7. 体育館

NCハウス

東京都中野区中央
1984年7月竣工
敷地面積：269㎡, 延床面積：403㎡
地上3階
RC造

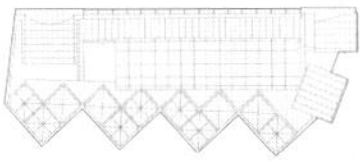

site plan 1:1000

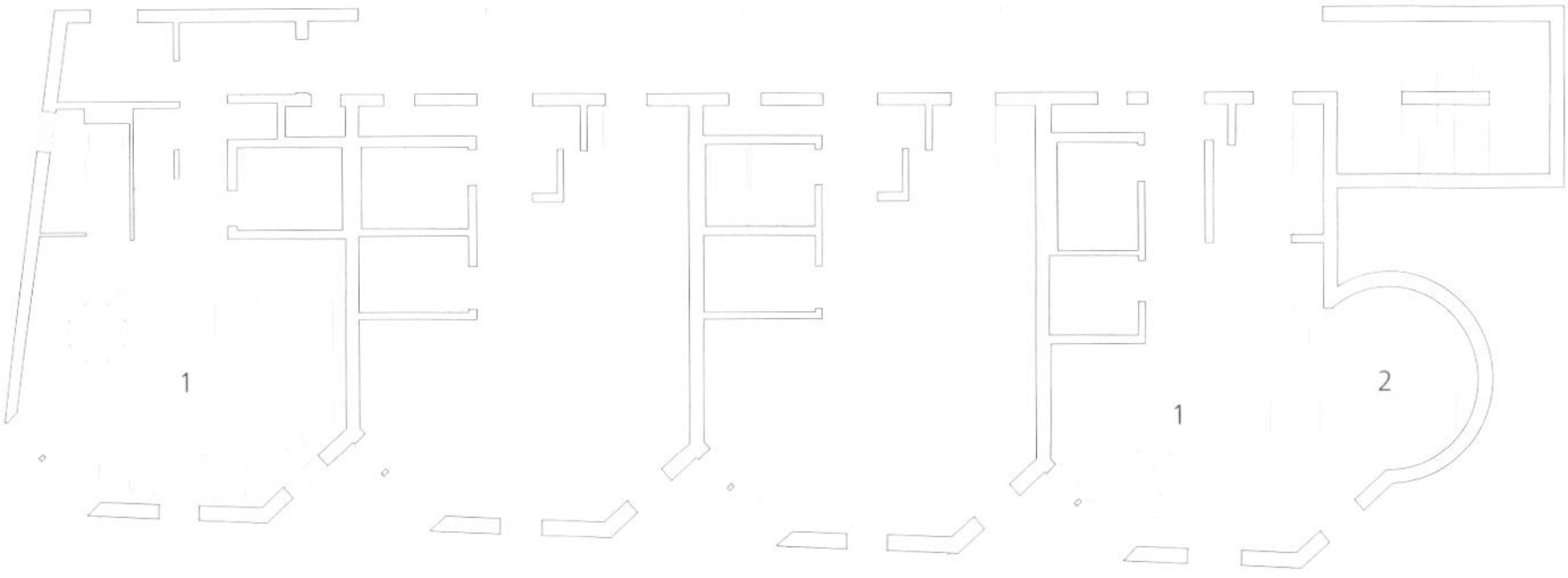

1. リビングダイニング
2. ベッドルーム

3rd Floor Plan 1:200

BYハウス

東京都文京区湯島1-9-7
1985年4月竣工
敷地面積：103.70㎡, 延床面積：248.84㎡
地上5階
RC造+一部S造

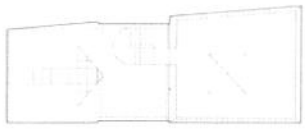

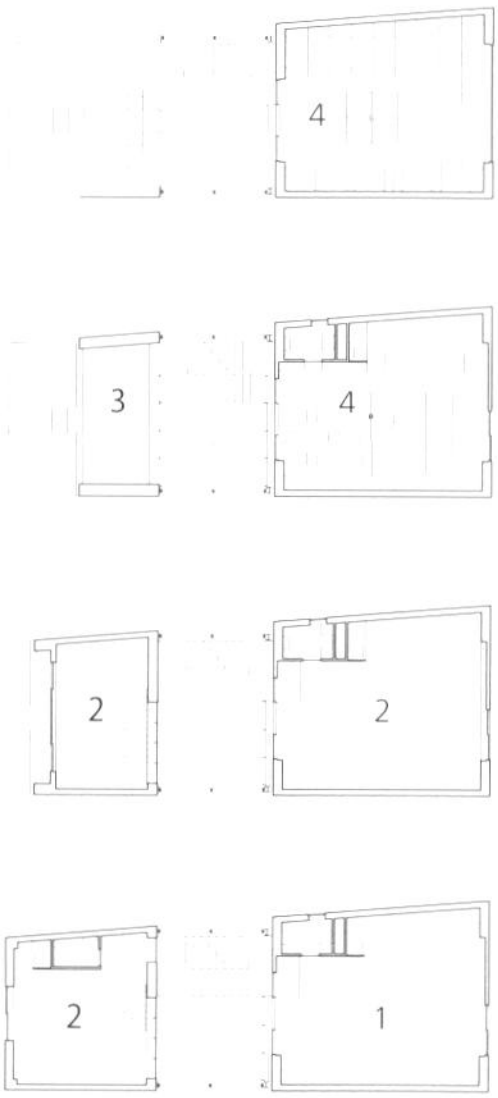

site plan 1:800

1F/1.5F, 2F/2.5F, 4F, 5F Plan（竣工当時）1:200

竣工当時は1F、1.5F2F、2.5F、3Fはレンタルスペースで、長谷川事務所は4F、5Fのみを使用していた。現在はギャラリーとして改修されている。

1.レストラン　3.テラス
2.オフィス　4.オフィス（IHA）

小山の住宅

栃木県小山市
1985年4月竣工
敷地面積：661㎡, 延床面積：156㎡
地上2階
S造, RC造, W造(室内)

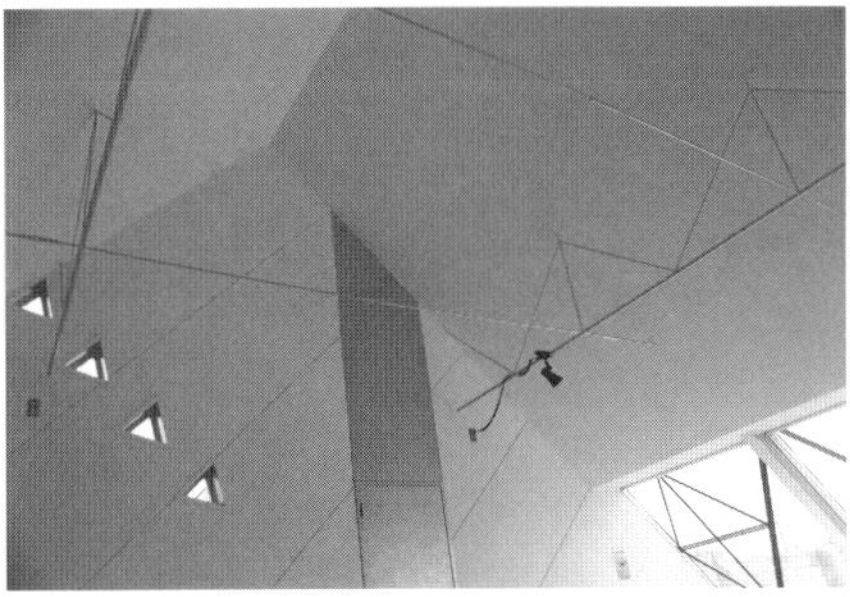

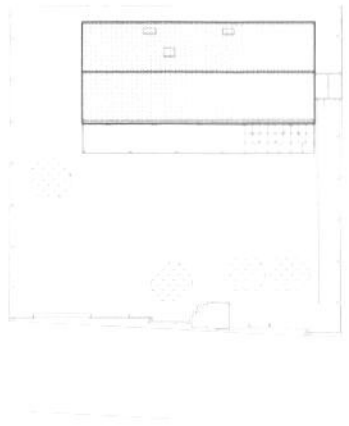

site Plan 1:1000

1. リビング
2. ダイニング
3. 寝室
4. ベランダ

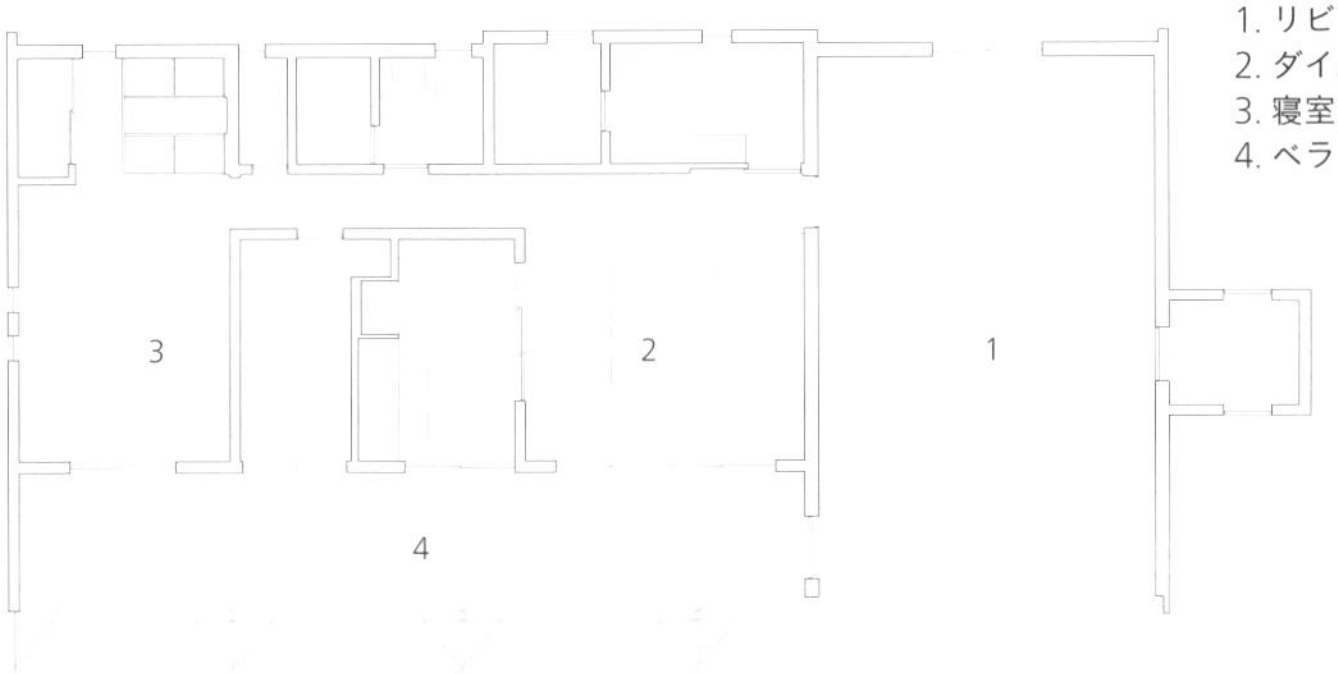

1F Plan 1:200

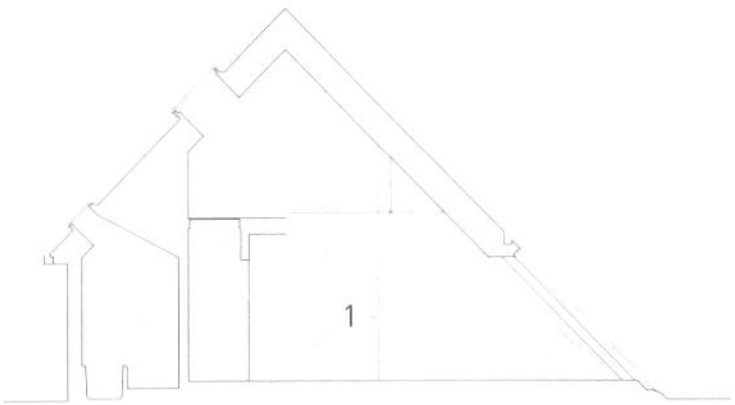

Section

Elevation

熊本の住宅

熊本県菊池郡
1986年3月竣工
敷地面積：985㎡, 延床面積：181㎡
地上1階
W造, 一部S造

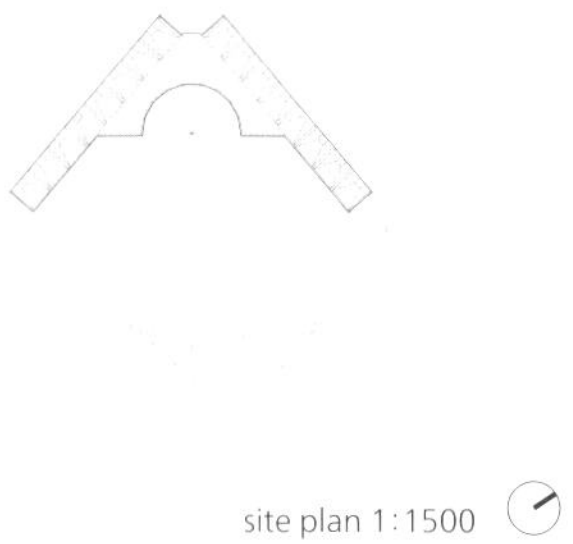

site plan 1:1500

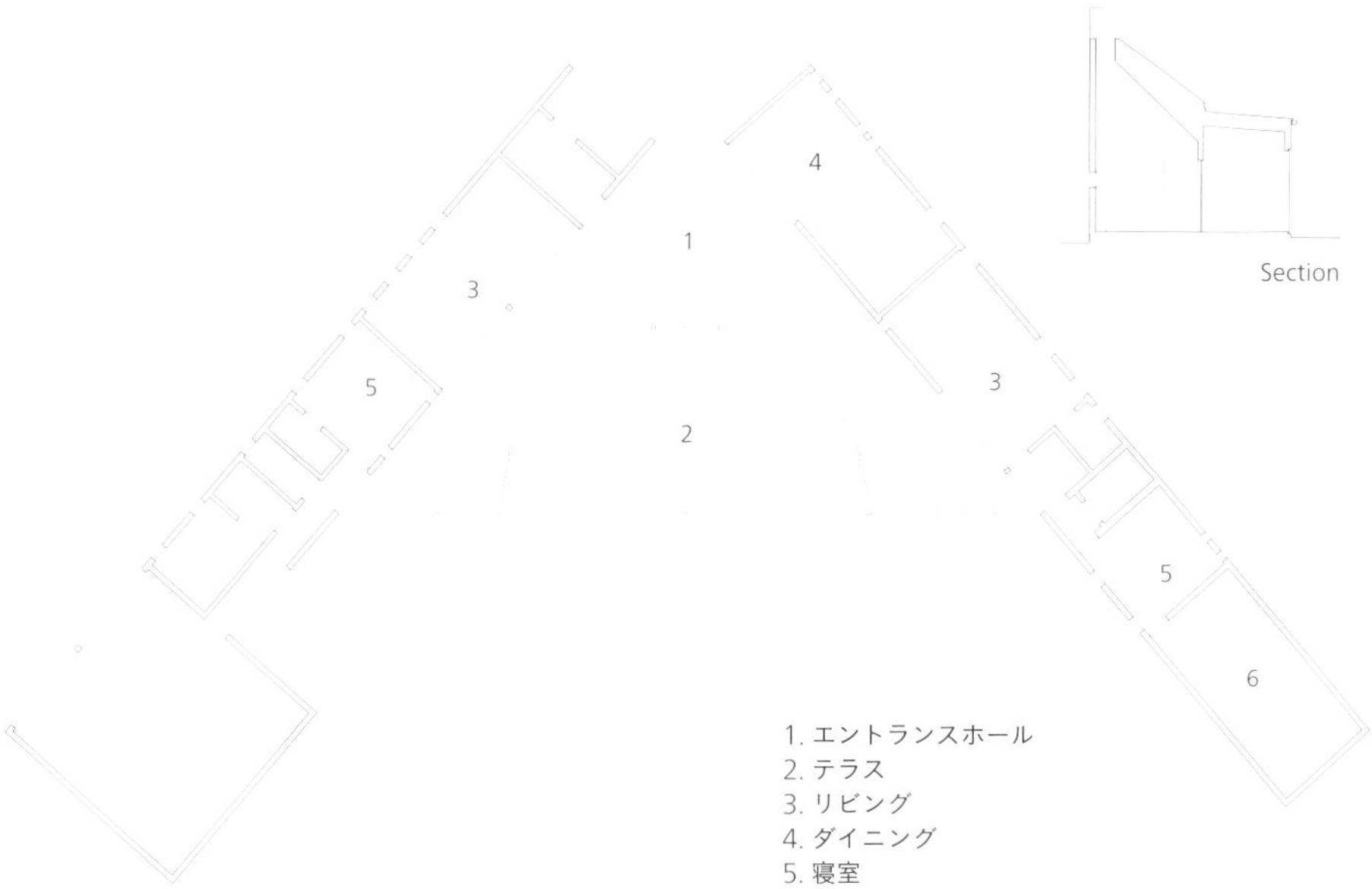

Section

1. エントランスホール
2. テラス
3. リビング
4. ダイニング
5. 寝室
6. 倉庫

1F Plan 1:300

練馬の住宅

東京都練馬区
1986年4月竣工
敷地面積：330㎡, 延床面積：244㎡
地上2階地下1階
W造, 屋根S造, 地下室RC造

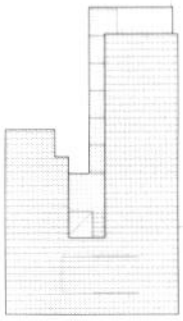

site plan 1:1000

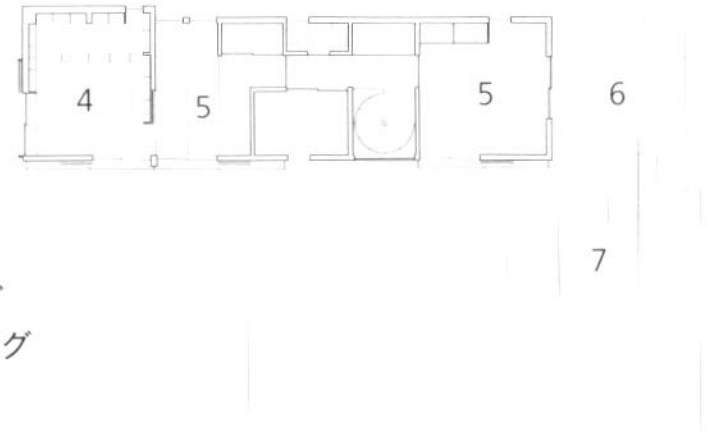

1. リビング
2. ダイニング
3. 和室
4. 書斎
5. 寝室
6. 屋上テラス
7. 月見台

2F Plan

elevation

1F Plan 1:400

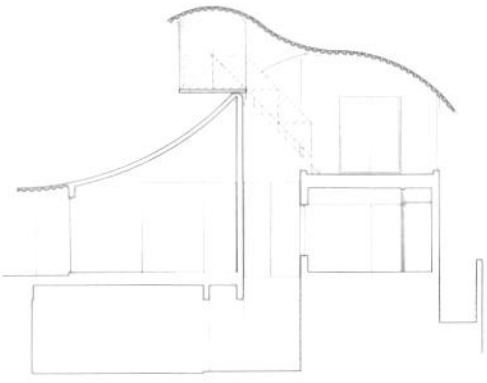

Section

黒岩の別荘

愛媛県松山市
1986年6月竣工
敷地面積：378㎡, 延床面積：112㎡
地上1階
W造

site plan 1:1500

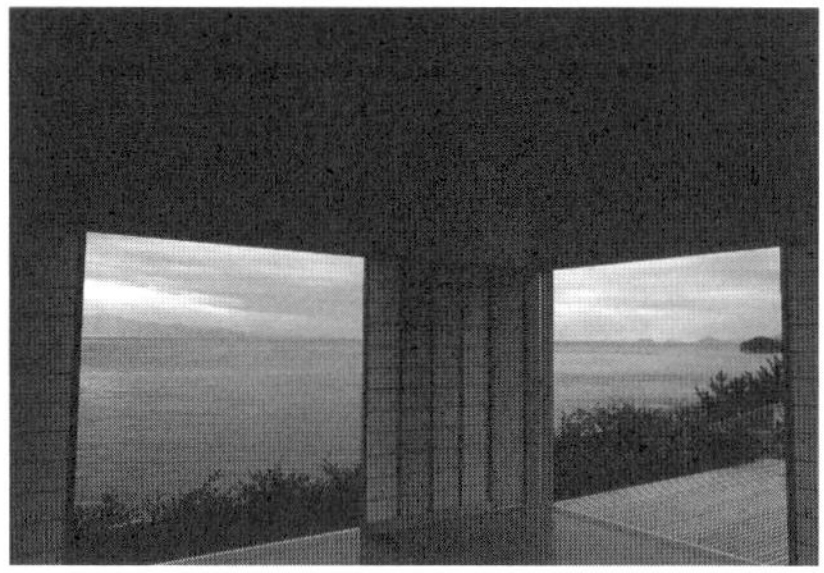

1. リビング
2. ダイニング
3. 和室
4. デッキ

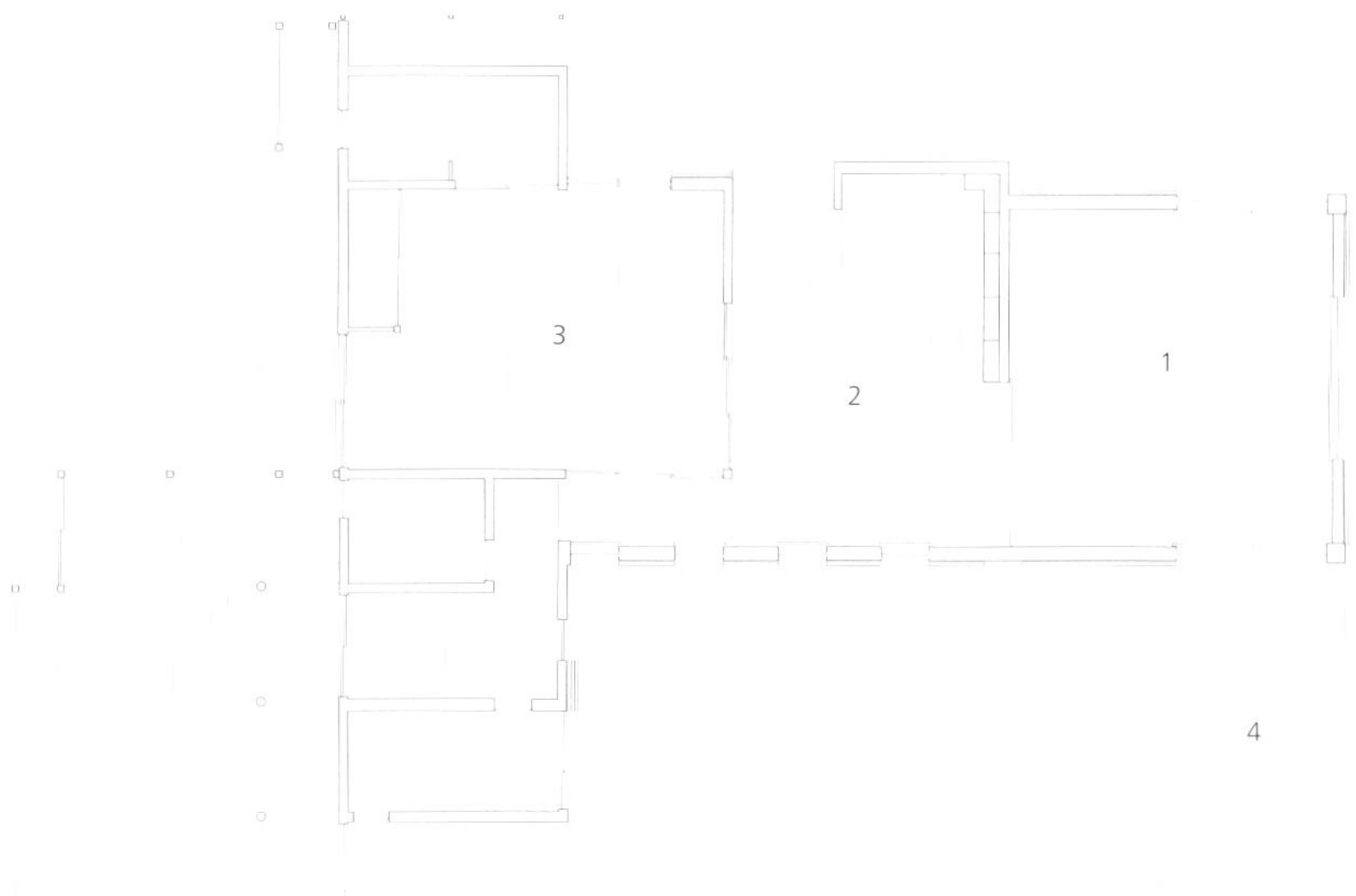

1F Plan 1:200

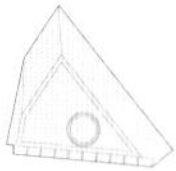

site plan 1:1000

富ヶ谷のアトリエ

東京都渋谷区富ヶ谷2-24
1986年7月竣工
敷地面積：75㎡, 延床面積：188㎡
地上2階地下1階塔屋1階
RC造

1. オフィス
2. ガレージ
3. エントランスホール
4. アトリエ

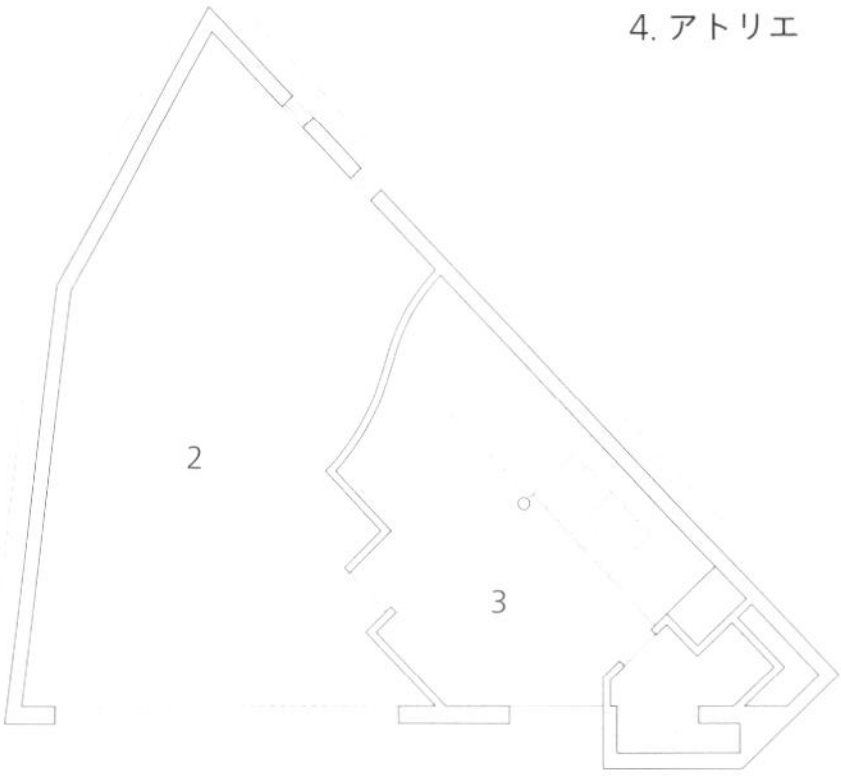

1F Plan 1:200

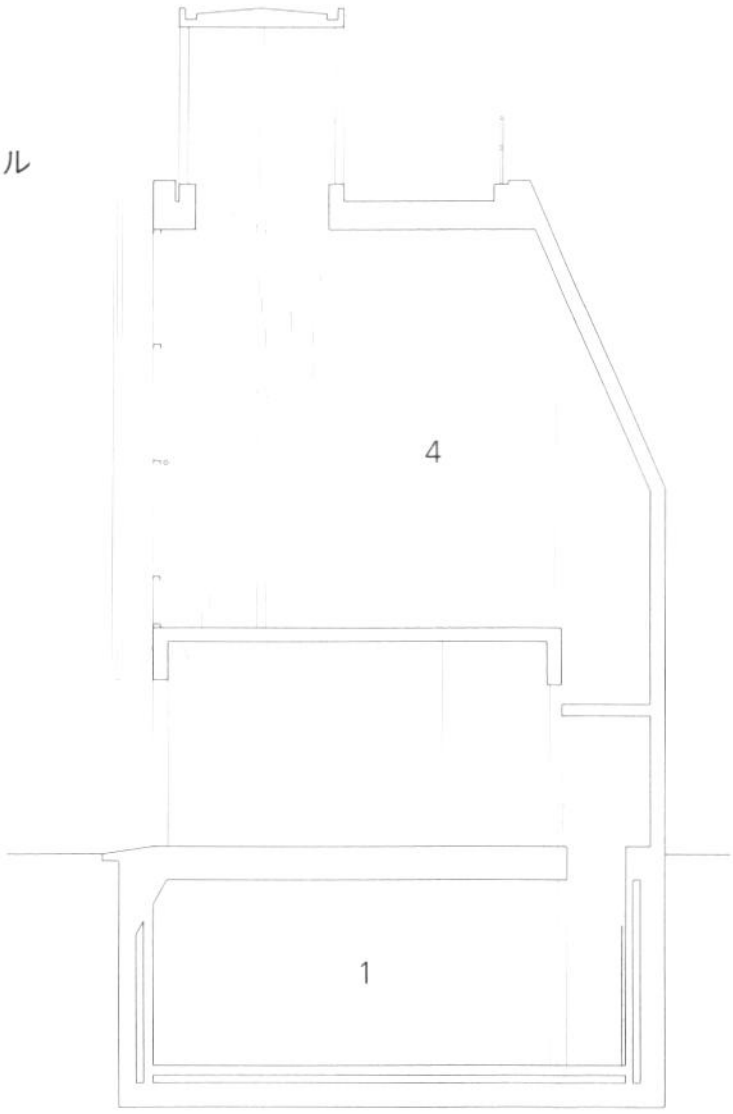

Section

菅井内科クリニック

愛媛県松山市一番町3-3-3
1986年9月竣工
敷地面積：4,725㎡, 延床面積：1,458㎡
地上6階地下2階塔屋1階
RC造

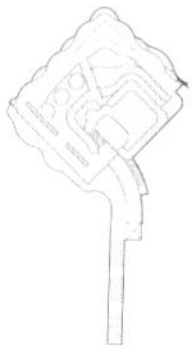

site plan 1:2000

1. リビングダイニング
2. 寝室
3. 和室
4. 倉庫
5. 家事室
6. 院長室
7. 副院長室
8. スタッフ休憩室

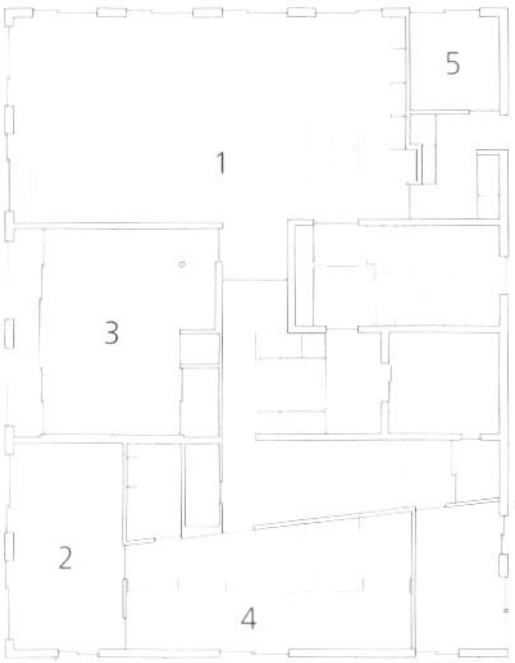

5F Plan

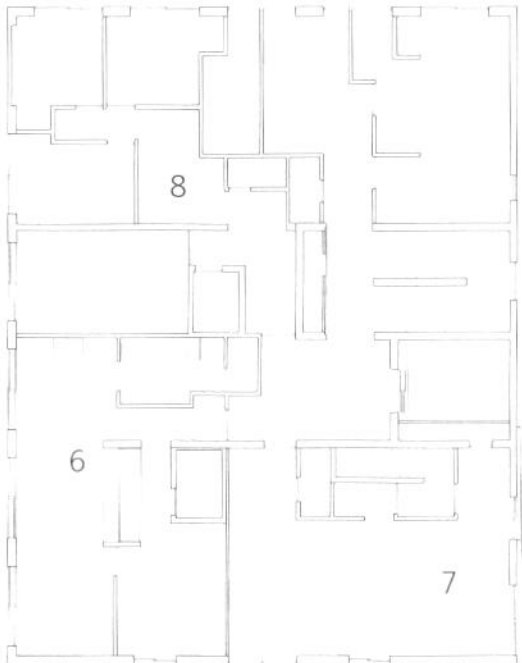

4F Plan 1:400

東玉川の住宅

東京都世田谷区
1987年3月竣工
敷地面積：240㎡, 延床面積：237㎡
地上2階地下1階
RC造, 一部W造

1. リビング
2. ダイニング
3. 家族室
4. ホームバー
5. 中庭
6. 寝室
7. 屋上庭園

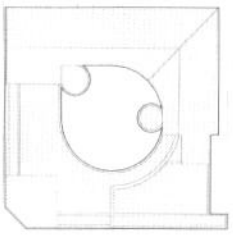

site plan 1:1000

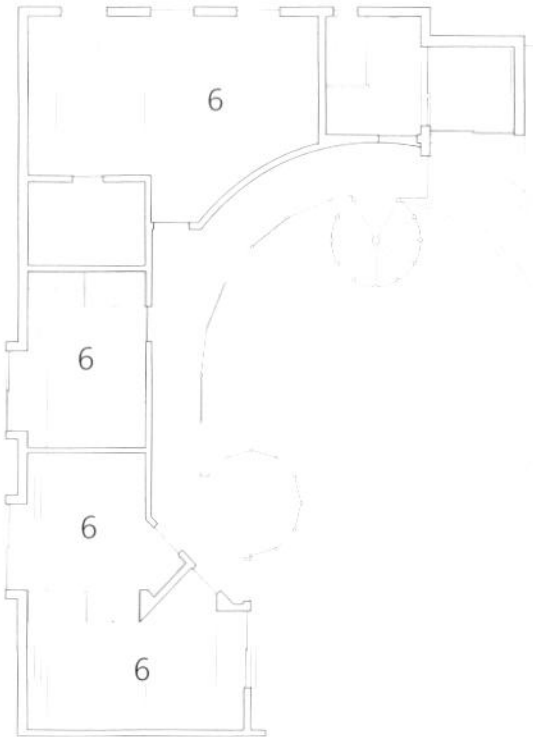

2F Plan

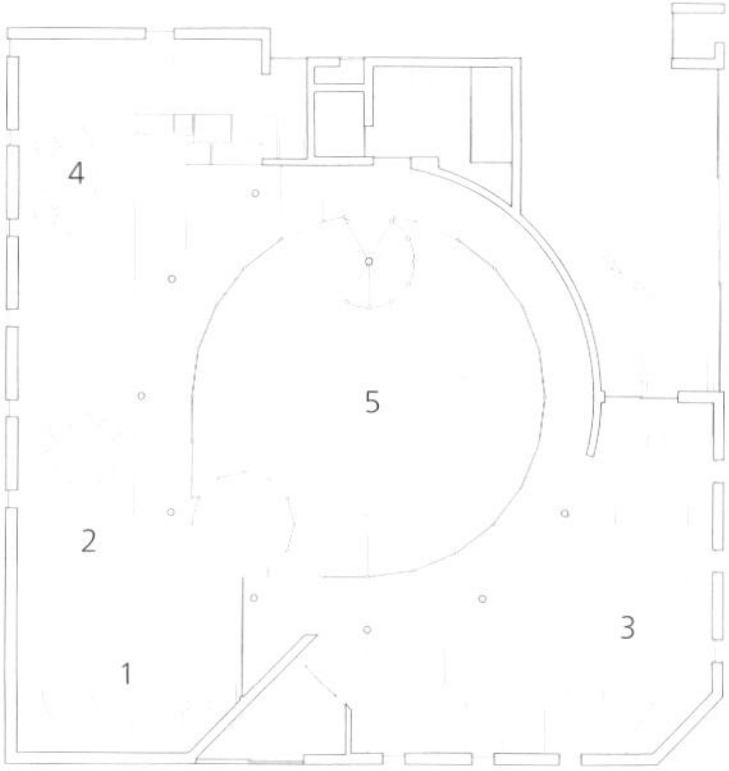

1F Plan 1:300

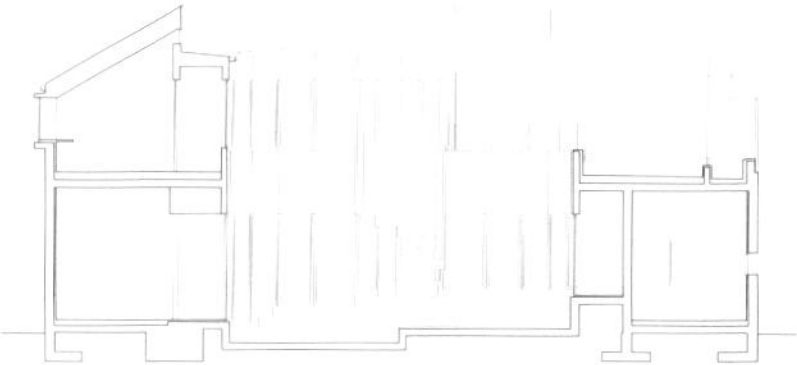

section

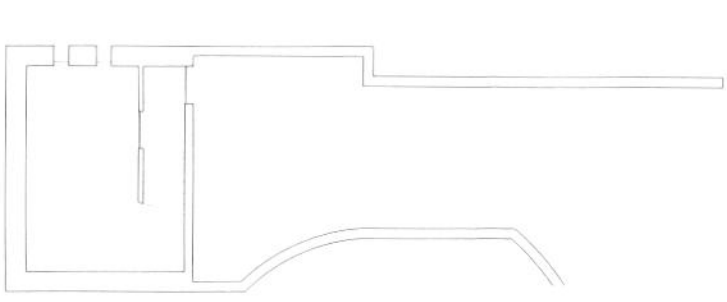

B1F Plan

自由ヶ丘の住宅

東京都世田谷区
1988年5月竣工
敷地面積：177㎡, 延床面積：163㎡
地上2階地下1階
W造, 一部S造, 地下室RC造

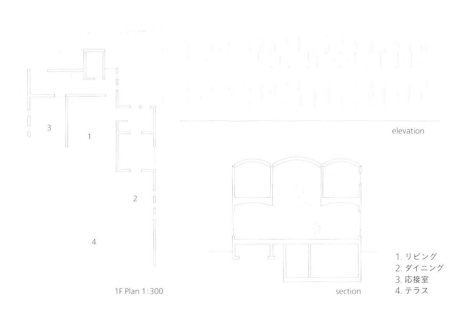

site plan 1:1000

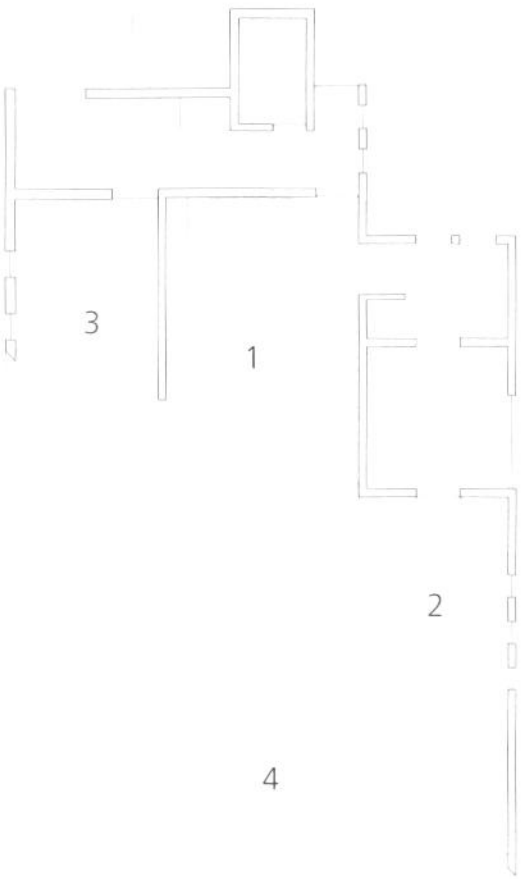

1F Plan 1:300

elevation

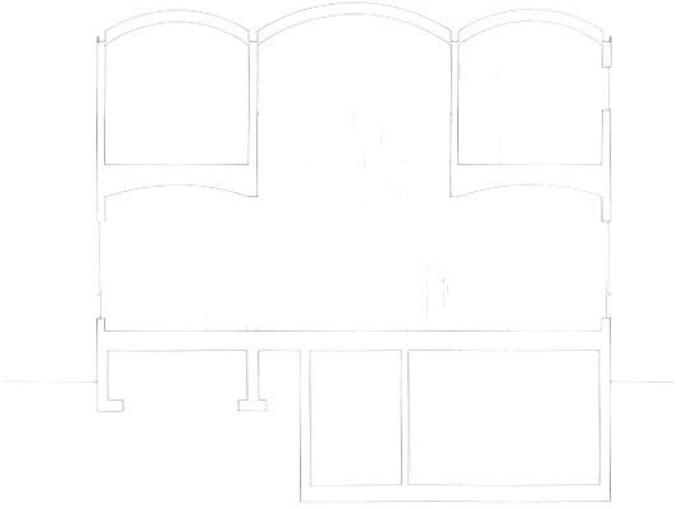

section

1. リビング
2. ダイニング
3. 応接室
4. テラス

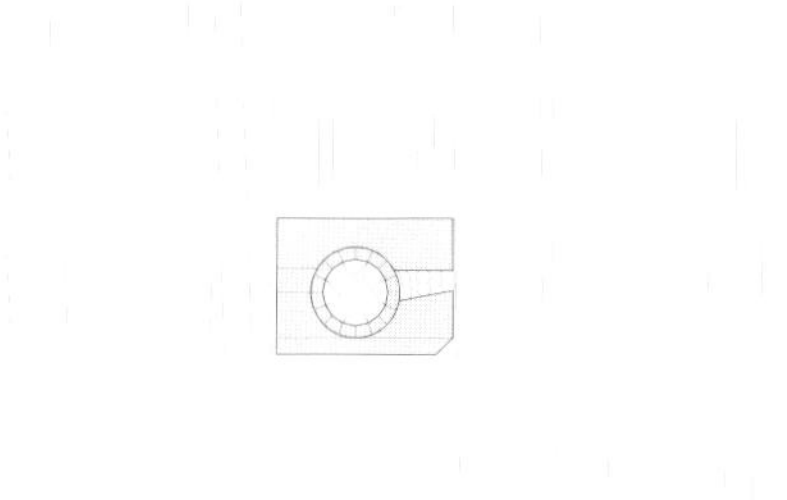

site plan 1:1000

尾山台の住宅

東京都世田谷区
1988年6月竣工
敷地面積：120㎡, 延床面積：178㎡
地上2階地下1階
W造, 一部S造, 地下室RC造

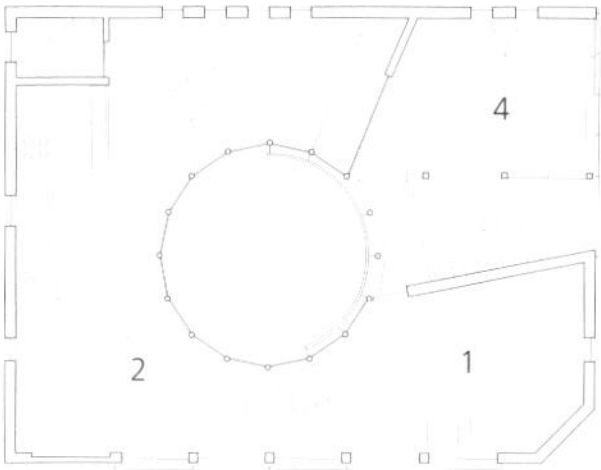

2F Plan

section

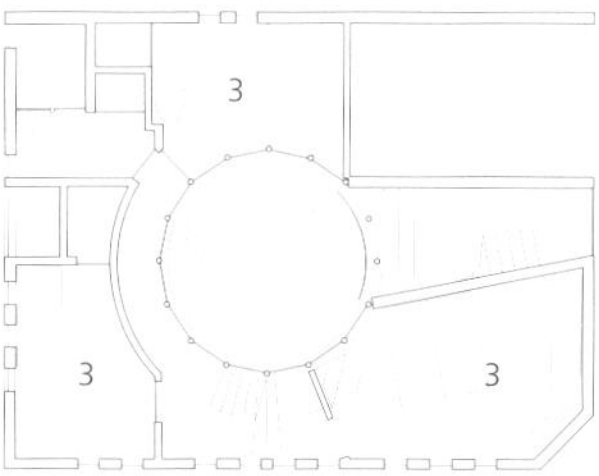

1F Plan 1:300

elevation

1. リビング
2. ダイニング
3. 寝室
4. テラス

site plan 1:800

STMハウス

東京都渋谷区富ヶ谷2-8-3
1991年9月竣工
敷地面積：290㎡, 延床面積：1,235㎡
地上7階地下1階
RC造

1. 事務室
2. サンクンガーデン
3. テラス
4. 駐車場

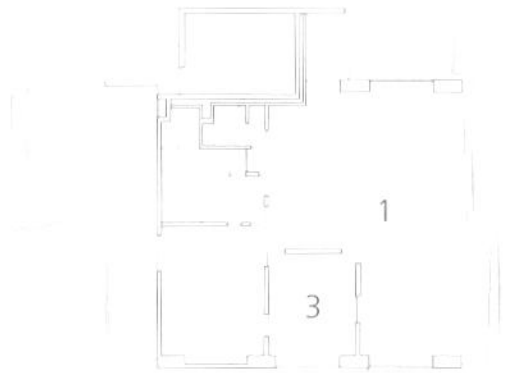

7F Plan

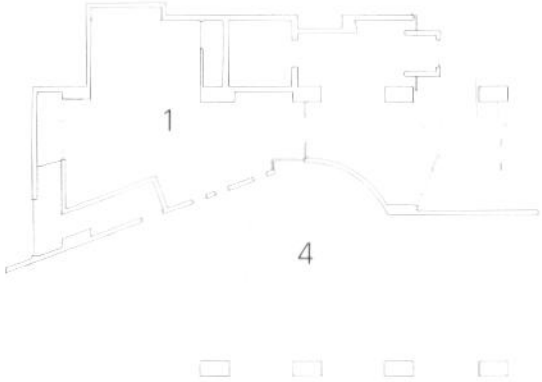

1F Plan 1:500

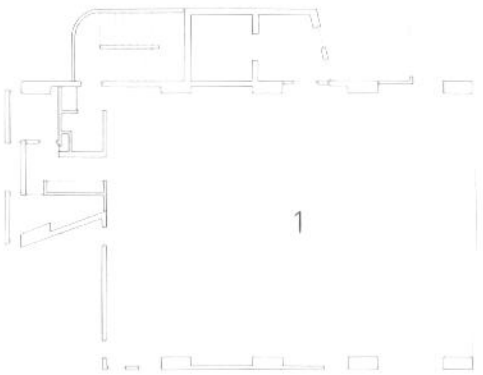

2F Plan

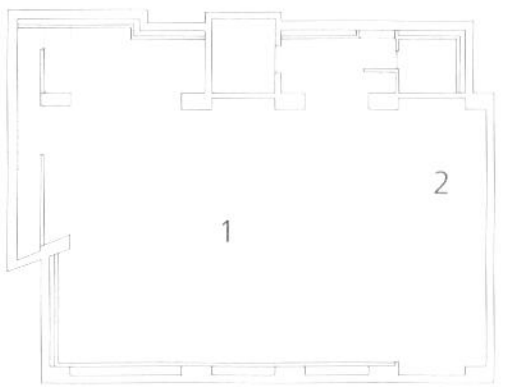

B1F Plan

コナヴィレッジ

兵庫県尼崎市常松
1990年2月竣工
敷地面積：6,624㎡, 延床面積：13,243㎡
地上8階地下1階
RC造, SRC造, S造

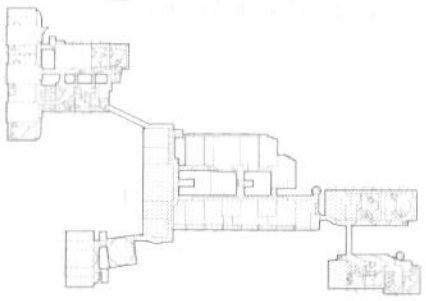

site plan 1:4500

1. リビングダイニング
2. 寝室
3. ルーフテラス
4. バルコニー

U-type

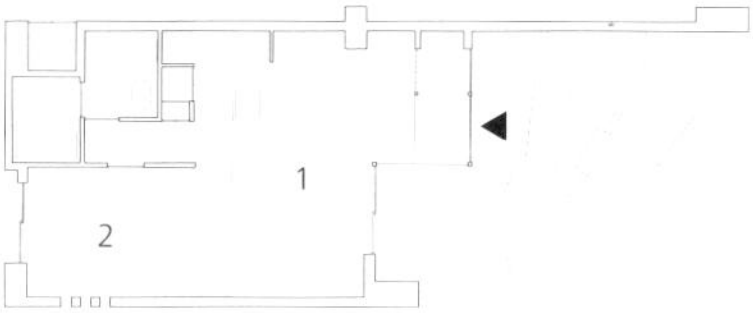

T-type

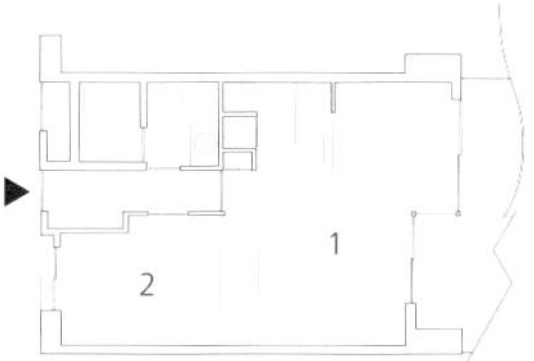

A-type

Unit Plans 1:300

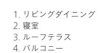

7F Plan

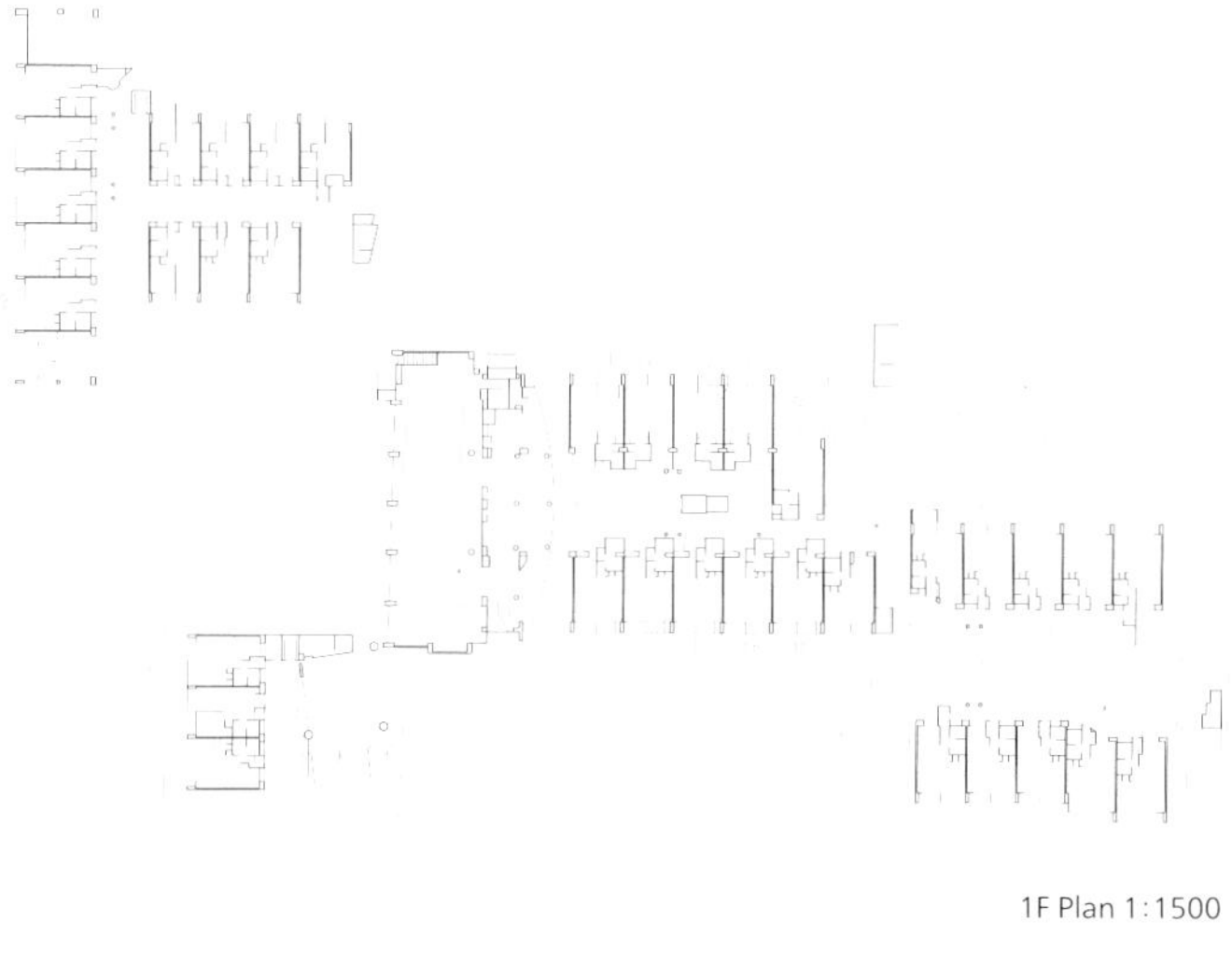

1F Plan 1:1500

elevation

1998年3月　倉橋桂浜ふれあいセンター
1998年3月　茨城県営滑川アパート
1998年5月　新潟市民芸術文化会館
1998年7月　塩竈ふれあいセンター
1998年7月　長野市今井ニュータウン
2000年3月　黒部特別養護老人ホーム
2000年3月　オレンジフラット
2000年11月　東京都境浄水場事務所
2000年12月　袋井月見の里学遊館
2001年3月　宝塚ガーデンヴィレッジ
2001年5月　小豆島の住宅
2001年10月　YSハウス
2002年　パチンコサーカス*
2002年9月　SNハウス
2002年5月　竹内整形外科クリニック
2002年8月　沼津中央高等学校
2004年9月　三重の住宅
2004年10月　静岡大成高等学校・静岡大成中学校
2004年10月　広尾アパートメント
2005年3月　徳丸小児科2
2005年3月　太田市営本陣団地・太田地区行政センター
2005年5月　品川の住宅
2006年5月　珠洲多目的ホール
2006年8月　静岡福祉大学スチューデントホール
2007年　ストックホルム市立図書館増改築*
2008年　イッシープロジェクト*
2008年3月　テクノプラザおおた
2008年3月　徳丸三世帯住宅
2009年8月　赤堤の住宅
2009年5月　中井四の坂タウンハウス
2010年　上海漕河経区マスタープラン*
2010年3月　厚木はやし幼稚園
2010年5月　かほくの住宅
2011年9月　江陰の別荘
2013年2月　富士山静岡空港石雲院展望デッキ
2013年6月　西馬込タウンハウス
2013年　ベトナムドイツ大学*
2014年　上海金橋臨港プロジェクト*
2014年3月　静岡ふじのくに千本松フォーラム
2014年6月　上海漕河経3号地オフィス
2014年7月　芦屋の住宅

菊竹清訓本書関連作品

1958年　旧島根県立博物館、スカイハウス
1963年　出雲大社の庁、館林市庁舎
1964年　東光園、浅川テラスハウス、鈴木邸
1965年　岩手教育会館、徳雲寺納骨堂、東亜レジン相模工場
1966年　都城市民会館、パシフィックホテル茅ヶ

長谷川逸子主要作品一覧

1972年4月　焼津の住宅1
1975年3月　鴨居の住宅
1975年12月　緑ヶ丘の住宅
1977年3月　焼津の住宅2
1977年3月　柿生の住宅
1977年5月　焼津の住宅3
1978年3月　焼津の文房具屋
1979年6月　徳丸小児科クリニック
1980年1月　松山・桑原の住宅
1982年6月　伊丹の住宅
1982年6月　AONOビル
1983年3月　金沢文庫の住宅
1984年7月　NCハウス
1984年9月　静岡精華高校眉山ホール
1984年12月　池袋の住宅
1985年4月　BYハウス
1985年4月　小山の住宅
1986年3月　熊本の住宅
1986年4月　練馬の住宅
1986年6月　黒岩の別荘
1986年7月　富ヶ谷のアトリエ
1986年9月　菅井内科クリニック
1987年3月　東玉川の住宅
1988年5月　自由ヶ丘の住宅
1988年6月　尾山台の住宅
1988年6月　なら・シルクロード博覧会浅茅原エリア
1989年　横浜グランモール*（*印はコンペ案）
1989年3月　世界デザイン博覧会インテリア館
1989年11月　不知火病院ストレスケアセンター
1990年2月　下馬アパートメント
1990年2月　コナヴィレッジ
1990年3月　下連雀の住宅
1990年3月　藤沢湘南台文化センター
1991年9月　STMハウス
1992年7月　Fコンピュータセンター
1993年8月　熊本市営託麻団地
1994年　カーディフベイ・オペラハウス*、横浜大桟橋国際旅客ターミナル*
1994年7月　大島絵本館
1994年9月　すみだ生涯学習センター
1994年9月　氷見市立仏生寺小学校
1995年　霧島アートの森*
1995年3月　滋賀県立大学体育館
1995年5月　氷見市海浜植物園
1995年8月　山梨フルーツミュージアム
1996年　国立国会図書館関西館*
1996年　メルボルン・フェデレーションスクエア*
1996年7月　氷見市立海峰小学校
1997年8月　松山ミウラート・ヴィレッジ

写真家一覧

大橋富夫　020, 021-R, 022-L, 023-R, 026, 033-L, 048-R, 048-L, 049-R, 049-L, 050-R, 051-R, 135, 140, 141-R, 141-L, 149, 153, 168, 170, 178, 179, 187-R, 187-L, 188-R, 196, 214-L, 252-R, 252-L, 259, 260, 261, 262, 263, 265-R, 265-L, 292-R, 293-L, 294-R, 302-R, 302-L, 303-R, 303-L, 322-L, 331-R, 331-L, 332-U, 332-D, 333-R
小林浩志　278, 282, 283-R, 283-L
長谷川逸子　040-U, 045-R
長谷川逸子所蔵　125, 133-L
長谷川逸子・建築計画工房（IHA）所蔵
010, 013-L, 019-L, 040-M, 040-D, 064, 071, 073-R, 073-L, 075, 076-R, 076-L, 077, 083-L, 197, 236-R, 236-L, 244-R, 244-L, 293-R, 323-R, 323-L, 324-U, 324-D, 327-D
藤塚光政　009, 013-R, 014, 019-R, 022-R, 023-L, 024-R, 024-L, 045-L, 050-L, 051-L, 058, 062, 063, 065-R, 065-L, 078, 079-R, 079-L, 080, 081, 084, 085, 086, 088, 132, 133-R, 153, 169-R, 212-R, 245, 279, 294-L, 295, 318-R, 318-L, 322-R, 325-U, 325-D, 326-U, 326-D, 328-R, 328-L, 329-R, 330-R, 330-L, 333-L
古舘克明　137, 150-L, 154-R, 181-R, 181-L, 205-R, 205-L, 206, 219
宮本隆司　082, 083-R, 090-R, 090-L, 327-U, 329-L
山田脩二　017, 021-L, 031-R, 031-L, 033-R, 146, 150-R, 151, 154-L, 155, 162-R, 162-L, 163, 169-L, 177, 188-L, 200, 201-R, 203-L, 204, 213-R, 213-L, 214-R, 270-R, 270-L, 271-R, 271-L, 272-R, 272-L, 292-L, 306, 320-R, 320-L, 334-U, 334-D
六反田千恵　201-L, 203-R, 212-L, 218

スケッチはすべて長谷川逸子

人物一覧

菊竹清訓（1928-2011、福岡）建築家。竹中工務店、村野・森建築設計事務所を経て、菊竹清訓建築設計事務所を主宰。川添登らと崎、佐渡グランドホテル
1967年　岩手県立図書館、国鉄久留米駅
1968年　萩市民館、島根県立図書館
1969年　久留米市民会館、エキスポタワー、『代謝建築論』
1970年　芹沢文学館、島根県立武道館
1971年～京都信用金庫シリーズ
1973年　ベルナール・ビュフェ美術館、井上靖文学館、柴又帝釈天鳳翔館
1975年　アクアポリス、黒石ほるぷ子供館
1976年　西武大津ショッピングセンター
1979年　学習院中等科・高等科本館、田部美術館
1980年　福岡市庁舎議会棟、熊本県伝統工芸館
1981年　セゾン現代美術館（軽井沢高輪美術館）
1985年　銀座テアトルビル
1992年　江戸東京博物館
1994年　旧ホテルCOSIMA、久留米市役所、飯能くすの樹カントリー倶楽部
1997年　K-OFFICE
1998年　北九州メディアドーム、昭和館、島根県立美術館
2000年　吉野ヶ里歴史公園センター
2004年　九州国立博物館
2011年　菊竹清訓歿

篠原一男本書関連作品

1954年　久我山の家
1957年　谷川さんの家
1959年　から傘の家
1963年　土間の家
1964年　『住宅建築』
1966年　朝倉さんの家、白の家、地の家
1970年　『住宅論』
1971年　直方体の森、同相の谷、海の階段、空の矩形
1972年　久が原の住宅
1973年　東玉川の住宅、成城の住宅
1974年　谷川さんの住宅、直角3角柱
1975年　軽井沢旧道の住宅
1976年　上原通りの住宅、糸島の住宅、『続住宅論』
1977年　花山第3の住宅、愛鷹裾野の住宅
1978年　上原曲がり道の住宅
1980年　花山第4の住宅
1981年　高圧線下の住宅
1982年　日本浮世絵博物館
1984年　ハウス・イン・ヨコハマ
1987年　東京工業大学百年記念館
1988年　ハネギコンプレックス、テンメイハウス、花山の病院
1990年　熊本北警察署、K2ビル
2006年　篠原一男歿

ンテリア」「都市住宅」誌で組んだ。

石井和紘（1944-2015、東京）建築家。「野武士世代」を代表するひとり。伝統建築への洞察にもとづく木を使った近代建築の創造に渾身した。

メタボリズムグループを結成し、「世界デザイン会議」（1960）で世界の注目を集めた。伝統論から「か・かた・かたち」論を導き、独創的な建築作品を次々に発表した。1960年代の菊竹事務所は、内井昭蔵、仙田満、伊東豊雄、富永譲、長谷川逸子らの建築家を輩出した。

篠原一男（1925-2006、静岡）建築家。数学から建築へ転身して清家清に師事、東京工業大学で教鞭をとった。伝統建築研究を起点に、批評性の強い作品を発表。1960年代後半に「住宅は芸術である」と宣言し、「白の家」をはじめとする伝統住宅を抽象化した住宅作品で大規模近代建築を主流とする建築界に一石を投じた。1970年代の篠原研究室は多木浩二、磯崎新らが訪れ、多くの議論が交されていた。

多木浩二（1929-2011、兵庫）評論家。東京造形大学ほかで教鞭をとりつつ、演劇、写真、建築など幅広い評論活動を展開した。篠原一男との交流は、作品の撮影から論評に及ぶ。芸術と人間、芸術と社会の関係を問い続ける批評はモダニズムを超えていこうとする世代に響き、「篠原スクールとは多木スクールのことだ」という人もいるほど、伊東豊雄、坂本一成、長谷川逸子らとの交流も深かった。

第三部執筆者一覧

比嘉武彦（1961-、沖縄）建築家。長谷川逸子・建築計画工房で〈新潟市民芸術文化会館〉などを担当した。独立後、川原田康子とともにkw+hgを主宰する。市民に親しまれ活発な市民活動の場となっている〈むさしのプレイス〉（2011）ほか、公共建築分野で実績を築いている。

八束はじめ（1948-、山形）建築家、建築批評家。磯崎新アトリエを経て独立、UPMを主宰。芝浦工業大学名誉教授。著作に『ロシア・アヴァンギャルド建築』（1993）ほか。

植田実（1935-、東京）編集者。70年代「都市住宅」、「GA HOUSES」、住まいの図書館出版局の編集長などを歴任、住宅に関する著作も多い。日本建築学会文化賞（2003）。野武士世代の建築家を積極的に取り上げ、紹介した。長谷川の最初期の特集を「イ

長谷川逸子

一九八六年日本文化デザイン賞、日本建築学会賞を受賞。早稲田大学、東京工業大学、九州大学等の非常勤講師、米国ハーバード大学の客員教授など務め、一九九七年ＲＩＢＡ称号。二〇〇〇年第五十六回日本芸術院賞受賞。第七回、第九回公共建築賞受賞。二〇〇一年ロンドン大学名誉学位。二〇〇六年ＡＩＡ名誉会員称号。二〇一六年芝浦工業大学客員教授。二〇一八年英国王立芸術院（Royal Academy of Arts）より第一回ロイヤルアカデミー建築賞受賞。

長谷川逸子の思考③

第２の自然　湘南台文化センターという出来事（1985-1992）

二〇一九年十二月一日　第一刷発行

著　者・・・長谷川逸子
発行者・・・小柳学
発行所・・・株式会社左右社
一五〇-〇〇〇二東京都渋谷区渋谷二-七-六-五〇二
TEL 〇三-三四八六-六五八三　FAX 〇三-三四八六-六五八四
装　幀・・・松田行正＋杉本聖士
印刷所・・・創栄図書印刷株式会社

Printed in Japan. ISBN978-4-86528-260-3

長谷川逸子の思考１～４　定価　本体各二七〇〇円＋税

1　アーキペラゴ・システム　新潟りゅーとぴあ（1993-2016）

序　章　新潟市民芸術文化会館とその後
第一章　プログラムとコンペ
第二章　建築がつくる公共性
第三章　市民参加ワークショップ
第四章　アーキペラゴ・システム
第五章　つくる側の論理から使う側の論理へ
第六章　ランドスケープ・アーキテクチャー
第七章　続いてきたものから

2　はらっぱの建築　持続する豊かさを求めて（1993-2016）

序　章　はらっぱの建築
第一章　コミュニケーションが開く建築
第二章　場のなかに立ち上がる建築
第三章　建築が担う社会的プログラムの空虚
第四章　持続する豊かさを求めて
第五章　場＝はらっぱをつくるテクノロジー
第六章　素材・ガランドウ・形式性
第七章　野の花に囲まれて

4　ガランドウ・生活の装置　初期住宅論・都市論集（1972-1984）

序　章　ガランドウ
第一章　長い距離
第二章　建築の多元性
第三章　軽やかさを都市に埋め込む
第四章　女性的なるもの
第五章　しなやかな空間をめざして
第六章　菊竹さんとの出会い
第七章　篠原先生、そして東工大時代